新装版 出口王仁三郎神示集

伊《い》都《づ》能《の》売《め》神《しん》諭《ゆ》

出口王仁三郎 著
武田崇元 解説・註

八幡書店

聖師 出口王仁三郎

【右上写真】晩年の開祖・出口なお

【左上写真】綾部神苑内での記念写真。
開祖（中央）、出口王仁三郎（右端）、すみ（開祖の左）、
直日（左端）。大正５年撮影。

【右写真】神素盞嗚尊に扮する王仁三郎

開祖の奥都城　綾部天王平

瀬戸内海に浮かぶ神嶋

冠嶋（左）と沓嶋（右）

坤の金神に扮する出口王仁三郎（大正10年1月）

『神霊界』表紙

本宮山

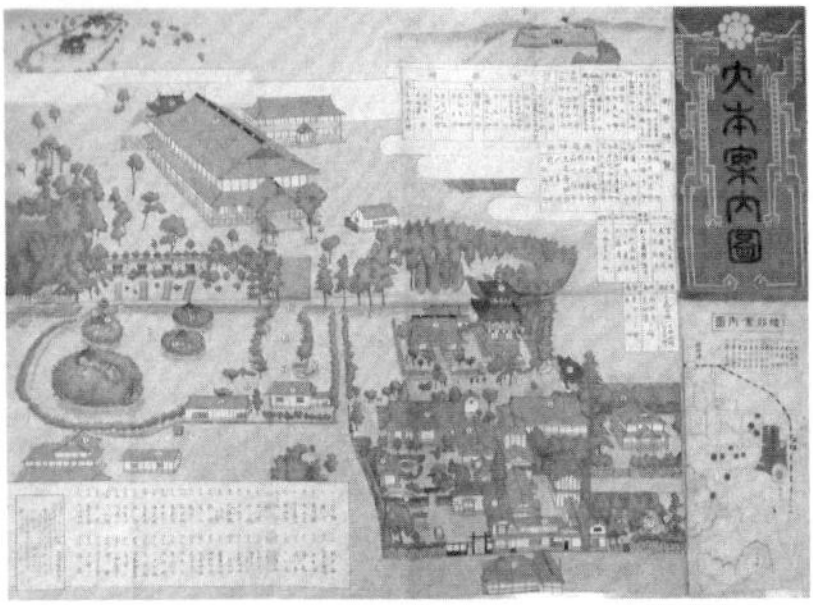

第一次弾圧事件までの綾部神苑図（大正９年８月作成）

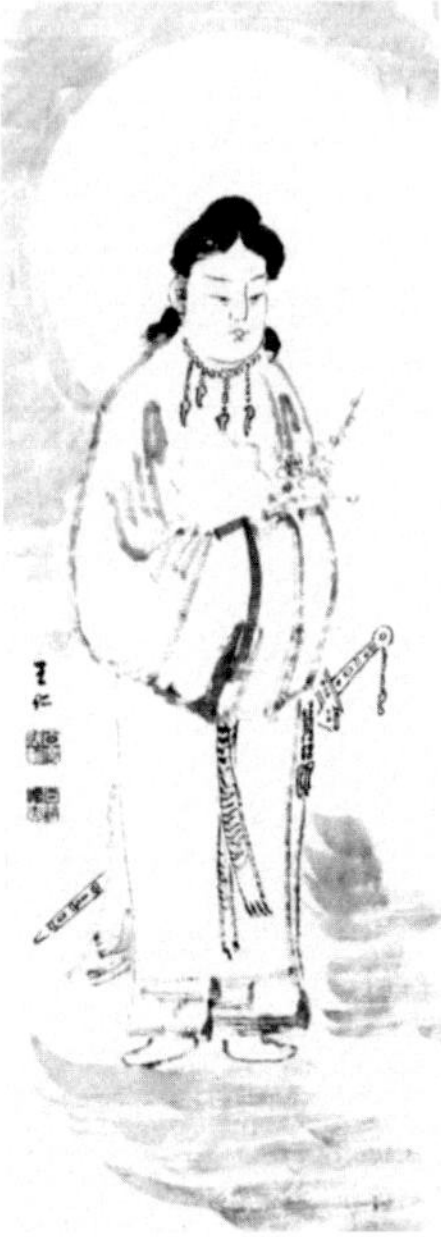

王仁三郎筆 神素盞嗚大人像

大日本修斎会本部（大正３年９月）

出口王仁三郎神示集

伊都能売神諭

出口王仁三郎

出口王仁三郎神示集

伊都能売神諭　目次

大本神歌 215

凡例

一、本書は、『神霊界』（大日本修斎会発行）を底本とし、「伊都能売神諭」「裏の神諭」「大本神歌」「いろは神歌」「いろは歌」を再構成、収録した。
二、本書は、各タイトルごとに、『神霊界』において発表された順に構成した。
三、細部の編集は、次のような基本方針のもとに行った。
・使用漢字は、原則として新字体とした。
・「伊都能売神諭」「いろは神歌」など、底本が総ルビのものは、繙読上の煩雑さを避けるため適宜割愛し、逆に「裏の神諭」など、ルビのないものは、適宜振り仮名を施した。
・明らかな誤植はこれを訂した。
・仮名遣い、仮名の清濁、句読点、拗促音は底本のままとした。
・「伊都能売神諭」は、読者が繙読しやすいように適宜改行した。
・底本の伏せ字はそのままとした。
・各章の冒頭に筆録年月日を付記し、見出し項目とした。
・※で注のあることを示した。

伊都能売神諭

大正七年十二月二日

艮《うしとら》の金神《こんじん》（※1）国常立尊《くにとこたちのみこと》が、明治廿五年から永らく出口直《でぐちなを》（※2）の体内を借りて、若姫君の尊《わかひめぎみのみこと》（※3）と引添ふて変性男子《へんぜうなんし》（※4）と成りて、三千世界の世の立替《たてかへ》の経綸《しぐみ》を、筆先に書《か》ゝして知らしたなれど、後の立直《たてなを》しの筆先は未《ま》だかゝして無いから、変性女子《へんぜうによし》の体内を藉《か》りて是から時節に応じて書すぞよ。

世の立替は世の元から経綸いたして在る事が、一分一厘違はん、皆出て来る時節が迫りたのであるから、此経綸は変りは致さんなれど、世の立直しは人民の肉体を使ふて致さねば成らぬ事であるから、人民の改心次第で速くも成り、亦遅れも致すから、是から変性女子と役員が確《しっ》かり致して下さらんと、中々大事業《たいもう》であるから、一寸《ちよつと》の油断も寸隙《すき》も無いぞよ。

二代（※5）の御世継《およつぎ》は澄子《すみこ》（※6）に命令は下《さが》りて居るなれど、モウ少し立直しの筆先をかゝねば成らぬから、変性女子の体内を借りて筆先を出すから、今迄のやうな筆先の見やう致して居りたら大きな間違いが出来《しゆつたい》いたすぞよ。

此筆先は国常立尊が変性女子の体内を借りて知らすのであるから、男子《なんし》にかゝした筆先とはチツトは筆の使い方が違ふなれど、神の経綸は毛筋も間違いは致さんから、其の覚悟で筆先を読みて、腹帯《はらをび》を緩まんやうに致して下されよ。

明治廿五年から大出口直《おほでぐちなを》の手を借りて、三千世界の大芝居が始まるぞよと申して知らしておいたが、一番叟《そう》、二番叟、三番叟も相済みて、いよ〳〵是から初段が始まるぞよ。

初段、二段の始りて居る間に、世界の大本は皆揃ふて霊魂《みたま》を研《みが》いて、何彼《なにか》の準備を致して、三段目の立役者となりて、此の乱れ切つた世界を尉《ぜう》と姥《うば》（※7）とで掃除致して、昔の元の水晶の松の神代《かみよ》に立直さねば成らぬから、是からは段々と因縁の御魂《みたま》を綾部《あやべ》の大本へ引寄して、霊魂《みたま》を研かして、今度の二度目の世の立直しの御用に使ふ、末代の仕組《しぐみ》が致してあるから、此大本の肝心の役員は真心《こゝろ》から親切に御取次ぎを致して下さらぬと、好き嫌いの在るやうな事では、折角神が綱を掛けて引寄した身魂《みたま》を取遁《とりにが》すやうな事が出来いたすぞよ。

此の大本は何事に由《よ》らず神界の命令通りに致さねば、途中で経綸が変りたら今度の事は成就いたさんぞよ。今度世の立直しが出来《しゅったい》致さなんだら、世界はモ一つ乱れて潰れるより仕様はないぞよ。此世界を立直す尊い経綸の判る所《とこ》は、綾部の竜宮館《りうぐうやかた》（※8）、地の高天原《たかあまはら》より外《ほか》には無いから、我も私《わし》もと申して是からは金銀持つて、御用に使ふて下されと申して来るもの斗《ばか》りであれども、神の赦《ゆる》しなき人民の宝は受取る事は成らぬぞよ。汚れたものが一分混《まぜ》りても、今度は水晶の神代に致すには大きな邪魔に成るから、役員の人は充分気を附けて下され。変性男子の御魂国常立尊が女子の手を借りて念を押しておくぞよ。

世界は九分九厘と成りて、昔からの生神《いきがみ》の経綸《しぐみ》は成就いたしたから、変性男子《へんぜうなんし》若姫岐美尊《わかひめぎみのみこと》は天に上りて守護《しゆごう》いたすから、日の大神、月の大神（※9）、天照皇大神《あまてらすおほかみ》御三体の大神は、地へ降りまして今度の御手伝を遊ばすなり、艮《うしとら》の金神国常立尊《こんじんくにとこたちのみこと》は天地《てんち》を駆廻《かけめぐ》りて世界一切を構ふなり、坤《ひつじさる》の金神は弥々奥役《いよ〱おくやく》となりて地の神界を守護いたして、三千世界を一厘の経綸《しぐみ》で立直す役となりたから、是から天地《てんち》の様子も世界の一切も大変りが致すのが迅《はや》いから、何程自我の強い人民でも、悪の強い邪神《じやじん》でも、改心いたさな成らんやうに、一日増しに変りて来るぞよ。昔から斯世《このよ》初りてから未《ま》だ無き事がセングリ〱出来《しゆつたい》いたすぞよ。珍らしき事も出来るぞよ。

○

艮《うしとら》の金神《こんじん》が出口直《でぐちなを》の娘を王子（※10）と八木へ遣《や》りてありたのは、神の経綸《しぐみ》であると申して、男子《なんし》の手と口とで知らして在りたが、王子の梨木《なしのき》峠で、昔からの因縁に由りて、本田親徳《ほんだちかあつ》（※11）と変性女子《へんぜうによし》との面会をさして、女子に霊学を授けるやうに致したのも、王子の産土《うぶすな》暗《くらが》りの宮（※12）を仲立に致しての事でありたぞよ。

澄子《すみこ》も王子へ暫《しばら》く遣りて、幼い年から色々と人の能《よ》ふせん辛《つら》い目をさして在りたが、其時から変性女子に面会さして綱が掛けてありたので在るから、肉体は二代と夫婦に致して、坤《ひつじさる》の金神の奥役を為《さ》してあるぞよ。是も人民には一寸《ちよつと》見当の取れん仕組であるぞよ。

八木へ久子《ひさこ》（※13）を遣りてあるのも、深い経綸であると申したが、明治三十一年の紅葉《もみぢ》の色の真盛《まつさか》りに、八木からの頼みで変性女子が参りたのであるぞよ。

変性男子は人民に百日の水行《みづぎやう》を命《さ》して、身魂《みたま》を研いて水晶に洗濯いたす御役《おやく》なり、変性女子は霊《れい》を以て人民の身魂を研く御役《おやく》に拵《こし》らへてあるぞよ。其霊魂《みたま》の因縁に由つて、男子の旅立には、何時《いつ》も大空《そら》が曇りて雨が降りたなり、女子の旅立には何時も火の守護《しゆごう》で在るから、曇りた空も直《すぐ》に晴天となりたので在るぞよ。変性男子は肉体が水、霊体が火であるなり、女子は肉体が火で霊体が水であるから、男子の旅立には水の守護なり、女子の出立《しゆつたつ》には火の守護と成りたのであるぞよ。

変性男子の霊魂《みたま》は天の役、夫の役なり、女子の霊魂《みたま》は地の役、妻の御用であるぞよ。火と水との守護で、天地を開く火水《ひみづ》の経綸であるから、此の先は天と地との神の働きが明白《ありやか》に判りて来るぞよ。

変性女子の身魂を明治三十二年の六月廿三日に、竜宮館《りうぐうやかた》の高天原《たかあまはら》へ引寄して、色々と気苦労をさして、身魂の荒研きを致さしたが、女子も余り我が強かりたので、改心さすのに十年掛りたが、明治四十二年の七月十二日から坤《ひつじさる》の守護に致して、大本の経綸の御用を命《さ》して来たぞよ。

それでも未《ま》だ世の立直しの御用さすには、余り混《まぜ》りが有りて間に合はぬから、大正七年の七月十二日女子の肉体の誕生日から、此世の荒衣《あらごも》を脱がすために、七十五日の肉体と霊魂《みたま》の大洗濯を致さしたぞよ。出口直は十三日の間食物を取上げたなれど、女子の肉体は余り曇りが激しいから、四十八日の間食物を取上げて、身魂に苦労をさして二度目の世の立直しの御用に使ふので在るぞよ。何事も皆神からの命令でさせられるので在るぞよ。変性女子の身魂を〆木《しめき》に掛て、汚い分子《もの》を吐出さしておいて、五十日目から国常立尊《くにとこたちのみこと》が坤《ひつじさる》の金神と引添ふて、女子の霊魂《みたま》を世界中連れ廻りて、世の立直しの守護がさして在るぞよ。

七十五日の床縛り《とこしば》（※14）が済みて、二日の間肉体を休まして、三日目には大本変性男子の肉体の最後の大祭を致させ、四日目は祖霊社の祭りを済まさせ、五日目には変性女子の口を借りて、大本の立直しの厳しき教えを、大本の役員信者に申聞《もうしき》かしてあるから、チットも間違いの無いやうに、是から此大本の中は心配りを致して下さらぬと、肝腎の仕組が遅れるから、天地《てんち》の神々様に申訳のない事になりて了《し》ふぞよ。

翌《あ》けて六日目、旧十月の三日、新の十一月六日の五《いつ》つ時、神界の経綸が成就いたして、今度の世界の大戦争《おほたゝかい》を一寸《ちよつと》止めさして置いて、其晩の四つ時（十時三十分）に、天からの御迎《おむかい》で出口直は若姫君尊の御魂と引添ふて天へ上りたぞよ。是からは天の様子も明白《ありやか》に判り出すぞよ。

一旦出口直は天へ上りたなれど、直《なを》の御魂は三代の直霊《なをひ》（※15）に憑《うつ》りて地の御用を致《いたさ》すぞよ。直《なを》の御魂は天にありては国常立尊と引添ふて、大国常立尊《おほくにとこたちのみこと》大出口神《おほでぐちのかみ》となりて世界の守護を致すなり、地に降《くだ》りては変性女子の身魂に国常立尊が憑りて、立直しの御筆先をかゝすなり、出口直の御魂は木花咲耶姫殿《このはなさくやひめどの》の宿りた身魂の三代直霊《なをひ》に憑りて、直霊主尊《なをひぬしのみこと》となりて、地の神界の御用を致さす経綸が成就いたしたから、是からの大本の中は是までとは大変りが致すぞよ。

今一寸大本の内部《なか》静かにあるから、世界も一寸の間だけは静かにあれど、此節分が済みたる大本も世界も何彼《なにか》の事が喧《やか》ましう忙《せわ》しうなるから、今の静かな中《うち》に、何彼の準備をいたして置かねば、俄《にわか》に栃麺棒《とちめんぼう》を振らねば成らんやうな事になるぞよ。

大正七年旧十月廿九日、新の十二月二日、変性女子に憑りてしるしをく。

（「神霊界」大本教祖号・大正七年十二月二十二日発行）

（年月日不明）

艮《うしとら》の金神国常立尊《こんじんくにとこたちのみこと》が天の御三体の大神様《おほかみさま》の御命令を戴《いたゞ》きて、三千世界を立直し致すに就ては、ミロクの大神様の御加護《おてつだい》を戴かねば物事成就いたさんから、因縁のある身魂変性女子《みたまへんぜうによし》を表はして、大正五年辰の年旧三月三日に、大和国畝火《うねび》の山を踏〆《ふみしめ》さして、世界立直しの守護《しゅごう》が致してあるぞよ。

畝火の山は出口に因縁の深き神山《かみやま》であるから、昔から土米《つちごめ》(※16)が竜神の守護で生出《わか》して在りたなれど、神界の都合に依りて変性女子に守護を命《さ》して、肝川《きもがわ》(※17)の深山《ふかやま》八大竜神に土米の御用を仰せ付けたので在るぞよ。沢山の土米が出来ると申して一粒でも粗末に致されぬぞよ。大本の許し無きことには、一粒でも勝手に拾ふ事は成らんから、我《が》を張りて拾ふなら拾ふて見やれ、神界の仕組《しぐみ》の土米であるから、是からは厳しき戒めを致すぞよ。

昔から元伊勢、丹後の比沼真奈為《ひぬまない》の宮(※18)に生出《わか》してありたなれど、明治四十五年の三月八日に出口直が、伊勢の内宮《ないぐう》、外宮《げぐう》、加良洲《からす》の宮へ御神霊《おみたま》を御迎い致してから、丹後には今迄のやうには生出《わか》ぬやうに成りたぞよ。チツト斗《ばか》り種は遺《のこ》してあれど、土米の神力はモウ無くなりて居るぞよ。是も深い神界の仕組であるから、人間界では解《わか》る事で無いぞよ。

大正五年の旧五月五日には、変性女子《へんぜうによし》の身魂に、昔から永らく世に隠れて守護を致して居りた、坤《ひつじさる》の金神の住居《すまゐ》を致した播州の神嶋《かみじま》が開かしてあるが、人民からは左程《さほど》にも無い御用の如《よ》うにあれども、神界では大変な神業《こと》でありたぞよ。

朝日の直刺《たゞさ》す夕日の日照す高砂沖の一嶋一つ松《ひとつじま》、松の根本に三千世界の宝いけおくと、昔から言伝へさして在りたが、今度は瑞《みづ》の御魂《みたま》の肉体を使ふて、三千世界の宝を掘上げさしたぞよ。

その宝と申すのは、斯世《このよ》を水晶の松の代《よ》、神世《かみよ》として治《をさ》め遊ばすミロクの大神様の事で在りたぞよ。

その年の九月九日に艮の金神国常立尊が、変性男子《へんぜうなんし》の身魂出口直《でぐちなを》に懸《うつ》りて、二代三代を引連れ艮《とゞ》めを刺して参りたのも、深い経綸《しぐみ》のある事ぞよ。斯《こ》の因縁もモウ少し致したら分けて見せるぞよ。

大正五年辰の年五月午《うま》の月の八日に、変性女子が全部《すつくり》と現はれて、女神《によしん》の姿になりて、大本へ参りた折、出口直は変性男子国常立尊と表はれ、海潮《かいちよう》（※19）は変性女子豊雲野尊《とよくもぬのみこと》と現はれて、昔の神代《かみよ》から沓島《めしま》と神島《かみじま》へ別れて落ちて居りた夫婦の神が、竜宮館《りうぐうやかた》の高天原《たかあまはら》で再会《であい》の祝《ゆわい》に盃《さかづき》がさして在らうがな。其日から変性女子の身魂には、坤の金神と豊雲野尊が守護致したから、段々と緯《よこ》の御用が表はれて、ボツ〳〵と神界の経綸が出来かけて来たので在るぞよ。此の大本は明治二十五年から申してある如《や》うに、男子と女子の経綸《しぐみ》が揃はねば何事も成就いたさぬのであるぞよ。

坤の金神の身魂には、変性男子と女子との御用を勤めて貰はな成らんから、是からは今迄とは海潮は忙がしうなりて、苦労が段々殖《ふ》へて来るから今迄の身魂では能《よ》う忍耐《こばら》んから七十五日の神から修行をさしたのであるぞよ。

この先《さ》きは変性女子の教祖と致して、男子の直系《ぢきぐ》の二代三代の後見《うしろみ》を致さすのであるから、坤の金神の女子は一代の役であるから、此の次第を取違ひ無きやうに気を付けておくぞよ。今が艮《とゞ》めの肝腎要《かんじんかな》めの大事の場合であるぞよ。

艮の金神は誰にも憑《うつ》ると云ふ事は出来ぬなれど、天から守護いたして海潮に筆先をかゝして置くぞよ。同じ筆先の書き様であるから、今までの男子の筆先も矢張《やは》り変性女子が書いて、男子の筆先にいたして、居りたじやろと、疑ふ人民が沢山に出来るなれど、夫《そ》んな事に気を掛けて居りたら、物事が成就《しゅったい》いたさんから、ドシ〱と女子に筆先を書《かゝ》して、三千世界を開くぞよ。

出口直の八人の御児《おんこ》と、今までの筆先に出して在るのは、八《やっ》柱の金神大将軍の事でありたぞよ。この八人の御児が今度は二度目の天之岩戸開きの御用に手柄いたさして、末代名を残さして、結構な神に祀《まつ》りて貰ふのであるぞよ。八人の御子《おんこ》の働きは是からボツ〱と現はれて来るぞよ。人民の思ひとは大変な違いであるぞよ。

此の世の立替《たてかへ》には、艮の金神が九万九億の眷属《けんぞく》を使ふて、天地を一度に開く梅の花の経綸が昔の神代《かみよ》から致してありての事であるぞよ。世に出て居れる神様にも、守護神にも、人民にも、見当の取れん仕組がいたしてあるから、今の今まで判りは致さんぞよ。

人より早う手柄を致さうと思ふて、焦慮《あせ》りて縮尻《しくじ》る守護神人民が是からは出来て来るから、大本の役員は余程しつかり筆先を腹へ入れておかんと、経綸の邪魔になりて立直しが遅くなるから、念に念を押して気を附けて置くぞよ。

大本の経綸で神の宮を建てるのは、沓嶋（※20）と神嶋（※21）と嵯峨の奥（※22）と三ヶ所より外には成らんぞよ。肝川は八大竜神の守護があるから、大本の分社《でやしろ》と致してあるので在るから、肝川には奇しびな神業《くこと》が見せてあろうがな。

世の立直しが済みたら、国々所々に大本の御宮を立て、夫れ〴〵《そ》の守護神を鎮めて御用を致さすから、それ迄には御宮形《おみやがたち》も建てられんぞよ。広間も大本の経綸が成就いたして、天下泰平に世が治まる迄は、新《あ》たらしう建てる事は出来ぬぞよ。今迄に鏡が出して在ろうがな。京都で新《さら》に広間を立て神から潰され、伏見に建てまたその通り、肝川に建てゝも役に立つまいがな。

大本の根本の極《き》まらぬ中《うち》に、守護神人民が勝手に致した事は、九分九厘で覆《かへ》りて了ふぞよと、何時《いつ》も筆先で気が附けてありたなれど、神の申す事を背いて致した事は、何遍でも跡戻り斗り致すぞよ。大本を次に致して、園部《そのべ》で広間を建ようと致して、材木を寄せてサア是から建前と言ふやうに成りた所《とこ》で、俄《にわか》の大雨で材木が影も形も無いやうに流れた事があらうがな。皆神界から善悪の鏡が出して、大本の中に実地が見せてあるぞよ。

明治廿五年から、幹退《もとの》けて末続くとは思ふなよ、幹《もと》ありての枝もあれば末もあるぞよ。幹退きたら末は枯れるぞよと申して、出口直の手で毎度気が附けてあるぞよ。

明治二十五年から申した事は、何時になりても毛筋の横巾も違はん事ばかりであるぞよ。

（「神霊界」大本教祖号・大正七年十二月二十二日発行）

大正七年十二月二十二日

艮《うしとら》の金神国常立《こんじんくにとこたち》の尊《みこと》の御魂《みたま》が、竜宮館《りうぐうやかた》の高天原《たかあまはら》に現はれて、世の立替立直《たてかへたてなを》しの筆先を書きおくぞよ。

三千世界の立替の御用致さす為に、変性男子《へんぜうなんし》の身魂大出口直《みたまおほでぐちなを》に永らく苦労をさしてあるぞよ。天保七年十二月十六日、天照皇太神宮殿《てんせうこうだいじんぐうどの》の御誕生日（※23）に斯世《このよ》へ出してから二十七年の間、直は結構に気楽に暮さしてあるぞよ。さう申しても世間並の気楽さでは無いぞよ。中々いろ〳〵と肉体に就て人に変りた事がさしてありたぞよ。

二十八歳の冬から五十七歳まで三十年の間、人民界では誰も能う堪《こば》らん艱難《かんなん》苦労をさして、現《この》世《よ》の衣を脱がして御用に立てたぞよ。五十七歳の正月元日から、艮の金神が体内へ這入《はい》りて、今年で二十七年の間神界の経綸《しぐみ》で筆先を書かせ、口で世の立替を知らしたぞよ。

何時《いつ》も三十年で世の立替と致すと申して知らした事が、モウ一分になりて、跡三年残りたなれど、水も漏らさぬ仕組であるから、三年の間は変性女子の手を借りて立替立直しの御用を致すから、是からは一日ましに世界から判りて来るから、何程の鼻高《はなだか》でも成程《なるほど》と往生をいたすやうになりて了ふぞよ。

変性女子《へんぜうにょし》は神界の経綸《しぐみ》で明治四年の七月の十二日に斯世へ出して、二十七年の間は是も普通《ひとゝうり》の人民では出来ぬ苦労を致させ、二十八歳の二月九日から、神が高熊山《たかくまやま》へ連れ参りて、身魂を研《みが》かして、世の立直しの御用の経綸が致してあるぞよ。

二十八の歳《ねん》から此の大本へ引寄して、有るにあられん気苦労を致さして、いよ〱身魂が研きかけたから、三十九歳からボツ〱と大本の経綸にかゝらしてあるが、此の先まだ十年の気苦労を致さすから、其積《そのつも》りで居りて下されよ。

三年さきになりたら余程気を附けて下さらぬと、ドエライ悪魔が魅を入れるぞよ。辛《かのと》の酉《とり》の年は、変性女子に取りては、後にも前《さき》にも無いやうな変りた事が出来て来るから、前に気を附けて置くぞよ。

外国から今に六ケ敷難題《むづかしいもんだい》が持《もち》かけて来るが、今の番頭の弱腰では到底能う貫ぬかんぞよ。是も時節であるから、何程智慧学がありても今度は一文の価値《ねうち》も無いから、日本の人民が揃ふて改心いたせば良し、到底改心が出来ぬなら止むを得ず気の毒が出来《しゅったい》いたすぞよ。

世界の九分九厘が近よりて来たぞよ。一厘の仕組で三千世界を立直すのは、綾部の大本より外には無いぞよ。今この仕組が日本の人民に判りたら、三千年の神界の仕組が成就いたさんから、今の今までは誠の元の一厘の所は申さんから、疑ふ人民は未《ま》だ〱有るぞよ。

富士と鳴戸の昔からの経綸が判りて来たら、世界は激しく成りて、外国が薩張《さっぱ》り帰順《おうぜう》いたして日本へ末代従ふやうに成るぞよ。東京の経綸はミノヲハリ、尾張の経綸は世の終り、伊勢は丹波に丹波は神都《みやこ》、みやこの経綸は万古末代《まんごまつだい》つゞくぞよ。

続く血筋は世の本の天と地との直系《ぢきぐ》の日の大神と地の神、天地《てんち》揃ふて水晶の誠一とつの末永き結構な神代に致すぞよ。神代に成りたら人民の身魂にも御光《おひかり》が刺すぞよ。

暑さ凌いで秋吹く風を待てど、世界は淋しくなるぞよと、今迄出口直の筆先に知らして置いたが、今が其時節であるぞよ。未《ま》だ〱世界は安心な所へは行かぬぞよ。是からが彦火々出見《ひこほゝでみ》（※24）の初りであるぞよ。目無堅間《めなしかたま》の神船《みふね》（※25）はこれから出て来るぞよ。水火地《しほつち》の大名《おきな》（※26）は何処に現れて居るか、これを知りた人民今に一人《にん》も無いが、燈台元暗《くらし》の譬《たと》えの通りの世であるぞよ。

艮の金神が明治二十五年に、竜宮館に出口の守《かみ》と現はれた折の初発《しよつぱつ》に、竜宮の乙姫殿が御越なされて、今日の御祝儀お目出度《めでたう》存じますると仰しやつて、今まで海の底に溜めて置かれた御《み》宝《たから》を、陸《あげ》の竜宮館の高天原へ持遊《もちはこ》びて、艮の金神様にお渡し申すと仰せになりたが、海の中には金《きん》は幾何程《いくなにほど》でもあるから、竜宮様の御改心で今度はいよ〱受取りて、新《さら》つの金《きん》を吹く時節が参りたぞよ。斯世一切の事は皆神の自由であるから、何程人民が智慧や学で考えても、神の許し無き事には、肝腎の艮《とゞ》めを差すといふ事は、何時《いつ》になりても出来《でき》は致さんぞよ。

竜宮の乙姫殿は誠に慾の深い御神様で在りたなれど、今度の二度目の世の立替のある事を、世の初発から能く御存知であるから、第一番に御改心が出来て、艮の金神の片腕となりて御働き遊ばすから、是からはこの大本の内部《なか》も、世界を日増に大変りを致すぞよ。

三千世界の宝は皆国常立尊の拵《こし》らえたもの斗《ばか》りで在るから、世が元へ戻りて、何も彼《か》も艮の金神が自由に致す時節が参りたから、今迄の事を思ふて頑張りて居るとスコタンを喰ふ事になりたぞよ。人民の力で行《や》れるなら我《が》を出して何なりと行りて見よれ、初めはチト良きやうに在るが、先へ行く程つまりて途《みち》が無くなりて、行きも帰りも成らぬやうに致されるぞよ。

　是が今迄の世とは違ふと申すのであるぞよ。珍らしき事を致して、三千世界の善の鏡と悪の鏡とを出す世界の大本は、何彼の事が厳しくなるぞよと申してあろうがな。キカねばキクやうにして改心さすと申してあるが、今が大事の性念場《せうねんば》であるから、心に当る人民は一日も早く我《われ》の慾を捨《す》て、神界の御用第一に致すか結構であるぞよ。神は困《こ》まらねど其人が可愛さうなから、神がクドウ気を附けておくぞよ。

　今の人民は永らく体主霊従《あく》の中に染り切りて居りたから、容易《なか〱》一寸《ちよつと》には改心が出来にくいなれど、モウ時節が来たから、改心さす間が無いから、今までの学や智慧を横へ遣りておいて、只一心に神の申すやうに致されよ。考へたり研究いたしたりするやうな気楽な時では無いぞよ。モウ二進《にっち》も三進《さっち》も成らぬ所《とこ》まで世が差迫りて来て居るぞよ。

　何程道の為じや御国《みくに》の為じやと申しても、誠生粋《まことき っすい》の道思ひ国思ひの人民は尠《すく》ないから、人民の申す事は嘘が多いから、神も中々油断が出来ぬやうに成りて来たぞよ。今の人民の盲目聾の慾に抜目の無いのには、神も閉口いたして居るぞよ。利己主義《われよし》の行《や》り方ばかり致して居ると、夫れが世が代りて居るから、自滅自亡《われわるし》の種になる二度目の世の立替であるぞよ。

此の大本の行り《や》方と世界とを比べて見たら善と悪との鏡が出して在るから、改心せずには居れぬ事に仕《し》てあるぞよ。世の立替が初りたら、世界は上り下りで騒がしくなると申してありたが、外国の王の今の有様、まだ〳〵斯《こ》んなチヨロコイ事ではないぞよ。何処へ飛火《とびひ》が致さうも知れんぞよ。

夫《そ》れで永らくの間艮の金神が出口直の身魂を使ふて、脚下《あしもと》へ火が燃えるぞよ。鳥がたつぞよ気を附けよと申して知らしたが、日本の人民は上から下まで慾斗りで目が眩《くら》みて了ふて居るから、今に判りて居る人民が何程も無いが、今に成りてからバタ付《つい》ても、モウ守護神人民の力では到底叶はんから、艮の金神の申すやうに、今迄のやうな利己《われよし》主義の精神を立直して、水晶の生れ赤子《あかご》の心に成つて、今度の肝腎の御用を勤めたなら、末代名の残る結構な事が出来るなり、今までの心で行《や》りて行くなら、十人並のお出直し誠に気の毒な事が出来《しゅったい》いたすぞよ。神の申す事毛筋も間違は無《ない》ぞよ。

東京で経綸をするが身の終りと申して知らしてありたが、キモがアノ通りの失敗《しくじり》をいたし、次にイヤが真似してアノ通り、カカが金を掘り出すと申して失敗《しくじ》り、マサがまた思はく立たず、是だけ鏡を出して見せても未《ま》だキカねばキクやうに為《し》て改心させるなれど、其処《そこ》へ成りての改心はモウ遅いから、一日も早く今の内に行方《やりかた》を薩張《さっぱ》り替えて下され、取還《とりかへ》しのならん事が出来いたして、世間へ顔出しのならん事に成るぞよ。

今大本の教えを拡《ひろ》め行くと申して、ソ。ハ。のそはくしひ遣《や》り方、斯んな弱ひ誠の無い精神で、三千世界の大神の御用が勤まると思ふて居るか。大慢神《おほまんしん》も大間違いも程があるぞよ。トモもモウ少し筆先を調べて下さらぬと、抜きも差しも出来ぬやうな事になるぞよ。大本の役員信者一同に気を付けるが、今が何より肝腎要めの性念場であるぞよ。早く眼を覚《さま》して下されよ。

外国の体主霊従金銀為本之政策《あくのやりかた》で、何時までも世が続くやうに思ふて、一生懸命に四脚《よつあし》の守護神が操掻《からか》いで御座《ござ》るが、モウ世が済みたから、何程骨を折りて見た所で、百日の説法屁一つにも成らぬぞよ。猿も狐も狗《いぬ》も蛙《かわず》も皆奥山に隠れて了ふて、今の体主霊従《あく》の経綸の真最中であるが、気の毒ながら日本の神国の行方《やりかた》は四脚の手には合はぬから、要《い》らぬ御心配は止《や》めて下されよ。武蔵野に今は狸の腹鼓《はらつゝみ》たゝいて鳴らして、八畳敷まで拡げた〇〇の跡の始末は何《ど》ふする積《つも》りか。人民では斯終局《このおさまり》は就くまいぞよ。日本の神国を茲《こゝ》まで四脚が曇らして置いて、未だ飽き足らひで今日《いま》の世の持方《もちかた》、神はモウ堪忍袋の緒が切れたぞよ。

日本の上に立ちて外国の下を働らく四足の守護神よ、気の毒ながら、神の申す間《うち》に聞かぬと、昔からの経綸通りに気の毒でも致さねば、神界の永らくの大神業《たいもう》の邪魔に成るから、其仕組の蓋《ふた》を開けるから、跡から神に不足は申して下さるなよ。神は気を附けた上にも気を注《つ》けて在るぞよ。

斯大本《このなか》の役員も余程確《しつか》り致さぬと、未《ま》だ肝腎の仕組が解《わか》りて居らんから、俄《にわか》にバタ付かねば成らん事になるが、夫《そ》れで大本の役員と申しても世界へ申訳の無い事が出来いたすぞよ。出口直が上天《くにかえ》いたしてからは、斯大本は一段に厳しく成るから、其覚悟で居らぬと、トチメンボウを振らねばならぬ事になるぞよ。筆先を充分腹へ入れて能く消化《こな》して居らぬと、筆先が間に合はぬから、モ一度念を押して置くぞよ。

艮の金神は是から暫時《しばらく》の間は、大出口直の代りに変性女子の身魂を藉《か》りて、色々と化かして御用致さすから、余程気を附けて居らぬと大きな取違いを致して、跡で愧《はづ》かしき事が出来いたすぞよ。三千世界の大化物じやと申して、是までの大出口直の筆先に毎度出さして在ろうがな。此の大化物が全部《すつくり》世界へ現はれる時節が近ふなりて来たぞよ。

神が一度筆先に出したら何時になりても違ひは致さぬぞよ。斯の大化物は三千世界の晒《さら》し物であるから、今の普通《ひとゝうり》の人民では見当が取れんやうに致して在るが、今に何も彼《か》も皆判りて来て、日本の人民がアフンと致して、眼舞《めま》いが来る者が沢山《たつぴつ》に現はれて来るぞよ。珍らしき事の判る世界の大本で在るぞよ。世は持切《もちき》りには致させんと申すのは、今度明白《ありやか》に判りて来るぞよ。

外国の八尾八頭《やつをうやつがしら》の守護神が、渡りて来られん筈の日本の神国へ渡りて来て、日本の女を自由に致して、今では機械《からくり》同様、神は誠に残念なぞよ。

是でも見て居ざれよ、今に善悪の身魂の審判《さには》が始まるぞよ。天王台《てんをうだい》（※27）の神庭会議《さには》が始りたら、何如《いか》な守護神でも薩張尾を出して、化けの皮を表はすやうに成るぞよ。そうなりては可哀相なから、其所《そこ》に成るまでに改心をさして、化けを表はさずに此儘《このまゝ》で続いて行《や》らしたいと思へども、余りの事で改心の為《さ》せやうが無いぞよ。思ひの違ふ人民斗りが現はれて、世界は開《あ》いた口が塞がらぬ事斗り出来するぞよ、是《こ》の判りた人民今に無いぞよ。

艮の金神国常立之尊が三千年の経綸いたして、待ちに待ち兼《かね》た松の代五六七《みろく》の神代が廻りて来たから、今年からは何彼の経綸の蓋《ふた》が開《あ》いて、何も知らぬ世界の人民がアフンと致すやうな大《たい》事業《もう》が完成《でけ》て来るぞよ。

一番に斯《この》大本へ世界の宝を竜宮殿の御手伝で世に上げて、三千世界を鳴らすぞよ。松の老木《をいき》に鶴が巣を組む時節が来たぞよ。鶴と亀とが此の大本へ舞ひ下るぞよ。人民には今では判らねども、跡に成りたら判りて来るぞよ。十二の卵を産み並べ、名も高砂の尉《ぜう》と姥《うば》、夫婦揃ふて大地の掃除を致したら、跡は結構な云ふに言はれぬ楽もしき世となるぞよ。

アとスとの御用は誠に結構であるぞよ。夫《そ》れに就けてはキの御用御苦労であるぞよ。神の経綸の開く初発《しよつぱつ》の肝腎の五六七《みろく》の御用であるぞよ。この大本は因縁の身魂でないと、何事も肝腎の御用は致させせんぞよ。

二十七年も此の大本へ立寄りて居るテハの身魂は、昔から悪に強い身魂の性来で、元の生神《いきがみ》を艮《うしとら》へ押込めた身魂であるから、元からの性来は一寸《ちよつと》やソットには直らぬから、今に成りても陰《かげ》になり陽《ひなた》になり、大本へ這入《はい》りて邪魔斗り致す事を考へて居るが、是も神から鏡に出してあるのであるから、改心いたせば助けて遣《や》るなれど、何時までも改心出来ねば、天地《てんち》の規則通りに致して了ふぞよ。

気の毒でも身魂に改心が出来ねば、天地《てんち》の規則はナンボ神でも変えると云ふ事は出来んから、助け様が無いから、神が気苦労致せども、守護神と其人の心とは世の元の神の心と正反対《さかさま》であるから、何《ど》う致す事も出来ぬぞよ。


暑さ凌いで秋吹く風を待てど、世界は淋しく成るぞよと申して、毎度警告《しら》して置いたが、世界の大戦争《おほたゝかい》が一寸片付いて、是から世界の人民は安神《あんしん》に暮せると思ふて居れど、是から先《さ》きは段々と約《つま》りて来て世界は淋しく、一旦は火の消えたやうになるとの神言《こと》でありたぞよ。戦争は是で済みたのでは無いぞよ。戦争と申しても殺合《ころしあ》ひの喧嘩斗りでないぞよ。何に就けても大戦争であるぞよ。少しでも食物《たべもの》の用意を致さねば、後で地団太踏《ふ》んでも追付かぬ事になるぞよ。四足の餌の奪《と》り合ひが始まりて来るぞよ。未《ひつじ》と申《さる》とが腹を減らして惨《むご》たらしい酉《とり》やいが初まるぞよ。

今迄世界の人民の苦しむ大戦争《おほたゝかい》を喜こんで、結構な事に成りて金銀を積んで高振つて居りた人民は気の毒ながら、真逆様に地獄のドン底に落ちて苦しむぞよ。我欲《われよし》本意の行方《やりかた》では永うは続かんと知らして在りた事の実地を神から為《し》て見せてやるぞよ。是を見て世界の人民は一時も早く改心を致されよ。我の所有《もの》は天地の間に木の葉一枚も無いぞよ。頭の毛一筋でも下駄の裏に附いた砂一つでも、神が造りたもので在るぞよ。

今の人民は余り結構すぎて冥加《めようが》と云ふ事を知らぬから、世の立替の折には、天地《てんち》からの戒めに逢ふて驚愕《びつくり》いたして、頭《かしら》を下に致して歩行《ある》かねば成らぬやうに今に成りて来るから、艮の金神は夫《そ》れを見る眼が辛《つら》いから、明治廿五年から大出口直の体内を借りて色々と苦労をさして、世界の守護神と人民とに気を附けたので在りたぞよ、今この大本へ色々と世界の心になりて居りた体主霊従《あく》の守護神を、神から引寄せて居るから、大本の役員は御苦労であれども、昔の事から後《さき》の世の事まで説き聞かして改心さして、神世《かみよ》の柱を研かねばならぬから、第一に役員から水晶に成りて下さらんと、一寸でも濁りが在りたら、世界から出て来る守護神人民を改心さして、神の柱に用《つか》ふ事が出来んから、片時の間も早く誠を覚りて下されよ。

判りたと思ふても未だ〱中々誠の事は解《わか》りては居らんぞよ。茲《こゝ》で役員が誤解《とりちがい》を致すと、三千年の永らくの経綸が遅れて来て、世界は遅れた丈《だ》けは永らく苦しまねばならぬぞよ。斯大本は世界へも移り世界からも移りて来るから、大本の中からキチンと立替立直しを致して、アレでならこそ世界の立直の大本じやと、世間の人民が申すやうに成る所《とこ》まで、各自《めい〱》に身魂を研《みが》ひて下されよ。モウ時節が迫りて来て、改心の間がないぞよ。

大地の上は邪神《あくがみ》の眷属やら四ツ足の守護神に脚一本置く所も無いまで汚されて了ふて、昔の天《てん》地《ち》の元の生神《いきがみ》の居る所も無いやうになりたから、綾部の大本は昔から神の経綸で隠して在りた結構な所であるから天地の神が昇降《おりあがり》を致して今度の二度目の天の岩戸を開く地場であるから、塵一本でも無いやうに清らかに致して下され。

今までは誠の元の生神《いきがみ》は、丹后《たんご》の男嶋《をしま》女嶋《めしま》と播磨《はりま》の神嶋《かみじま》とに隠れて、三千世界の守護いたして居りたぞよ。時節参りて天の大神様の御命令を頂きて、竜宮館の高天原《たかあまはら》に現はれて、水晶の世の御用を致すのであるから、人民は猶更この大本へ引寄せて貰ふた人民は、余程心を清らかに持ちて、善の道へ立帰らぬとウカ〳〵大本へ参りて致して居りたら、御神徳《おかげ》いたゞく所で無い恐い事が出来て来るぞよ。

是からは神は日増に烈敷《はげし》くなるぞよ。人民も改心せずには居られんやうに成るぞよ。この大本は誠に結構な所の恐ろしい所であるぞよ。大化物が隠《か》くして在るぞよ。この化け物は普通の化け物でないから、現はれたら心の悪《わ》るき守護神人民は腰が抜けて了ふて、四ツ這ひに成つて苦しむぞよ。

この大本には三千世界の大気違いやら大化物が表はれて、世の立替立直しの神界の御用を致して居るから、普通《たゞ》の人民の眼からは見当は一寸取れ難《にく》いなれど、世界の大本に現はれた気違いが申した事は、一分一厘間違いのない、チト実《み》のある気違いであるぞよ。

神から見れば今の日本の人民は真正《せうまつ》の狂人《きちがい》斗りで、言ふ事も為《す》る事も皆間違ひだらけであるぞよ。それで今の人民の致す事はチットも尻が結べて居らぬから、何時も縮尻《しくじ》るので在るぞよ。毎日毎夜嘘つく事ばかり勉強いたして、是が文明開化世《ひらけたよ》の行方《やりかた》と申して居るが、今の人民の致した事は、政治に因らず教育に由らず、何一つも碌な事は出来ては居ろまいがな。夫れで日本神国の人民と申されやうか、判らぬと申しても盲目と申しても余りであるぞよ。

外国人に自由自在に致され、眉毛の数まで読まれて居りても、未だ気が附かず、ケツのケまでも抜かれて了ふて居り乍《なが》ら、未だ眼尻を下げて歓こんで居ると云ふ、今の日本の○○○○の体裁、開いた口が塞がらぬと申すのは、此所《こゝ》の事であるぞよ。今に脚下から唐土《とうど》の烏《からす》がたつが判ろまいがな。○○の○○と申しても余りで無いか。一日も早く○○いたして下されよ。梅で開いて松で治める、竹は外国の守護と致して、万古末代世界中を泰平に治める経綸の致してある、神国の○○と人民が何も判らむとは、惨い事に曇り切りたものであるぞよ。

是から三千年の経綸、竜宮館の玉手箱を明けのカラスと致して、日の出の守護に掛るから、日本の守護神の内にも大分慮《りよう》見《けん》の違ふ御方が出来るぞよ。明治二十五年から艮の金神が無間《むけん》の鐘を掘り出して、地の高天原で変性男子と女子の身魂が力限り根《こん》かぎり打ち鳴らして、世界の守護神人民に警《しら》告せ共、聾か生倉《なまくら》か一人《にん》も誠の者が無りたなれど、大正五年の五月に、五六七《みろく》の大神様が大本へ御降臨《をいで》あそばしてから、余程判る人民が大本へボツ〳〵参りて来るやうになりて、今では世界の大本と申しても、余り耻《はづ》かしう無い様なれど、神から見れば未だ〳〵いろはのいの片方までも判りては居らんぞよ。

この節分を堺《さかい》といたして、ソロ〳〵と経綸の玉手箱を開けるから、浦嶋太郎の日本男子よ、腹帯を確《しっか》りと〆《しめ》て御座れよ。今迄一生懸命に成りて善と思ふて歓こんで致して来た事が、薩張《さっぱり》煙と成つて消えて了ふから、了見の違ふ守護神人民が大多数出現《たっぴつでる》ぞよ。今の人民の精神の持方では、余程改心致さんと、日本男子の桃太郎殿も、何程かしこい猿智慧でも、何程強い犬を使ふても、雉子《きじ》長泣女《な丶きめ》の先導《みちびき》でも、鬼が嶋の征伐が六ヶ敷《し》いぞよ。正反対《さかさま》に鬼に征服《やら》れるやうな事になるぞよ。

変性男子と変性女子の尉《ぜう》と姥《うば》の申す事が、耳へ這入《はい》らぬやうな事では、日本の神国は到底《とて》も立ちては行かぬから、神は昔から斯世《このよ》が来るのが能く判りて居りての、三千年の永い経綸であるから、攻めては大本の教を一口なりと聞いた守護神は、其覚悟を致して、神界の御助けを致して下され。神は取りもぎには致さんぞよ。

今度日本が潰れたら世界中が暗黒《くらやみ》となりて、悪神《あくがみ》の自由になるから、斯の暗き世を、天照《あまてら》す皇大御神《すめおほみかみ》の神の子が、日本の国の光を現はして世界を照さねば、天地の祖神様《をやがみ》へ申訳が立たぬ事になるぞよ。

日本の人民は天の大神様の分霊《わけみたま》なり。肉体は国常立之尊の守護であるから、人民は神と同じ事であるぞよ。この結構な神の御宮の玉を追出して、薩張り悪神やら四足の住宅《すみか》に致されて居るのであるから、今の人民の所作柄と申す者は、サツパリ鬼か蛇《をろち》か畜生にも劣りて居るぞよ。夫れで今の人民の致す事は、逆様斗りより出来は致さんので在るぞよ。

それで今度は天と地とを拵《こし》らえた元の生神《いきがみ》が、綾部本宮の世の本の地場に現はれて、今度の世界を構ふて遣らねば、何時までも天下泰平《てんがたいへい》には成らんから、経《たて》と緯《よこ》との機織《はた》の仕組が世の元から致してありたのじやぞよ。

機《はた》の初《はじま》り丹波の綾部《あやべ》、あやの神戸《かんべ》にあるわいなと、昔から歌が遺《のこ》してありたのは今度の世界の立替立直しに就ての譬《たとへ》であるぞよ。経糸《たていと》はモウ出来上りて天へ上りたから、是から先は変性女子が御苦労なれど、緯糸《よこいと》をかけて棚機姫殿《たなばたひめどの》の御用を致さすのであるぞよ。珍らしき機《はた》の仕組であるぞよ。

二十七年に渡りて、艮の金神が出口直の手と口とで知らして置いた事の実地が今年《こんねん》から判りて来るから、此の大本は何彼の事が忙《せ》はしく成りて、目の廻る如くに成るから、モチト役員しつかり致して、神界の忙がしいやうに、人間界も急いで御用いたして下されよ。一日が愚かでないぞよ。片時も早く人間界で出来る丈《だ》けの仕組にかゝりて下されよ。

今の大本の立廻りの人民余り気楽過ぎるぞよ。斯《こ》んな事で神界の御用には成らんぞよ。我一と骨を折りて勤め上げねば今の立廻り心が緩みて居るぞよ。怠惰《ずんだら》な人民が一人《にん》でも居ると何彼の一切の邪魔になるから、可哀相でも暫らく成就する迄控えさして下されよ。

大本の上の枝に頼むぞよ。今の大本には外国の御魂《みたま》は寄せられんぞよ。十日も大本に居りて、未だ神の事が解《わか》らいで疑ふやうな人民は帰らすがよいぞよ。却《かへっ》て神界の仕組の邪魔に成るぞよ。

一寸でも邪魔が這入りた丈は、神界の経綸世の立直しが遅れるから、一日でも遅れたゞけは世界が苦しまねば成らぬから、大本の上の枝になりた役員は遠慮は要《い》らぬから、ピシ〳〵と筆先通りに致して下され。今が一大事の時であるぞよ。

出口直の神影《すがた》は金銀取りては下げられんぞよ。神界に伺ふて許可《ゆるし》を請《う》けてからで無いと、売物に致したら厳しき戒《いましめ》があるから、一寸気を附けて置くぞよ。出口直の神影《すがた》には人民の名を出す事は相成らんぞよ。

是は変性女子の御用であるから、神影《すがた》は神が憑《うつ》りて書《か》ゝすなれど、女子の身魂は日増に忙がしう成るから、因縁の在る身魂に御手伝いを許すぞよ。神の姿は何程大事の役員でも妄《みだ》りに筆を執られんぞよ。能く心得て居りて下され。教監役員《いちのゐだ》に気を附けて置くぞよ。

大正七年十二月二十二日、旧十一月の二十日、竜宮館に女子の体内を借りて国常立尊が書きおくぞよ。

（「神霊界」大正八年一月一日号）

大正七年十二月二十五日

艮《うしとら》の金神《こんじん》元の国常立之尊《くにとこたちのみこと》変性男子《へんぜうなんし》の御魂《みたま》が、下津岩根《したついわね》の高天原《たかあまはら》に現はれて、世界の事を書き知らすぞよ。

東《あづま》の国は一晴れの実のりの致さぬ薄《すゝき》の〇〇、実《み》のり致さな国は栄えぬぞよと申して、今までの筆先に毎度繰返しく〱知らして在りた事の、実地が近うなりて来たぞよ。

〇〇の天津御空《あまつみそら》には黒雲塞がり、地には泥水溢《どろうみをぼ》れて、人民の憂瀬《うきせ》に沈み苦しむ者は数知れず、餓鬼畜生の今の世の有様、誠の神なら之を依然《じっ》として高見から見物いたしては居れん筈なれど、今の世に出て居れる方《ほう》の守護神《しゅごうじん》にも、誠の日本魂《やまとだましい》の臭ひも無いから、其日暮しの今の世の持方是でも日本神国の神と申されようか。力量《ちから》が無いと申しても無経綸《こしぬけ》と申しても余りでないか。一日前《さき》の世界の出来事も判らんやうな暗い御魂《みたま》では、世界どころ乎《か》、小さい日本の国だけでも治める事は出来ぬでは無いか。何も彼《か》も一切万事が行き詰りて了ふて、進《ゆき》も退《もど》りも成らぬ様になりて居りても、未《ま》だ心が賤《いや》しいから、大事に抱へて能う放さん厄介な守護神斗《ばか》りであるが、外国に彼《あ》れだけの見せ示《しめ》がしてありても未だ気が附かぬか。岩を抱いて海へ這入《はい》る様な事斗《ことばか》りいたして居るが、神界の誠の生神《いきがみ》の目からは危険《あぶの》うて見て居れんぞよ。

日本の国の上の守護神よ、確《しっ》かり致さんとハラが今に破れて、三千世界の恥晒《はじさら》しにならねば成らぬ様な事が、内と外から持ち上るぞよ。根本から曇り切つた鏡には神の申す誠の姿は写るまいなれど、何処《どこ》までも神は人民を助けたさにクドウ知らして与《や》るぞよ。是で聞かねばモウ此の先に何事が突発《わい》て来ても知らんから、神と出口に後で不足は申して下さるなよ。モウ何も知らんぞよ。

ナヅナ七草《なゝぐさ》の用意を早く致して置かぬと、今に唐土《とうど》の鳥が渡りて来るぞよ。唐土の鳥が羽が強ふて口嘴《くちばし》が長く鋭いぞよ。脚も長いし数も沢山にあるぞよ。日本の鳥は余程しつかりと神力が無いと、天空《そら》から蹴り落される様な事が出来《しゅったい》いたすぞよ。鵲《かさゝぎ》の橋が落ちかけるから、神が守護は致して居れど、日本の守護神の改心が遅れたら、一旦は何《ど》う成ろうやら知れんから、神が心を苦しみて、日夜《ちうや》の守護を致して居れど、日本の神にも守護神にも今ではチツトも気が附かんぞよ。

五十鈴《いすゞ》の滝が濁《にご》つて来たぞよ。川下の人民が是からは可哀相であるぞよ。時節参りて綾部の大本竜宮館《りうぐうやかた》の高天原《たかあまはら》から水の御魂が現はれて、濁り水を澄まして、水晶の流れに付け代えて、世界の人民を泥から助けて、誠の神の身魂《みたま》に清めて助けるぞよ。じやと申して心の直らぬ人民は、助けると云ふ事は出来んぞよ。

世界の難儀を幸ひに致して、彭《ふく》れた袋鳥《ふくろどり》は袋が破れ、腹が引裂け、夜食に外《は》づれてアフンと致して開いた口は閉《ふ》さがらず、六ケ敷兒《むづかしいかほ》を致して泡を吹くのは、今目の前に出て来るぞよ。慾に迷ふて慢心いたすと其通り、誠に気の毒なれど、各自《めいく》の心からで在るから仕様はないぞよ。今に折角造りた立派な巣を潰すやうに成るぞよ。

上から下まで大きな間違いが出来てくるぞよ。天が地に成り地が天となるぞよ。天災地妖《てんさい》が続いて起るぞよ。目も鼻も口も開かぬ様な事が来るぞよ。餓鬼が段々殖《ふ》えるぞよ。思はぬ国替《くにがへ》を致す人民も沢山《たつぷつ》あるぞよ。段々人気が悪《わ》るなる斗りであるぞよ。医者と坊主と葬式屋の豊年は続くぞよ。米は段々欠乏《ひっぱく》する斗りで何程金銀出しても手に入らぬ事になるぞよ。用意が肝心であるぞよ。日本の上の守護神に気を附けておくぞよ。大きなものは一時にバタ〱と潰れて了ふぞよ。広い城の馬場で俄《にはか》の天狗風が吹き出すと、合羽干《かっぱざほ》の爺さんもハラをもむなれど、到底人民力《じんみんりき》では治まらんぞよ。狼狽《うろた》え騒いだ其上《あ》ヶ《げ》句《く》の果が、堀へ落込み土左衛門と成るのが定まつた道筋、何処に一つも重い押えが無いから、ドウにも斯《こ》うにも始末が付かんやうに成りて来るぞよ。神が構ふて与《や》らねば治《おさま》りは付きは致さんぞよ。比日谷《ひゝや》ヶ原へ何程糞蛙の盲目虫《がへる》が集まつて喧《やか》ましう鳴き立てゝも、斯《こ》の天狗風は妨《さまた》げんぞよ。目の無い千鳥彼方《あちら》へヒヨロ〱此方《こち》らへヒヨロ〱、兵糧尽《ひよろつき》まわつてトコトンの果は、手の鳴る方へ頼らねば成らん事になるぞよ手の鳴る方は神の大前ぞよ神は天地を拵《こし》らえた肉体の今に其儘生きて居る元の生神《いきがみ》、国常立之尊であるぞよ。

　大正七年十二月二十五日冬至の日、変性女子の手を借りてしるす。

（「神霊界」大正八年一月一日号）

大正七年十二月二十四日

　三千世界の大本、地の高天原《たかあまはら》は大正七年午《うま》の年、教祖の神は神馬《しんば》にまたがり、天地を駆け廻りての世界の御守護遊ばすを、待ちに松なる鶴の首、馬で納めて綾部《あやべ》と神戸《かんべ》の機《はた》の仕組《しぐみ》も出来上り、目出度《めでたく》坤《ひつじさる》の姫神が豊国主《とよくにぬし》と現はれて、世界の守護に掛るぞよ。未年《ひつじのとし》には未の生れ、百千万の敵も恐れぬ変性女子《へんぜうによし》と現はれて、弥々《いよ〳〵》晴れの舞台に登るぞよ。

丹波の国の山奥に、角《つの》無き鬼が現はれて、摺針峠《すりはりとうげ》の鉄棒で、世界の亡者を片端《かたつぱし》から打ち懲《こ》らして改心を為《さ》せるなり、又和知《わち》の流《ながれ》に引添ふて一つの鰐《わに》が首を上げ、世界の学者を喰い殺し呑み込んで、世界の害を除かせる仕組の実地が出て来るぞよ。

三十年の世の立替の御用も、最早《もう》後三年に約《つゞま》りてきたから、是からは段々と激しく物事が成りて来るから、改心する身魂も追々と出て来るぞよ。時節が来たぞよ迅《はや》いぞよ。

大本の経綸《しぐみ》の一の土台は、天王平《てんわうだいら》の一の瀬の奥津城《をくつき》、是から段々開けて来るぞよ。二番の土台はアとクの名の附いた守護神の御用であるぞよ。体主霊従《あく》の行《や》り方を薩張《さつぱ》り改心いたして、神界の御用いたさす為に、地の高天原へ引寄せるぞよ。

今では斯《こ》んな事書いて出しても人民には見当は採れんなれど、後から判る仕組であるぞよ。アサの仕組の御用も判りて来て、コミの御世話で永らく秘《かく》してありた、陸《あげ》の竜宮の宝が十二揃ふて大本へ治まるぞよ。斯宝《このたから》が大本へ納まらぬと、世界の立直しの経綸は成就いたさんのであるぞよ。人民の目からは何《な》んでも無いやうに見えるなれど、神界では結構な経綸の御宝であるぞよ。天地の間にモウ一つと無い結構な御宝であるから、この御用いたした守護神は、復旅《またゝび》の政蔵《せいぞう》と申す御《み》魂《たま》であるぞよ。

明治二十五年から筆先に出して在りた通り、此の人の身魂が御宮仕《おみやづかへ》の御役を致すぞよ。是も御魂の因縁で、神から命《さ》すので在るなれど、慢神が出たら途中で変るから、何《な》んぼ神から命令の下りた身魂でも油断は一寸《ちよつと》も出来んぞよ。

明治三十一年の旧の二月に、変性女子を高熊山《たかくまやま》へ連れ参りて、伊都《いづ》の御魂《みたま》（※28）から瑞《みづ》の御魂《みたま》に渡して置いた三千世界の神宝《たから》であるぞよ。この宝が大本へ這入《はい》りて来るから、坤の金神が受取りて、夫《そ》れ〱の経綸を致すのであるから、何事もピシ〱と埒《らち》が明《あ》いて行くぞよ。それに就ては此の大本の中は是までとは厳しくなるぞよ。

大本の仕組の世の元の根本の天地の生神《いきがみ》が、肉体その儘《まゝ》でいたして居るのであるから、今迄の宗教の行《や》り方とは天地の相違であるから、間違ふた行り方いたして居る大本の中は是までとは厳しくなるぞよ。大本の仕組は世の元の根本の天地の生神が肉体その儘でいたして居るのであるから、今迄の宗教の行り方とは天地の相違であるから、間違ふた行り方いたして居る大本の分社《でやしろ》は今度は皆取払ひに致すぞよ。役員も信者も皆その通りであるから、早く改心いたして下され神から重ねて警告《しら》しておくぞよ。

神が一度筆先に出したら夫《そ》れが天地の規則で在るから、万古末代《まんごまつだい》かはらぬので在るから、何程可哀相でも神の自由に天地の規則は枉《ま》げられんぞよ。

○

艮《うしとら》の金神国常立尊《こんじんくにとこたちのみこと》変性男子《へんぜうなんし》の宿りて居る大出口の守《かみ》が神界の御用地の上の守護が一段片付いたから、後の御用は変性女子《へんぜうによし》坤《ひつじさる》之金神の身魂《みたま》に地の上の御用一切を渡して天へ上りて惟神《かんながら》真道弥広大出口国直霊主之命《まみちいやひろおほでぐちくになをひぬしのみこと》と現はれて、天地をモ一度調査《あらため》いたして見れば、思ふたよりも一層甚《ひど》い世の乱れ方で在るから、チヨロコイ戒しめ位《くら》ゐでは今の守護神、人民は到底改心は出来んから、矢張《やは》り昔からの経綸《しぐみ》通りに致さな容赦《ゆるし》の出来ん事に成りて了ふて居るぞよ。

それでも世界の守護神人民は天地の直々の神の子であるから、一日なりと立替の大峠を延ばして、改心さして助けたいと思ふて汗を掻《か》いて神は居れども、人民には一寸《ちよつと》も神の精神が了解《わか》りて居らぬから、誠に困つたもので在るぞよ。万物の霊長と申して居る人民であり乍《なが》ら、何を言ふて聞かしても天地から見せ示《しめ》を致して気を附けても馬の耳に風同様、モウ神も堪忍袋が断《き》れるぞよ。

大出口の神と現はれて天から斯世《このよ》を見渡せば、何処《いづこ》も同じ秋の夕暮、霜先の烈《はげ》しき状態《ありさま》、口で言ふやうな事では無いぞよ。

〇〇〇今の〇〇〇の行状《をこない》を見れば、奥山の谷の奥深き人民の能《よ》ふ行かぬ所で、四ツ足と一つに成りてジヤレて居りて、国が立《た》とうが立つまいが、チツトも念頭《こゝろ》に無いと云ふ様な事で、ドウして此の神国は治まりて行くと思ふか、神は残念なぞよ。今の中《うち》に守護神肉体が改心して、神国の一の行ひ致して下されば結構なれど、何時《いつ》までも四ツ足の自由に致されて居れる様な事なら、神は是非なく一限《き》りに致して、新《さら》つの松の世に致さうより仕様は無いぞよ。千里万里《せんりまんり》の奥山に住む山の神の精神が悪いから、雌鶏《めどり》の時を告げる世であるから、世界に誠の事は一つも出来《しゅったい》いたさんぞよ。何程守護神に気を附けても改心いたして呉《く》れねば、神界から止《や》むを得ず処置を附ける事に致さな成らんから、何《ど》うなりても神を恨めて下さるなよ。日本の一の守護神に呉々も気を附けるぞよ。

立替が初まりても可成《なるべく》は今の姿の儘で立替をいたして遣《や》りたいのが神の胸一杯《むねいっぱい》であれども、余り曇り様が惨《ひど》いから艮《とゞ》めは矢張《やは》り昔からの経綸どほりに尉《ぜう》と姥《うば》とが現はれて松の根本《ねもと》の大掃除を致して、天に届いた高砂の古き松樹《まつぎ》の植え直し、末代続く神代《かみよ》に代えて了ふぞよ。開いた口が塞がらぬ、牛の糞《くそ》が天下を取ると申すのは、今度のたとへでありたぞよ。

大正七年十二月二十四日陰《きう》暦十一月二十二日

（「神霊界」大正八年一月一日号）

大正七年十二月二十六日

坤《ひつじさる》の金神豊国主之命《こんじんとよくにぬしのみこと》が変性女子《へんぜうによし》の手を借りて世の立替立直《たてかへたてなほし》の神言《こと》を書きおくが今度の二

度目の天之岩戸開きは神界でも大事業《たいもう》で有るぞよ。

何事も神界斗《ばか》りでは地上の立直しは出来ぬから、阿直王仁《あぢきおに》の身魂《みたま》を斯世《このよ》へ現はして三千世界を修理《つくり》かえて新《さら》つの松の五六七《みろく》の神政《よ》に致すに就ては、大出口直は若姫君の命《みこと》の御魂《みたま》と一つに成りて、上天《くにがへ》致して、天の大方を修め、亦《ま》た地へも下《お》りて此の地の上の立替に掛るなり、変性女子は地の高天原に鎮まりて出口王仁《でぐちおに》の肉体を使ふて地の世界の立直しに掛らすぞよ。それに就ては女子の身魂に七歳の時から坤之金神が引添ふて世界の塩踏《しほふみ》がさして在るぞよ。

十壱歳の七月十二日に始めて帰神《かみがゝり》に致して天眼通《てんがんつう》、天言通《てんごんつう》を授けて、十三歳の七月十二日から言霊《ことたま》の応用《はたらき》を教へて神が色々の不思議を為《さ》して見せたなれど、丹波の穴太《あなを》と云ふやうな草深い田舎の事で在るから、誰も身の上を分けて呉れるものは無く、只《た》だ村の人民は不思議な少年《こども》じやと噂《うわ》さをいたす斗りで、女子の両親も神界の事を申すと大変に立腹いたして家には置かぬと申して、幾度《いくたび》も掘り出した事が在るぞよ。

仏法の隆盛《さかん》な土地で有るから、親族株内《かぶうち》近所の人々が大変に心配いたして、夫《そ》れほど神様狂ひに成りて了ふては先祖の後が継げぬ。我村には神道は一戸《けん》も無いのに、村に反対の神道に凝《こ》るなら此の村には居りては貰えんからと申して四方八方から攻め立てられ、止《や》むを得ず小学校の助教師を勤めさゝれたのは、女子が十四歳の時で在りたぞよ。

十四歳の時、小学校の教員室で一生懸命に神道の話を致して居りたら、上級の教員山本と申す亀岡生れの僧侶《ぼうず》の教員と大きな衝突が出来て、其れが為に小学校を退《の》く事に成り、十五歳の秋から隣家《となり》の奉公人と成り下り、一ヶ年余り無事に勤めた折、村人百三十五戸と女子の父、上田吉松《うへだよしまつ》と公事《こうじ》が突発いたして九死一生の父の難儀を救ふために奉公を辞し、直《たゞち》に宮垣内《みやがきない》の父の家に帰り、村人を相手に二三日対抗の結果《すえ》、邪は終《つい》に正に敵し難く、上田家の大勝利と一旦は成りたなれど、多勢に反対を受けた上田の家は忽《たちま》ち生計《くらし》に大困難《おほこんなん》を来たし、親子七人路頭に立たねば成らぬ所まで苦しみたなれど、誰一人として同情する者は無く、貧乏は一入《ひとしほ》甚《ひど》く成り、世間の人情の紙よりも薄く、氷よりも冷たきを悟りた変性女子は、朝に夕に産土《うぶすな》の神に参拝致し、弥々《いよ〳〵》信念は岩の如くに固まりたなれど、其日暮しの上田の家では神様斗りに仕える事も出来ず、父子《おやこ》が荷車曳《ひ》きと成つて其日の細い煙を立てゝ居りたのも神界から変性女子の御魂《みたま》を今度の二度目の世の立直しの御用に使ふ為に神界の深い経綸《しぐみ》で、態《わざ》とに片田舎の貧しい家に生れさして、種々《いろ〳〵》の艱難苦労を命《さ》したので在りたぞよ。何事も皆神から知らず〳〵に為《さ》せられるので在るぞよ。

女子が十八歳になりた春、丹波国大枝坂《たんばのくにおほえださか》の梨の木峠で神界からの経綸で霊学中興の偉人、本田九郎親徳《ちかあつ》に途中に対面いたさせたのも、皆神の経綸の引合せで有りたぞよ。それから変性女子の身魂にそろ〳〵と敬神行為《かみまつり》の自由を神界から赦したから、両親も親族も近所株内も、何時《いつ》とは無しに邪魔を致さぬ様に成りたぞよ。何事が出来るのも皆神の経綸であるから、時節の来ぬ間《うち》に、何程人民の心で焦慮《あせり》て見ても何一つ思ふやうに行きは致さんので在るぞよ。

それから女子が二十三歳になりた夏から、獣医と牧畜の事業《しごと》に就《か、ら》事して身魂を研《みが》かしてあるぞよ。二十八歳の春までに、神界から色々の苦労艱難を命《さ》して、何事にも驚《をど》かぬ様に幾度も生命《いのち》の危《あや》ぶい修行《ぎやう》を命《さ》してあるから、今は何事が出来《しゆつたい》いたしても微軀《びく》とも致さぬ身魂に研けたから明治三十一年の二月から弥々神界の誠の修業《ぎやう》に掛らせたぞよ。二十九の年から綾部の大元へ引寄して、亦改め十年の修行を命《さ》して、身魂を水晶に洗ふて、神界の経綸をボツ〳〵と申し付けてありたが、女子が弥々三十九の歳でありたぞよ。

今年で亦十年目になりたから、七月の十二日から七十五日の身魂の三度目の大洗濯を致して竜宮館《りうぐうやかた》の誠の御用に使ふやうになりたから、変性男子《へんぜうなんし》の御魂《みたま》と、変性女子の御魂とが、天と地と二つに別れて世の立替は男子が天地《てんち》へ昇降《おりあがり》致して守護をするなり、女子は地の高天原に豊国主之命《とよくにぬしのみこと》と現はれて、地の世界の一切の立直しを致す御役と定まりたから、百千万億人の敵でも百千万億の悪魔でも、チットモ恐れん身魂と成りたから、世界に何事が出来《しゆつたい》いたしても綾部の大本の許しの無き事は、ドンナ小さい事業《こと》でも我《が》では行かぬ神政《よ》に変りて来たぞよ。我《が》で行くなら何なりと人民の力で行《や》りて見よ。八九分までは行くなれど、肝心の艮《とゞ》めが刺せんぞよ。是が世が変りて居るのであるぞよ。

天地の間は八百万《やほよろづ》の金神が守護いたすなり、天地の主宰神《とりしまり》は大国常立之命《おほくにとこたちのみこと》であるぞよ。坤の金神は奥の役で在るから、地の一切を守護いたして、天地が揃ふて水晶になりたら、天の御先祖《ごせんぞう》様《さま》に御還《おかや》し申して、五六七《みろく》の神代末代動かぬ松の世と致して、天上天下は清浄太平に治まるので在るが、モウ時節が近寄りて来たから、一人《にん》なり共早く改心いたして、日本人だけの誠の行ひを致して下されよ。日本は結構な国であるから、日本に生れた人民は神の御用が出来る身魂に元から拵《こし》らえてあるので在るから、勇んで身魂を研いて何彼の御用を我《われ》一と致して下されよ。

綾部の大本には変性男子の身魂と女子の身魂とが現はして、世界の鏡が出してあるから、此の鏡に我の姿を移して、一日も早く世の為国の為に夫《そ》れ〴〵身魂相応の活動《はたらき》をいたして下されよ。神界は何事も皆帳面に記《しる》して在るから、滅多に使い棄《ほか》しには致さぬから、安心いたして、今までの体主霊従《あくく》の心を入れ替て、何なりと経綸の助けを致して下され。何時まで鎮魂《ちんこん》や帰神《きしん》の修行を致して居りても、実地《じち》の行ひを致さねば、神界の手数を掛ける斗りで、斯《こ》の通りに世が迫りて来て居る二度目の世の立替の邪魔に成る斗りであるぞよ。誠さえありて神の申す事が一度に解《わか》る人民の御魂《みたま》でありたなら、鎮魂や帰神の修行は要《い》らぬので在れども、一度で解《わか》らぬ疑ひの深い人民の為に、この大本で神が手数を掛けて居るのであるぞよ。今の人民程困りたものは無いぞよ。天地の先祖の生神《いきがみ》でも今の人民の解らぬ身魂には困りて居るぞよ。

大正七年十二月二十六日　旧の十一月二十四日坤の金神が竜宮館に現はれて、変性女子の身魂を使ふて書き誌《し》るしおくぞよ。

（「神霊界」大正八年一月一日号）

大正八年一月一日

大正八年一月一日旧大正七年十一月二十九日水曜日癸の丑四方拝の日

艮《うしとら》の金神大国常立之尊《こんじんおほくにとこたちのみこと》の筆先で在るぞよ。

此の地の世界は旧で無ければ作物一切は見当が取れんので在れど、新暦に致した為に十五日にも真の暗《やみ》が在りたり、一日《じつ》に満月が在りて、天地《てんち》の昔から定まりた規則を破りて居るから、地の上の作り物が皆虫が這入《はい》りたり、雨も降るべき時に降らなんだり、風が狂ふたり、何一つ碌《ろく》な事は出来は致さんぞよ。

今の日本の人民は年頭と申して祝酒《ゆわいざけ》を飲んだり、餅を搗《つ》いたり、松竹梅を門に建《たて》て目出度《めでた》がりて居れども、肝腎の天地《てんち》の巡行《めぐり》に逆ふて居るから、天地の神々は余り歓びは致されんぞよ。世の元の神の行《や》り方は、月の神様を元と致した旧《もと》の月日でないと、誠の歓こびと勇みは無いのであるが、今の人民は何も判らぬから斯《こ》んな事で天地の調和が出来ると思ふて居るのか、是が暗黒《くらがり》の世と申すのであるぞよ。

旧の正月元日は六合拝《りくごうはい》を致すのであるぞよ。六合拝と申すのは天と地との祖神《をやがみ》を始め、東西南北の神々を拝礼し、上御一人《いきがみさま》に御礼を申上げる神事《かみごと》であるぞよ。此の大本の教《をしへ》どほりに日本の人民が致すやうに成らぬと、誠の神国にはならんぞよ。

是でも時節が参りたら天地の神が元の昔の神代の行事《をこない》に立直して見せてやるぞよ。悪い病の流行《はや》るのも豊作の取れぬのも、皆日本の上下の守護神が、天地《てんち》の動かぬ規則に反対いたして居るからの事であるぞよ。朝の雪は晴れても人民の心に積る冷たい雪が解けねば、地の上は結構にはならむぞよ。大正忠臣蔵四十八霊の心の雪は未《ま》だ解けぬぞよ。此の謎早く解けねば三千世界はユキ約《つま》りツマツて約らん事が出来るぞよ。

　神国《かみぐに》の松の神代が近寄りて、一の艮《とゞ》めは国の宮、御国《みくに》を守る八重垣《やえがき》の、神の社《やしろ》に鎮《しづ》まりし、豊国主《とよくにぬし》の大神《おほかみ》と、神素盞嗚《かむすさのを》の二柱、禁闕要《きんかつかね》の大神も、大地の底から現はれて、木花咲耶姫神《このはなさくやひめがみ》の、天地和合の御守護《しゅごう》で、弥々明《いよ〳〵あ》かき火々出見《ほゝでみ》の、神の御言《みこと》の世と成れば、五日の風や十日の雨も、揃ひて賑はしく、人の心も清滝《きよたき》の、水の流れも美《うる》はしく、治まる神代《みよ》の目出度さは、我が神国《かみぐに》に天照《あまて》り徹り、助け幸《さちは》ひ生国《いくぐに》と、上下《かみしも》揃ふて梅の花、一度に開く楽もしき、永き神代を松が枝《ゑ》に、月冴え渡り天津日《あまつひ》の、陰《かげ》も豊かに晒《あかね》さす、内外《うちと》の国の神人《かみびと》が、心の鬼も打和《うちなご》め、世界一つに治まりて、天津日嗣《あまつひつぎ》の御稜威《ごりょうい》を、仰《あふ》ぎ敬ひ歓こびつ、千歳《ちとせ》の鶴も万世《よろづよ》の、亀も舞ひつゝ丹波路の、綾の高天《たかま》に参集《まいつど》ふ、神の経綸《しぐみ》ぞ尊とけれ。

大正八年新一月一日　瑞の御魂

（「神霊界」大正八年一月十五日号）

大正七年十二月二十七日

艮の金神の筆先で大本内部の役員に気を附けるぞよ。

明治二十五年から変性男子大出口《へんぜうなんしおほでぐち》の守《かみ》の身魂《みたま》に苦労を致さして、二十七年の間神界の御用をいたさして在りたなれど、出口直が天地の冥加《めうが》が畏《をそ》ろしいと申して、何程厳しき冬の寒空にも、日に三度五度の水行《みづぎやう》を致して、其上に神の御用を勤めて下されたなれど、何程寒うても火鉢一つ使ふた事も手を暖ためて筆先を書いた事も無く、誠に慎みの良い身魂であるから、永らくの間大本の中の役員信者に鏡にして見せてありたが、今迄の大本の役員は直《なを》が申す事や行状《をこない》を能《よ》く呑込みて、ミロクの行《や》り方を致して下されて、神の経綸《しぐみ》も段々と出来て来たなれど、誰も楽な方へ行き易いもので在るから、今の大本の中の役員の行《や》り方は、薩張《さつぱ》り精神が緩みて了ふた、世間並の行り方に逆《さか》戻り致して居るぞよ。

出口直は八十三歳になりても火鉢一とつ抱えた事は無かりたぞよ。出口直を鏡に出して世の立直《たてなを》しの行り方が致して見せて在りたなれど、今の大本の行り方と申すものは、若い者が火鉢を持たな何一とつ能う致さず、金竜殿《きんりようでん》へ修行に参る守護神人民は沢山に火鉢を並べて贅沢な今の行り方、ソンナ事で斯《こ》の世の立直しの大本の修行は到底出来は致さんから、冬の修行は火が無ければ出来んような弱い人民は、修行は止めて一日も早く各自《めいく》の国本へ立帰らして下され。

折角永らくの間大出口直に苦労さして、今まで築き上げたる教《をしへ》の土台が転覆いたしかけて居るから、神は誠に困りて居るなれど、今の人民さんは鼻高《はなだか》が多いから、知らず〳〵に慢神が出て、神の教に背くやうな事が出来《しゅったい》いたすのであるから、余程大本の役員は隅から隅まで気を附けて下されよ。

世界から参りて来る守護神人民は可成《なるべく》は外《と》に宿めて下されよ。大本の内部《なか》に宿《と》まれる様になるのは、余程の研《みが》けた身魂でないと、誰でも是からは構はずに止める事は出来ぬから、堅《かた》う心得て下され。神界から一度筆先に出して気を附けた事は、早速に聞いて貰はんと、大変な邪魔になりて後悔いたす事が出来て来るぞよ。神界の都合が在るから、此の節分からは修行者は一人《にん》も宿められんから、其覚悟を致して下され。役員信者の家《うち》で止めて下さるのは誠に結構であるぞよ。是から斯《この》大本は神界の御用は段々と激しく成るから、国々から出て参る修行人を内部《なか》に止めて居るやうな事で在りたら、肝腎の神界の大事の経綸を、未《ま》だ訳《わけ》の判りて居らん守護神が生聞《なまき》きいたして、却て仕組の邪魔を致すから、神の集合する事も出来ぬ故、神の経綸が遅れて来る斗《ばか》りで在るぞよ。

此の大本は地の高天原《たかあまはら》の竜宮館《りうぐうやかた》、神宮坪《しんぐうつぼ》の内《うち》と申して、天地の元の生神《いきがみ》の天地へ昇降《あがりをり》いたす神聖《きよらか》な地面で在るから、御地《おつち》を踏《ふ》む丈《だ》けでも恐れが多い所《とこ》であるのに、何も判らぬ守護神人民を神の座より上の二階に寝さしたり、広前《ひろま》に休ましたり、何時《いつ》までもそんな事致して居りたら神聖《きよらか》な場所が汚れて了ふから、神が集まる事が出来ぬから、其心得に此の中の役員から改めて下され。

大出口直の身魂は国替いたしたなれど、肉体の時よりは一層酷《きび》しく成るから、今のやうな行り方は到底赦されんから、節分限り大本に宿《と》める事は止めて下されよ。此の大本の立廻り役は止《や》むを得んから、今の内は大本で寝起きを為《さ》せて修行なり御用をさせるぞよ。

大正七年十二月二十七日　旧の同年十一月二十五日

（「神霊界」大正八年一月十五日号）

大正八年一月二日

艮《うしとら》の金神変性男子《こんじんへんぜうなんし》の御霊《みたま》が、丹波国《たんばのくに》は南桑田郡曽我部村《みなみくわだごうりそがべむら》大字穴太《あなを》の延喜式内《えんぎしきない》小幡神社《をばたじんじや》の御《ご》主神《しゆしん》、開化天皇の御引合はせに由り、氏子の中《うち》の変性女子《へんぜうによし》の御魂《みたま》を申受けて、明治三十一年の二月の八日に、何彼《なにか》の因縁を打ち明けて、弥々《いよく》氏神様の御承知が出来たから、翌《あく》る日の九日の夜から女子の身魂《みたま》を高熊山《たかくまやま》に連れ参りて、帰神《かんかゞり》の修行を致させてあるのも、昔の神代《かみよ》からの経綸《しぐみ》の時節が参りたので在るぞよ。

其折《そのをり》には不二《ふじ》の山の芙蓉坊《ふようぼう》（※29）と、男山八幡様《をとこやまはちまん》の松岡殿（※30）とに守護《しゆごう》が命《さ》せて在りたので在るぞよ。高熊山で女子に神界から授けた、不思議な物は今度東京から大本へ納まりた十二の鶴石《かくせき》（※31）でありたぞよ。弥々時節が参りて来たから、実物を今日変性女子の身魂に授けて守護いたさすから、世界の国々の様子が是からは今迄の世とは一日増して変りて来るから、此の大本の中と世界とを気を附けて見て居ると、何彼《なにか》の神界の仕組が身魂の研《みが》けた人民でありたら大方の見当が附くやうに成るぞよ。

今はモチト筆先にも口にも肝心の事は出《もう》されんから、自己《われ》の心を研いて悟りた上、神界の生きた御用を致して下され。神界からは誰に何役彼《あれ》に此の役と申す事は言はんから、其人の心次第の御用を致さすぞよ。

今度の大戦争《おほたゝかい》は世の立替の三番叟《ばんさう》が済みたので在るから、モウ是で天下泰平に世界が治まるであらうと申して歓こびて居ると大変な大間違いが出来《しゆつたい》致すぞよ。是から後《さき》になると露国《ろこく》の悪神《あくがみ》さえ能《よ》う掘り出さなんだ竜宮の御宝を、今度は英米西大国《えべすだいこく》が自由に致す仕組を致して居るが、此の宝は今度の二度目の世の立替の神の宝で、昔から隠して有りたので在るから、体主霊従《あくく》の国魂《くにたま》には自由には致させんぞよ。金銀銅鉄水鉛石炭木材食物は、何程でも竜宮の乙姫が守護致して日出《ひので》の神に渡してあるから、肝腎の時には掘上げて、三千世界の立直しに使ふて、五六七《みろく》の神代を建《たて》るぞよ。寒い国では在れど、今まで人民の自由に致さぬ様に、態《わざ》とに寒い国の広い所《とこ》に創造《こしらへ》て蓄へてありたので有るぞよ。

日本の人民も外国の人民も大変な目的を立て、我の自由に致さうと思ふて一生懸命に骨を折りて居るなれど、神の宝に人民が勝手に手を掛けたら大騒動が起るぞよ。是も時節であるから、外国の身魂がモウ手を出し掛けて居るなれど、九分九厘まで行つた所で手の掌《ひら》を覆《かへ》して、慾の皮を脱《む》いて見せてやるぞよ。海は一つ隔てゝ居りても日本の神の宝であるから、外国の自由には神界から致させんぞよ。神が一度申した事は何時《いつ》になりても間違いは無いぞよ。

日本の人民は皆天地の神の殊《べつ》愛の御子《おんこ》と拵《こし》らへて、誠一つを貫きて世界の人民を愛撫《たすけ》るやうに、斯の結構な神国に生れさして在る神の容器《いれもの》の身魂であるから、一日半時でも泣いたり悔みたり、不足を申して暮すやうな事では日本に生れた甲斐が無いぞよ。誠の日本魂《やまとだましい》が授けてある日本の人民は、何《ど》んな難渋が出来て来ても苦しみが在りても微軀《びく》付く様な事では、神国の神民とは申されんぞよ。

日本の国は天地を日夜に讃美《いわい》して神の活動《はたらき》を致し、悪い国を善に進開《ひら》き導びき、勇んで神の行為《をこない》を致し、世界万国を統一《すべ》守り、一家を修め身を修めて、天地に代りての大事業《たいもう》を身魂に享《う》けて居る、神の御宮《おみや》の神民であるから、御土《おつち》も家も身も霊魂《たま》も日々《にちく》清らかに致して、天国極楽の花を咲かし、実を結ぶ天職《やくめ》のある尊《とう》といものであるのに、薩張《さつぱ》り外国の宗教《おしえ》に身魂を自由自在に汚《いた》され曇らされて、今の日本の神民の腰抜様と申すものは、ドーして天地《てんち》の祖神《をやがみ》様に顔が合はされようか。

外国人の身魂よりも劣りた人民が八分までも出来て居るが、是も時節とは申し乍《なが》ら、余りの事で、腰の立たせやうが無いぞよ。夏咲く花の紫陽花《あじさい》の色ほど変る魂線《たましい》で、此の後《さき》の世をドウして立《たて》て行かうとするのか。一つも日本魂の活動《はたらき》が有りはせんぞよ。今の中《うち》に一人《にん》なり共多く日本魂に立帰りて居らむと、日本の国は此儘《このまゝ》でウッカリ致して居ると、今に外国の四ツ足の餌食《ゑじき》に致されて了ふぞよ。

夫《そ》れで綾部《あやべ》の大本は神界の因縁の在る結構な地場であるから、二度目の天之岩戸を開いて、日本の霊主体従《ひのもと》の光を天晴《あっぱ》れ世界へ輝かして、天下万民《しんみん》を神国に助けたさに、明治二十五年から、大出口直《おほでぐちなを》に艮の金神が憑《うつ》りて、間に合ふ人民を引寄して経綸を致して居るので有るぞよ。

それで此大本へ引寄せられた人民は、男女に関はらず、皆神界の経綸の綱が掛けて在るのであるから、充分に心を落付けて御神徳《おかげ》を落さぬやう、神の結構な御用に離れんやうに、能《よ》く明治二十五年からの筆先を腹へ入れて下され、筆先が少しでも腹へ這入《はい》りたら、這入りた丈《だけ》の誠を尽して、日本の為世界の救助《たすけ》のために、力を尽して下され、尽した丈《だ》けの事は神が万倍に致して御礼申すぞよ。今が世の境の大峠であるから、国を助け人民を助ける真心のある誠の役員信者は、今の間《うち》は家や妻子《つまこ》に心を曳《ひ》かれるやうな事では物事成就いたさんぞよ。

大正の忠臣蔵は綾部の大本高天原の神境《しんかい》に仕組が致してあるぞよ。万古末代死なず亡びず生通《いきとほ》しの日本義士、数は四八の瑞秀《みつひで》の身魂、三千世界を照らす生魂《いくみたま》斗りを集めて、弥々敵討《かたきうち》の段になりたら世界中の神、守護神、人民に歓こばれて、千歳《ちとせ》の松の緑《みど》り益々青く、弥々清く、鶴は空より舞下り、地《つち》に這ふたる万代《よろづよ》の亀は御空《みそら》に舞上り、天地揃ふて穏かに松の神代と相成るから、夫れ迄に教監役員信者《さしぞえのたね》は用意を致しておいて下され。肝腎の性念場《せうねんば》に成りてから何程あせりても役には立たぬから、今の世界の一寸《ちよつと》静まりて居る間《うち》に、我一と身魂を研いて神の経綸の御用を悟りて其様《そのよう》の施設《おこない》を致して下され。

世の元の昔の初りから未《ま》だ一度も無い大望《たいもう》な世の立替立直しで在るから、今の世界の人民と変りて居らねば、今度の神界の御用は到底勤め上らんぞよ。中々今の役員の思ふて居るやうな立替立直しの経綸で無いぞよ。九分九厘まで行《い》た所で一厘の経綸は人民には解らず、神は今の今まで肝心の一厘の仕組はドンナ結構な身魂にも明かして知らすと云ふ訳には行かんから、余程胴を据えて居らん事には、一厘の所《とこ》に成りてから神徳を落す者が出来るぞよ。夫れで此の大本の経綸の御用致す人民は、気宥《きゆる》しはチツトも出来んと申して毎度知らして在るのぢやぞよ。抜刀《ぬきみ》の中に据《すわ》りて居るやうの覚悟を致して居れと申して気を附けてあるぞよ。一寸でも慢神と油断が在りたら直《す》ぐに変る恐い所の結構な所であるぞよ。

来年は余程世界には国難が出て来るなれど、誠の日本魂さえ研けて居りたら別に心配は要《い》らぬから、大本の役員信者は申すに及ばず、日本の人民も確《しつ》かり致して、利己主義《われよし》の行《や》り方を変へて了はんと凌《しの》げん事が出来《しゆつたい》いたすぞよ。

日本も金《かね》が殖《ふ》えたと申して安心致して居るなれど、此の金は滅多に日本の役には立んから、向ふの国に預けてある金は当《あて》にならぬぞよ。早速の間に逢いは致さんぞよ。外国人に自由自在に致されて居りても、未だ気が附かぬ人民が八分あるから可哀相なものであるぞよ。日本の上《うへ》の守護神に結構な日本神国の因縁が解りて居らんから、斯《こ》んな損害《こと》が出来るので有るぞよ。中《ちう》の守護神も下《げ》の守護神も、薩張《さつぱ》り盲目同様で一寸先きが見えぬから、日本も段々苦しく成るので在るぞよ。

何程人民が骨を折りても天下泰平に治まると云ふ事は無いから、今度は天《てん》の御《ご》三体の大神《おほかみ》様の御許しを戴《いたゞ》きて、尉《ぜう》と姥《うば》との生神《いきがみ》が世界の始末を就《つ》けるのであるぞよ。夫れに就ては日本の人民を道具に使ふて、二度目の岩戸開きを致すので在るから、因縁の深い身魂から地の高天原へ綱かけて引《ひき》よして霊魂《みたま》を研かすので在るから、今大本に御用致して居る人民は、一人《にん》も粗末に来る人を扱ふ事は成らぬぞよ。結構な神様が世に落ちて御座《ござ》るから、何人《だれ》に憑りて御出《おいで》なさるやら、人民では解らぬから、其人の姿を見て取扱ひを替る様な事は致されんから、皆心得て下されよ。

明治に成りてからの人民は追々と日本魂が外国へ移りて了ふて、人民の格といふものが低うなりたから、名よりも格よりも金銀斗りに心を奪《と》られて、昔の剣《つるぎ》より今の菜刀《ながたな》と申して、国の位も人の格も忘れて、体主霊従《あくや》の行り方斗りに成りて居りたなれど、今度二度目の岩戸を開いて夜が明けたら、昔の剣を世に出して、日本魂の光を出して、天下を泰平に末永き神国の政治《よ》に立直すぞよ。綾部の大本、地の高天原へ、天目一之命《あめのまひとつのみこと》を引寄して、日本魂の籠りた剣を鍛えさすぞよ。モウ時節が来たから何時から始めるやら知れんぞよ。天《あま》の斑駒《ふちこま》も引寄して神界の経綸を開き初めるぞよ。鶴と亀とが竜宮館へ舞下がる時節が近寄りて来たぞよ。吃驚《びつくり》いたす事があるぞよ。珍らしき経綸の蓋《ふた》を開けて見せるぞよ。

艮の金神国常立之尊変性男子の御魂《みたま》が、竜宮館の高天原を守護致さす変性女子の御魂の手を借りて、世の立直しの筆先を書きおくぞよ。

今の日本の人民は外国の体主霊従《あく》の行《や》り方に心酔《ほうけ》て了ふて居るから、家や倉庫《くら》を立派に建並べ、要《い》りもせぬ別荘なぞに金を惜《をし》まず、人夫を惜まず、神の大宮《おほみや》でも叶はんやうな贅沢な生活方《くらし》をいたし、家の柱は檜《ひのき》作り、何も彼も檜づくめで、屋根迄も檜皮葺《ひのきかわぶき》に致して、肝腎の氏神の社《やしろ》は粗末な事に打捨て、雨が漏りても柱が朽ちても、産土神《うぶすながみ》や氏神の社を修繕《なほす》と申す事は、金を惜みてゴテ〳〵申して出さず、要らぬ事には金を湯水の様に使ふて、ヱライ人間の様に鼻斗り高ふ致して居る野天狗や、四ツ足の守護神斗りで有るから、世界に幸福《よ》き事は一つも出来は致さうまいがな。

村々に仏《ぶつ》の堂は見晴しの良い高い場所へ持つて行きて、無暗《むやみ》に立派なものを拵らへ乍《なが》ら、肝心の天地《てんち》の祖神《をやがみ》と氏神を地に落し、村下《むらしも》の低い所に小さい粗末な御宮を建て、年に一度の祭典《まつり》も形斗りで、食《く》たり飲んだり空騒ぎ斗り致して、食ふと呑むと寝る事より知らん四ツ足御魂《みたま》斗りで在ろうがな。

日本の人民の中に心の底から神を大切に思ふものも、丁重に御給仕をいたして、神の大恩《ごをん》、先祖の御恩《だいおん》に報いる精神の人民は、僅《わづか》に一分が六ケ敷《むづかし》き、今の日本の神国の現状《ありさま》であるぞよ。

今の間《うち》に一時《じ》も早く守護神が改心致さんと、肉体に気の毒な事が出来《しゅったい》いたして、外国へ行かねば成らぬ様に成るぞよ。折角に結構な日本の国へ上げて貰ふた守護神も肉体も、神から外国行きに致されては、今迄の御魂《みたま》の苦労が水の泡に成りては、モウ此の先は末代取返しの成らん約《つま》らん事とは思はぬか。我身知らずの我魂《わがたま》知らずと申しても余りであるぞよ。

今の日本の神国は外国魂《がいこくだま》斗りが蜘蛛の巣を張りた様に、天地《てんち》を搦《から》みて居るから、天の日輪様の御威光も恐れぬ様に成りて了ふて、神国と申すのは名斗りで、暗黒《くらがり》の世の中であるから、上の守護神も下の人民も脚下《あしもと》に在る深溝《ふかみぞ》が眼に付かぬ、誠に一寸先きの見えぬ盲目ばかりの世であるから、綾部の大本、地の高天原から光りを出して、身魂を照らしてやろうと思へば、まばゆがりて逃《に》げて去《い》ぬもの斗りで在るから、未だ〱誠の事は申して与《や》れんぞよ。

誠の守護神人民は我と我身魂を研ひて、斯の大本の教《をしへ》を腹へ入れて下されたら、神界から何も申して与《や》らいでも、自づと判りて来るから、結構な御用が出来て、日々《にちく》勇みて嬉し〱で暮せる様になりて来るぞよ。三千世界に大本の神の御用ほど結構な尊《とう》とい楽もしひ御用は、何国《どこ》にも在りは致さんぞよ。

大正八年一月二日　旧同七年十二月一日

(「神霊界」大正八年一月十五日号)

大正八年一月二日

釈迦《さか》は照寺《てるく》、五十鈴川《すゞかは》曇る、愛の月照弥満朝雨《つちやまあめ》が降る。仏《ぶつ》が栄えて、何処《どこ》も彼所《かしこ》も寺ばかりで、肝腎の天照皇太神宮の御宮《おみや》まで、一旦は奥の院に阿弥陀仏を祭り込み、大神様を有る甲斐なしに致して、日本の国魂《くにたま》までも曇らして了ふて、其の国魂の精を享《う》けて生れた神国の人民は、大神の御神体なる八咫御鏡《やたのみかゞみ》言霊《ことたま》までが曇りて来たので、其れから生れた人民が天気の小言を申すやうに成りて、段々と天地《てんち》を曇らして来たから、何時《いつ》も天災地変の起り詰《つめ》であるぞよ。

天地の変災は皆人民の心と言霊が濁りて居るから、一年増しに多くなる斗《ばか》りであるから、日本の言霊《ことたま》の幸《さちは》ひ天照《あまて》る国の人民は、第一番に心の立替立直《たてかへたてなを》しを致して言霊を清め、善言美詞《みやびことば》を用《つこ》ふて、天地の神様と人民の心を和《やわら》げん事には、何時迄も天災地変が治まると云ふ事はないぞよ。

今の人民は一人《にん》も善言美詞《みやびのことば》を使ふものは無い斗りか、日夜に人の悪口斗り申して歓こび勇み、何《な》んど悪事醜行《わるいこと》が新聞にも出ては来んかと、夫《そ》れ斗りを待ちて居る曇りた人民斗りで、外国人よりも精神が悪く汚れて居るから、天に坐《ま》します大神様が堪忍袋《こらえぶくろ》を切らし遊ばして、何《ど》うしても世の立替を一度に致さねば成らぬと申されるのを、艮《うしとら》の金神《こんじん》が是まで開けた世界を潰されては、何にも知らぬ人民が可哀相なり、一人なりとも改心さして残してやりたいと思ふて、天の御先祖様に日時《ひにち》を延ばして戴き、斯世《このよ》を潰さずに大難を小難に祭り替て下さるやうに、大出口直の体内に憑《うつ》りて今迄御詫《おわび》をいたして居りたなれど、今の守護神人民が一寸《ちよつと》も聞いて下さらぬから、止《や》むを得ず艮の金神変性男子《へんぜうなんし》大出口の神は、手を曳きて天へ帰りて守護を致すやうに成りたから、世界に何事が出来《しゆつたい》致しても、艮の金神と大出口の神に不足は申されまいぞよ。

二十七年に渡りてクドウ気を附けておいたぞよ。いよ〳〵仁愛《みろく》神様の御出ましに成りて、月の大神様の御守護と相成りて、瑞《みづ》の御魂《みたま》の御用が廻《めぐ》りて来たから、月の大神様が暗《やみ》の世を隅々まで御照《おてらし》遊ばして、日の出の守護となると、罪悪《めぐり》の深い国々、所々、家々、人々《にんく》に火の雨が降ると申して、昔から愛の土山《つちやま》雨が降ると申して謳《うた》を作りて、神から気が附けて有りたなれど、盲目聾に化《な》り切りた日本の人民が、能《よ》う解《わ》けんから、艮の金神が日本の守護神や人民に、説いて聞かして改心さして、身魂を助けてやり度《た》いと、一心に心を砕いて、明治二十五年から変性男子の体内を借りて知らしたなれど、今に一寸も解らぬやうな守護神人民は、気の毒でも止むを得ずの惨事《こと》が出来《しゆつたい》いたすなれど、誰を恨める様も無い事に成りて居るぞよ。

昨年《きよねん》の十二月二十七日には、東京で蛙の集会が初まりたが、今度の集会は何年《いつも》とは変りて居ろうがな。其日に綾部の大本へは神界の経綸の世界の国魂《くにたま》が集りて、千秋万歳楽の基礎《もと》が定まりたのも、五六七《みろく》の大神様の御命令であるぞよ。

結構な国の基《もと》になる十二の宝が集りて来たから、モウ此の先は何彼《なにか》の事が迅《はや》くなりて、経綸《しぐみ》が段々と人民の眼にも判るやうになりて来るぞよ。是から世界は十二ケ国に約《つゞ》まりて日本の一つの王で治まるのであるが、其所《そこ》へ成る迄には世界に大混雑が湧いて来るから、余程確《しつか》りと腹帯を締《しめ》ておかんと、途中で腹が破れるやうな事が出来いたすぞよ。

大正八年一月二日、旧十二月一日、甲寅《きのへとら》の日　竜宮館《りうぐうやかた》に艮の金神変性女子《へんぜうにょし》に憑りてしるしおく。

（「神霊界」大正八年一月十五日号）

大正八年一月十一日

大正八年一月十一日　旧同七年十二月十日

艮《うしとら》の金神大国常立尊《こんじんおほくにとこたちのみこと》が、時節参りて天晴《あつぱ》れ世界へ現はれて、三千世界の立替立直《たてかへたてなを》しを致すに就《つい》て、先《ま》づ地の高天原《たかあまはら》から立替立直しを初めるから、大本の役員は腹帯を確《しつか》り〆《しめ》て居らぬと吃驚《びつくり》仰天、あいた口が閉《ふさ》がらぬ様な事が出来《しゆつたい》いたすぞよ。

何も彼も神界では経綸《しぐみ》が成就いたして、何時《いつ》でも物事は始められるやうに、結構な事になりて居るなれど、肝心の大本の内部《なか》のものに誠の事が一つも解《わか》らん人民が混《まぜ》りて居るから、言ひ聞かして早速判る身魂《みたま》なら、供々に手を引き合ふて、神界の御用を致させるなり、判らねば気の毒でも可哀相でも、神の経綸《しぐみ》の成就いたす迄、各自《めいめい》に何なりと致して、時節を待つが神国の為であるぞよ。

何も解らぬ身魂が浅い考えで種々《いろいろ》の事を申すと、神界の大変な邪魔になるから、邪魔いたして神慮《かみごころ》に叶はん事が出来いたすと、神は困らねど其人《そひと》が気の毒であるから、神は排斥《のけ》は致すのでは無い、助けてやりて可成《なるべく》は御用に立《たて》たいので在れど、止《や》むを得ずの事であるぞよ。神の心もチツトは推量いたして下され。後で取返しが出来んから、今が一大事の場合であるから、何辺でも腹の立つほどクドウ気を注《つ》けておくぞよ。

此の大本は至誠《まこと》一つの神の教《をしへ》と行《や》り方で在るから、世界から何物が出て参りて反対を致しても、微軀《びく》ともせぬ世界の大本であれども、何時も筆先に出して知らしてある通りに、外からは指一本さす事も出来ぬなれど、内部《なか》の役員信者の言葉と行状《をこない》が神慮《かみごゝろ》に叶はんやうな事が在りたら、中から破裂するやうな事になるから、折角今まで神が苦労いたした事が水の泡には出来んから、大本の中から一番に心の立替、役員の立直しを致して了ふから、それまでに身魂を清らかに致して、神の眼に附く行為《をこない》を致されよ。

モウ天からの時節が巡りて来て、一日も猶予の出来ぬ事に差迫りて居るぞよ。グヅ〳〵致して居ると、後の烏《からす》が先になると申して、毎度知らして置いたが、モハヤ今の大本は後の烏が先になりて居るから、今迄の役員は爰《こゝ》で確《しつ》かり腹帯を〆て覚悟を致さんと、此の上追越されるやうな事では、早うから大本へ参りて苦労いたした甲斐が無くなるぞよ。

能《よ》ふ胸に手を宛《あ》て考へて下さりたら、神のクドウ申すこの至仁至愛《みろく》の神の精神が明白《ありやか》に判りて来て、有難い勿体ないと申して涙が止まらぬ様に成るので在れど、肝心の精神が間違ふて居るから、日々《にちく》不足を申さな成らぬ事になるので在るぞよ。心一つの大本と申すのは爰《こゝ》の事であるぞよ。

○

今の世界の人民は、真正《まこと》の神から賦与《さづか》りた智慧や神徳を曇らして了ふて、体主霊従《あくや》の行り方を歓こび、色々と身慾《みよく》ばかりを考へて、小さい慾に迷ひ、此の広い天地を狭《せ》まく縮めて、身魂《みたま》の安心と云ふ肝心の天賦の宝を捨《すて》て省《かへり》みぬ、誠に神から見れば慾を知らぬ可哀相な人民斗《ばか》りであるから、一日片時も今の人民は心の底から安楽と云ふ味を知らんのであるぞよ。神界からは何一とつ人民の不自由なきやうに致して与《や》りてあれど、肝心の身魂が曇りて居るから、そこら一面に落ちて在る結構な神徳を足で踏んで居つても能《よ》う拾はんので思ふやうに行かんと申して、天地の神にまで不足を申すのであるぞよ。

霊主体従《ひのもと》の行為《おこない》さえ致したら、三千世界は広く美くしく楽しく見えるのであれども、外国の八尾八頭大蛇《やつを》の霊と金毛九尾白面悪狐《よつあし》の霊とに自由自在に弄物《をもちや》に為《し》られて、守護神と肉体が体主霊従《あく》になり切りて了ふて居るから、斯《こ》の結構な天地《てんち》が思ふやうに行かぬので在るぞよ。天地《てんち》の元の生神《いきがみ》の神慮《きかん》に叶ふ守護神肉体でありたら、今の如《よ》うな暗黒《くらがり》の世の中に居りても、霊主体従《ひのもと》の行《や》り方いたすから、斯《こ》んな結構な良き世は無いと讃美《よろこび》をいたして、何時もニコ〳〵として勇んで暮せるのであるぞよ。

三千世界の立直《たてなを》しは出来て居らぬ前でも、神の心に叶ふた人民はモハヤ身魂が立直りて居るので在るから、世界に何事が出来《しゅったい》いたしても、我身《わみ》は塵《ちり》ほども苦しいとは思はぬやうの神徳を戴きて、高見から見物するやうな心になりて、天地《てんち》が震動いたしても如何《どんな》大変突発いたしても驚かぬ神徳が備はるので在るから今の世界の人民が苦しみて居るのは、我と我手に苦《くるし》みの種を蒔《ま》いて、又た自身《われ》が苦《くるし》みの実《みのり》を苅《か》り取りて居るので在るぞよ。心さへ研《みが》けて誠が覚《わか》りて来たら、斯んな楽《たの》もしき広き結構な神世《かみよ》は無いので在れども、一寸《ちよつと》でも心の持方が間違ふたら、此の広い天《てん》地《ち》が狭くなりて苦しく成るぞよ。今の世界の人民は、苦しまいでも楽しみて暮せる事を、我から求めて苦しみて居るのであるから、神は可哀相で見て居るに忍びんから、永らくの間出口直《でぐちなを》に御苦労になりて、神世の教《をしへ》がさしてあるなれど、盲目聾ばかりで、今に何も解《わか》らん守護神人民斗り、気の毒なもの斗りであるぞよ。

是といふのも外国の大蛇《をろち》と四ツ足の悪邪《あく》乃御魂《みたま》が這入《はい》り込《こみ》て居るのであるから、神力《しんりき》を戴いて、身魂の中《うち》に住居《すまゐ》いたす悪魔を追出して了はねば、何程結構な神界の教を聞かして貰ふても耳へも這入らず、誠の安心も出来ぬのであるぞよ。可哀相でもモウ神も手の付けようが無い所《とこ》まで人民がくもりて了ふて、神の光りが見えんから仕方はないぞよ。

○

大本の修行は今迄の体主霊従《あくや》の行り方を立替《たてかへ》さすので在れども、神の教《をしへ》を聞いて、チツト宛《づゝ》腹の中へ浸《し》み込み出すと、人民と申すものは勝手なもので在るから、今まで致して来た事業《こと》が嫌《いや》に成りたり、阿房《あほ》らしく思へたり、苦しく感ずるやうに成つて来るもので在るが、夫《そ》れが忍耐《こばれ》んやうな事では、事業《こと》を更《か》へても神界の御用は、人間界の事業《しごと》とは段が違ふから、中々勤め上げられんぞよ。

大本の教を聞いて、チツトでも神徳を戴いたら、其神徳を以て今までの事業《こと》を大本の教の行り方に、少々づゝなりと改良《あらため》て行く精神にならぬと、何彼《なにか》無しに綾部の大本へ行きて、近くに居りさえすれば神徳が戴ける様に思ふと、大間違いが出来《しゅったい》いたして、後で神に不服を申さな成らぬやうに成るから、神が前つ〳〵に気を附けておくぞよ。大本の近くに居りたら神徳が戴けるものなら、此の綾部の人民が神徳を戴いて御用が出来る筈であれども、今に誠の神徳を戴いたものは何程も無いではないか。大本の中に這入《はい》りて、二十五六年も神の教えを日夜に見たり、聞いたり致して居る役員でさえ、今に神徳が貰《もら》へんものが在るぞよ。心の持方一つで何程遠方に居りても神徳は戴けて、立派に神界の御用が勤まるので在るから、綾部〳〵と申して、家まで持つて来ても、神の誠の教が判らぬ人民は、何時《いつ》まで近くに居りて、日々《にちく》大本へ詰め切りたとて何一つ判りもせず、眼も見えず耳も利かず、手も足も出し様が判らぬぞよ。神の神徳と申すものは、遠い近いの差別もないぞよ。明《あかる》い暗いの区別も無い、何一とつとして行渡らんといふ事は無いから、何処《どこ》に居りても身魂《みたま》さへ研けたら、ドンナ大きい神徳でも渡してやるぞよ。

大本へ永らく這入りて居りて、今に神の御用一つ命《さ》す事の出来ぬ人民が沢山にウジヤリて居るが、皆身魂の曇りが激しうて罪障《めぐり》が深いから、折角この結構な地の高天原《たかあまはら》へ引寄して貰ふて、日々に神の誠の行状《をこない》を変性男子《へんぜうなんし》の鏡で見せて戴いて居り乍《なが》ら、今に一つも改心が出来ず、段々慢神いたして、何《な》んでも無い用を申付けても、神の御用を為《し》てやると云ふやうな精神で、神に恩を被《き》せるやうな訳の分らぬ精神であるから、昔からの深い罪穢《めぐり》を除《と》りて助けて与《や》りた其上で、神界の御用に使ふて、手柄を為《さ》して歓こばしたいと思へども、元来《もとから》の思ひが間違ふて居るから、神もドウ致す事も出来ぬから、今の間《ま》に早く心の立替立直しを致さんと、後で残念でヂリ〳〵舞を致さな成らん事が今に出来いたすから、神はどうぞ〳〵と思ふて、破《わ》れ物を抱へるやうに心を使ふて居るから、チットは推量いたすが宜《よ》かろうぞよ。

○

世界の人民を助けたさに、艮《うしとら》の金神《こんじん》が因縁の御魂《みたま》出口直殿《でぐちなを》の体内を借りて、永らくの間変《へん》性男子《ぜうなんし》に苦労を致さした、神政開祖の奥津城《をくつき》は、変性女子《へんぜうによし》や役員の赤心《まごゝろ》で立派に致して下されて、神は満足であるぞよ。

是からは神界の肝心の御用の時は、天王台《てんわうだい》へ変性女子を引寄して、何彼《なにか》の相談を致さねば成らぬから、一日も早く経綸《しぐみ》を完成《いた》して貰はんと、今の彼《あ》の有様、沢山に役員信者は参拝いたして下さるは結構なれど、我の眼の前に彼《あ》んな事をして捨《すて》てあるのに、気の附く人民は今に一人《にん》も無いとは惨《むご》いものであるぞよ。

此の大本の御用いたす人民は、一を聞いて十を悟る位で無いと、誠の間には合はぬのじやと申して、毎度筆先で知らして在るが、眼の前に誰にも見える不始末が何んとも無いやうな事であるから、神も中々骨の折れる事であるぞよ。是でも今の世界の曇りた人民よりも何段《なにだん》も上の身魂《みたま》の選《よ》り抜きが集《よ》せて在るのでさえも此の通りで在るから、三千世界の立直《たてなを》しは大事業《たいもう》と申すので在るぞよ。

何も彼《か》もキチンと秩序を立《たて》て行くのが神の行《や》り方、人民は神の道具に拵《こし》らえてある、神の分身《わけ》魂であるぞよ。今の天王台《てんわうだい》のアノずんだらな行り方と申すものは、普通《なみ》の人民の眼にも付く事であるのに、大本の教《をしへ》を日々《にちく》聞いて居れる御方に気が付かんとは、不思議と申すより外《ほか》は無いぞよ。中には気の附いた役員信者も在るでは在ろうなれど、モ一とつ誠と云ふ事が足らぬから、ツイ忘れて了ふのであろう。

肝心の国の教《をしへ》の祖《をや》の奥津城《をくつき》、日参致したり通夜《つや》いたす斗りが誠ではないぞよ。是からの筆先段々酷《きび》しく成るから、女子《によし》が厭《いや》がれども世界とは代えられんから、一寸《ちよつと》も神の方は遠慮はいたさぬから、何彼《なにか》の事に是からは心配り気配りを致して下されよ。此の神の道は実意と丁寧と誠と正直と心配りが無いやうな事では、神界の御役には立たんぞよ。

（「神霊界」大正八年二月一日号）

大正七年十二月二十三日

艮《うしとら》の金神《こんじん》が永らく変性男子《へんぜうなんし》の手と口とで知らして在りた、五六七《みろく》の世が参りたぞよ。釈迦が五十六億七千万年の後に、至仁至愛神《みろくさま》の神政《よ》が来ると予言《まお》したのは、五六七《みろく》と申す事で在るぞよ。皆謎が掛けてありたのじやぞよ。

五は天の数で火と云ふ意義《こゝろ》であつて、火の字の端々に◯《まる》を加へて五の◯《まる》となる。火は大の字の形《かた》で梅の花、地球上《せかい》の五大洲《だいしう》に象《かた》どる。

六は地の数で水と云ふ意義《こゝろ》であつて、水の字の端々に◯《まる》を加へて六の◯となる。

火は人の立つ形で水は獣類《けもの》の形であるぞよ。火は霊系《れいけい》、天系《てんけい》、君系《くんけい》、父系《ふけい》。水は体系《たいけい》、地系《ちけい》、臣系《しんけい》、母系《ぼけい》であるぞよ。火は高御産巣日《たかみむすび》の神が初《はじま》り、水は神御産巣日《かんみむすび》の神が初まりで、火はカの声、水はミの声、之を合してカミと申すぞよ。

七は地成《なゝり》の数で、土也成《なり》の意義《こゝろ》であつて、土は十と一の集りたもの、十は円満具足完全無欠両手揃《まつたくなりそろ》ふ事で、一は初めの意義であるぞよ。十は物の成就、一は世界統一、一人《にん》の事である。世の終《しま》いの世の初《はじま》りがミロクの世であるぞよ。また土は地球《くに》と云ふ意義で土也《くになり》、成事《なること》である。

火水地《かみくに》（神国《しんこく》）が五六七《みろく》である五六七《みろく》の世となる時は、神国に住む日本の人民が五千六百七十万人となる。大本は時節まいりて五六七《みろく》の御用を致さす、変性女子《へんぜうによし》の身魂《みたま》に、大正五年五月五日辰《たつ》の年午《うま》の月に、火水島《かみじま》の五六七《みろく》の神を祭らせ、大正六年六月には肝川《きもがわ》の竜神を高天原《たかあまはら》、竜宮《りうぐう》館《やかた》へ迎へ、大正七年七月には七十五日の修行が仰せ付けてありたのも、皆神界の昔から定まりた経綸《しぐみ》が実現《あらわ》してあるのじやぞよ。

五六七《みろく》の神政は大正五六七《みろく》三ケ年の間に、神界の仕組を現はし、又五年から七年までの間に、瑞《みづ》の大神の神社《やしろ》八重垣ノ宮を三人兄弟の身魂に申付けて成就さしたのも、神界から因縁のある事であるぞよ。結構な御用でありたぞよ。

五六七《みろく》の世には、善き事も悪き事も一度に出現《でゝく》るぞよ。独逸《どいつ》へ渡りた八頭《やつがしら》八尾《やつわう》の守護神は、大きな世界の戦《たゝかい》を始めた其の間の日数が千と五百六十七日、世界風邪《ふうじや》で斃《たほ》れる人民が、全世界で五百六十七万人であり五年に渡る大戦争《おほたゝかい》中に戦死者重軽傷者死者が又《ま》た五千六百七十万人であろうがな。是が釈迦の申した五十六億七千万年と云ふ意義である。

五六七《みろく》を除いた後の十億千万年と云ふ意義《こと》は、万世一系天壌無窮《ばんせいいつけいてんぜうむきう》の神皇《しんこう》を戴き、地球上に天《あま》津日嗣《つひつぎ》の天子一人坐《まします》して、神政を行ひ玉ふと云ふ謎でありたが、其謎の解ける時節が来たのであるぞよ。

昔の神代《かみよ》の泥海の折に、ミロクの大神様が地の先祖と成つた艮の金神国常立之尊《くにとこたちのみこと》に御命令を下し遊ばして、一旦は土と水とを立別《たてわ》け、人民初め万物の育つやうに致したので在るが、今に充分悪神の為に神国が成就いたして居らんから、時節参りて艮へ押込められて居りた艮の金神が、潰れて了ふ世を、天の御三体の大神様に御願申して立直し度《た》いと思ふて、三千年の経綸をフタを開けて、明治二十五年から変性男子若姫君之尊《わかひめぎみのみこと》の身魂《みたま》に憑《うつ》りて経綸を致して居れど、地の守護斗りで、天地が揃はぬと成就いたさぬから、撞《つき》の大神様ミロク様が、肝心の世を治め遊ばす経綸となりたのを、五六七《みろく》の世と申すのであるぞよ。

ミロクの御用は撞の大神と現はれる迄は、泥に混《ま》みれて守護いたさな成らぬから、ミロクの御用の間《ま》は変性女子を化かしたり、化けさして世の立直しを致さすから、女子は未《ま》だ〱水晶の行状《をこない》斗り命《さ》す事は出来ぬ、和光同塵《まぜこぜ》の御用で辛《つら》い役であるぞよ。それで女子の身魂は未だ〱内からも外からも、笑はれたり、怒られたり、攻められ苦しめられ、譏《そし》られ愛想を尽《つか》され、疑はれ、云ふに云はれぬ辛抱もあり、悔しい残念を忍耐《こばら》ねば成らぬ、気の毒な御役であるぞよと女子の行状《をこない》を見て御蔭《おかげ》を落す人民も、沢山是から出て来るぞよ。

女子は斯世《このよ》の乱れた行《や》り方が命《さ》してあるぞよ。申して、変性男子の手と口とで永らく気が付けて、三千世界の大化物じやと申してあろうがな。余り浅い精神やら小さい身魂では、途中で分らぬ様になりて、逃《に》げて帰《い》ぬぞよと申してあろうがな。

二十七年の間の筆先を能く調べて下されたら、何一言も申す事は無いぞよ。肝心の時に成りて御蔭を墜《をと》して、間曳《まび》かれんやうに致して下されと、毎度筆先で気を付けてあろうがな。神はチツトも困らねど其人民が可哀相なから、呉々《くれぐ》も気を附けておいたから、大本へ不足は申されんぞよ。

変性女子の身魂が五六七《みろく》の御用を致して下さる時節が参りたから、神界の経綸通り、変性男子の身魂は若姫君の命《みこと》と一つになりて天へ上り、天からは若姫君之命、地からは国常立尊、天地の間は大出口国直霊主命《おほでぐちくになをひぬしのみこと》が守護いたして、大国常立命《おほくにとこたちのみこと》と現はれて、世の立替《たてかへ》の大掃除をいたすなり、地には変性女子の身魂が豊雲野命《とよくもぬのみこと》と現はれて、泥に浸《つか》りて、三千世界の世を立直して、天下泰平、末永き松の世ミロクの神世《かみよ》と致して、撞《つき》の大神豊国主之尊と現はれる経綸であるから、今の人民には見当は取れぬぞよ。

何時《いつ》神が女子の身魂を何処へ連れ参ろうやら知れぬから、何事を致さすも神の経綸であるから、別条は無いから、何時姿を見えぬやうになりても神が守護いたして居るから、役員の御方心配を致さずに、各自《めいめい》の御用を致して居りて下されよ。神が先に気を注《つ》けておくぞよ。

是から変性女子の身魂に五六七《みろく》の神政《よ》の御用を致さすに就ては、神界の経綸を致させねば、大望《たいもう》が後れて間に合はぬ事が出来《しゆつたい》いたしては、永らくの神界の仕組も水の泡になるよつて、秘密の守護を為《さ》せるから、其つもりで落付いて居りて下されよ。中々人民の思ふて居るやうなチヨロコイ経綸《こと》でないぞよ。

末代動かぬ大望な仕組の苦労の花の咲くのは、一と通りや二通りや五通りでは行かぬぞよ。山の谷々までも深い経綸で在るから、誠の仕組を申したら、悪の守護神は大きな邪魔を致すから、大正八年の節分が過ぎたら、変性女子を神が御用に連れ参るから、微軀《びく》ともせずに平生《つね》の通り大本の中の御用を役員は勤めて居りて下されよ。

今迄は誠の役員が揃はなんだから、女子の御用を命《さ》す所《とこ》へは行かなんだので、神界の経綸の御用が後《をく》れて居りたなれど、誠の熱心な役員が、揃ふて御用を、大本の中と外とで致して下さる様になりて来たから、弥々《いよいよ》女子の身魂を経綸の場所へ連れ参るぞよ。

女子の誠実地《まことじつち》の御用は是からが初りで在るぞよ。何時《いつ》まで神が経綸の所へ連れ行きても、跡には禁闕要《きんかつかね》乃《の》大神《おほかみ》、木花咲耶姫命《このはなさくやひめのみこと》、彦火々出見尊《ひこほゝでみのみこと》の身魂が守護遊ばすから、暫時《しばらく》の間位《まぐらい》は別条は無いから、安心いたして留守を為《し》てをりて下されよ。

一度に開く梅の花、開ひて散りて実を結ぶ御用に立てるは、変性女子の身魂の御用で在るぞよ。変性男子の御魂《みたま》の御用は、三千世界一度に開く梅の花の仕組なり、女子の御用は、三千世界一度に開く梅の花の開ひて散りて跡の実を結ばせ、スの種を育てゝ、世界を一つに丸めて、天下は安穏に国土成就、万歳楽《ばんざいらく》を来さす為の御用であるから、中々骨の折れる事業《こと》であるぞよ。

是でも艮の金神は、此の身魂に守護いたして本望成就さして、三千世界の総方へ御眼に掛けるから、何事をいたしても細工は流々、仕上げを見て下され。水も漏さぬ仕組であるぞよ。たとへ大地が水中に沈むとも、神の仕組は動かぬから、金剛力を出して持上げさせるぞよ。是が一番要《かな》めの大望な瑞《みづ》の御魂《みたま》の今度の御用であるぞよ。

人民の智慧や学力《がく》では一つも見当の取れん事斗りで在るぞよ。女子も今迄は乱れた行《や》り方が致さして在りたから俄《にわか》に神が御用に使ふと申せば、多勢の中には疑ふ者もあるで在ろうなれど、神は俄に手の掌《ひら》を覆《か》えして改心さして、誠の御用に立てるぞよと、永らく大出口直の手と口とで知らして在りた事の、実地を致さす時節が来たのであるぞよ。此者と直《なを》で無ければ実地の仕組の御用には連れ行かれん事であると申して、永らく筆先で知らしてありた事の、実地が出て来たのであるぞよ。大本はこれからは段々良くなるぞよ。気使いに成るぞよ。

（「神霊界」大正八年二月一日号）

大正八年一月十九日

艮《うしとら》の金神国常立之尊《こんじんくにとこたちのみこと》の筆先であるぞよ。永らくの神界の仕組の成就する時節が参りて、弥々《いよ〱》今年は五六七《みろく》の神政《よ》の始りとなりたぞよ。

大正七年旧十月三日は、五六七《みろく》の神政《よ》の守護《しゅごう》の初りであるから、神界にては大正七年十月から以後を神聖元年と申し、大正八年の節分から神聖二年と成るのであるから、節分が済みたら此の大本の中から大変りを致すなれど、人民の眼には判らぬ事が多いから、余程身魂を研《みが》かんと、却つて神徳を外《は》づす事が出来《しゅったい》いたすぞよ。

世界の経綸《しぐみ》もそれに添ふて段々明白《ありやか》に判りて来るなれど、今の大本の役員や信者の思ふて居る様な事とは、天地の相違であるから、充分に胸に手を当てゝ神界の様子を考へて居らんと、神から露骨《むけつけ》にはまだ少し発表《あらは》す事が出来んから、各自《めい〱》に身魂を研《みが》ひて、思案いたして御蔭《ごかげ》を取ろうより道は無いぞよ。玆《こゝ》三年の間は日本にとりても世界にとりても、一番大事の性念場《せうねんば》であるから、誰に依らず腹帯が緩んだら淩げん事になるぞよ。

世の立替《たてかへ》に就て第一番に神道の布教師《とりつぎ》から改《はじ》めると申して、明治二十七年から出口直《でぐちなを》の手で知らして在《あ》りたが、是からは神道の布教師《とりつぎ》と、教会《ひろま》は神界から調査《あらため》いたして善悪《よしあし》を分けるから、大分気の毒な御方が沢山に現はれて来るぞよ。

天理、金光、黒住、妙霊教会（※32）は、三千世界の大望ある故に、神界の経綸で、艮の金神より前《さき》に現はして在るのなれど、今の神の道の布教師教会は、皆元の大神の精神がチットも判りて居らんから、折角教祖の御苦労を水の泡に致して、肝心の御用は出来ぬ様に成りて居るから、変性男子《へんぜうなんし》の身魂《みたま》の宿りて居りた出口直の体内を借りて、世界にある事を今の教会の守護神と布教師《とりつぎ》に気を附けさしたなれど、皆の取次が慢神いたし、慾斗《ばか》りに惚《ほう》けて、終《しまい》には神を看板にして神商法《かみせうばい》を致すやうに成りて、悪魔の容器《いれもの》で在るから、到底神界の間《ま》には合はん者斗りで在れど、余り永らく教祖が苦労なされた事を水の泡には致し度《た》うないから、金光どのゝ布教師《とりつぎ》と教会へ出口の手で筆先をかゝして気を注《つ》けてあれども、我の方の都合が悪いから、何時《いつ》も知らぬ顔して葬りて了ふて、神の経綸の邪魔を致したぞよ。

何も知らぬ信者は、盲目に手を曳《ひ》かれる盲目同様であるから、誠に気の毒なものであれども、布教師《とりつぎ》から前《さき》に解《わか》らして与《や》らねば、布教師《とりつぎ》の顔が立たぬから、可成《なるべく》は布教師《とりつぎ》教会から助けたいと思ふて、永らく神は心を砕きたなれど、堂しても聞入れぬから、是からは布教師《とりつぎ》教会は後廻しに致して、何も知らずに迷はされて居りた信者から改心さして助ける様に致すから、是までの教会は火が消えるぞよ。布教師《とりつぎ》はヂリ〳〵悶えを致すぞよ。

今それが眼の前にあり〳〵と見え透いて居るから、神が気を附けて与《や》るのじやぞよ。今までの神の道の教会は皆火が消えるぞよ。悪神《あくがみ》が金神の真似いたして、立派に教会を建て、服装《みなり》を立派に飾りて吾ほどのヱライものは無き様に申して羽張《はゞ》りて居りた悪の守護神の年《ねん》の空《あき》であるから、チツトも神力《しんりき》が現はれんから、今まで欺《だま》されて居りた信者が、愛想を竭《つか》して散々《ちり〴〵》バラ〳〵、秋の木葉の如く減りて了ふから、今の内に布教師《とりつぎ》が改心いたせば赦してやりて、結構に守護いたして与るなれど、何程言ひ聞かしても未だ敵対ふて居る守護神、布教師《とりつぎ》は世間の恥晒《はじさら》しとなりて、乞食も出来ぬ様な事に落ちて苦しむぞよ。

次には天理王の守護神も布教師《とりつぎ》もあらため致して在るから、そろ〳〵と化ケの皮が現はれるぞよ。おみきどのも誠の御方で結構な教《をしへ》を致して神国の道を開ひて下されたのは、神国の為に結構であれども、跡の御世継《およつぎ》と布教師《とりつぎ》が何も判らんから、肝心の神の精神は汲み取れず、到頭世間並に宗教の仲間入りを致して了ふて、今の天理教の行《や》り方と申すものは、丸で商法《あきない》と同じ事に成りて居るが、永らくの間艱難辛苦《かんなんくろう》をして、道を開かれた教祖どのに、何と申して言分けが立つと思ふてをるか、おみきどのに気の毒であるぞよ。

次に黒住どの、妙霊どのゝ跡の御世継も布教師《とりつぎ》も、皆教祖どのゝ教《をしへ》を素直に致さずして、吾の我《が》斗りで御道《おみち》は段々おとろえる斗り、是も誠に気の毒であるぞよ。一日も早く今日までの取違いを改めて、五六七《みろく》の神政《よ》の御用に立たねば、何のための神の布教師《とりつぎ》かサッパリ分らん事になりて今にアフンと致す事が出来いたすから、今一度改めて変性女子《へんぜうにょし》の手で、念を押して置くぞよ。神の道の守護神も布教師《とりつぎ》も、早く行《や》り方を替て、誠の道に立帰らんと、今に立別《たてわ》けが初まりて、ギリ〳〵舞を致さな成らんぞよ。今に実地が初まるぞよ。

○

今度の御使いは一生懸命の晴れの御用で御用の為仕舞《ししまい》であるから、余程の覚悟を致して居らんと、日本の末代の耻《はじ》になるから、神が附いて参りて色々と手伝ふて、手柄を差して与《や》ろうと思へども、肉体は日本でも、肝心の霊魂《みたま》が外国で育てゝあるから、モ一とつと云ふ所《とこ》で引けを取るぞよ。神は充分に夫《そ》れでも出来るだけの守護は致してやるから、元の誠の日本魂《やまとだましい》でないと能《よ》う貫く事が六ケ敷《むつかしい》から、守護神に気を附けるぞよ。何《ど》れも此《こ》れも是ならと云ふ身魂が一つもないから、今度の御使《おつかい》に行くのは、未だ中でもマシナ守護神であるぞよ。

○

天地《てんち》の剖判《わかれ》た初《はじま》りから、邪気凝《かた》まつて発生《わい》て出た悪の種が、漸次《だん〴〵》成長して、邪鬼《じゃき》と大蛇《おろち》と悪狐《よつあし》となり、邪鬼には二本の角《つの》が生え、大蛇は八頭八尾《やつをやつがしら》一体となり、悪狐《きつね》は金毛九尾白面《よつあし》の妖魅《よ》と化《な》りて、三千世界を魔の国に変化《かえ》て了ふ悪い企《たく》みをいたして、茲《こゝ》まではトン〳〵拍子に九分九厘まで自由に致して、今一厘と云ふ所《とこ》になりた折に斯世《このよ》に無いと思ふて居りた善《ぜん》一筋の生神《いきがみ》が現はれたので在るから、悪の頭《かしら》が死物狂ひで働いて居るが、モウ永くは続きは致さんぞよ。

邪鬼は世界中を自由自在に荒廻《あれまわ》りて、斯世を乱さうと掛《かゝ》りて居るから、八頭八尾大蛇《おろち》は露国《ろこく》の土地に育ちて、唐天竺《からてんじく》までも混ぜ返し、其国の王の身魂を使ふて、色々と体主霊従《あく》の経綸《しぐみ》を致して、終《しまい》には其国の王まで苦《くるし》めて世に落し、露国と独逸《どいつ》の王を亦た道具に使ふて、同じく其王を苦しめ世に落して、悪魔は蔭から舌を出して、まだ飽き足らいで大海を越え、更に仕組を致して、終《しまい》には日の本へ渡りて来る、悪い経綸を致して居るが、道具に使はれる肉体は誠に気の毒なものであるぞよ。

今に神国へ手を出したら、亦た露国や独逸《どいつ》の大将の様に落ちて苦しむが、神は世界の人民が可哀相なから、三千世界の総方の守護神に、地の高天原《たかあまはら》から気を注《つ》けて与《や》りて居るなれど。余りの甚《ひど》い曇り方で在るから、チツトも理解が出来ぬから、残念ながら眼に物を見せてやらねば、改心させて助ける方法が無いから、是からドンナ事が出て来るか知れんから、世界中の守護神に重ねて気を附けて在るぞよ。

大直日《おほなを》主命《ひぬしのみこと》は御魂《みたま》となりて、日々世界の守護神に、説き諭《さと》しに廻りて居るから、因縁ありて神界の事の判る守護神を、綾部《あやべ》の大本、地の高天原へ引寄して、御用を致さすから、大本の内部は一日増に忙《せ》はしく成るから、御苦労であれど、三千世界に又と無い結構な御用であるから、何事も惟神《かんながら》神に任《ま》かして仲良く致して、理窟を止《や》めて、各自《めい〱》の御魂相応の活動《はたらき》をいたして下され。

今が肝心要めの性念場《せうねんば》で在るぞよ。

八頭八尾大蛇《あくのかしら》が十億の眷属《けんぞく》を使役《つか》ふて、世界の人民に憑《うつ》りて、人民の守護神を一々押込て、御魂《みたま》を薩張《さつぱ》り曇らして了ふて、世界の人民に体主霊従《あく》の行《や》り方を致さして、トヾの約《つま》りは世界の人民を絶やす経綸を致して居るので在るから、何程誠の生神が言ふて聞かして与《や》りても、各自《めい〱》の悪魔が邪魔いたして、肝心の守護神に聞かさぬ様に垣を致すから、世界の人民の改心が出来ぬのも、無理なき事であるぞよ。

今に悪魔が世界中の人民を絶やして、魔の国に致さうと思ふて居れど、世の本の生神が日の本の国には隠してありたから、天晴《あつぱれ》今度は元の生神国常立之尊《くにとこたちのみこと》が、地の高天原に現はれて、悪神の企《たく》みを根底から転覆《ひつくりかへ》して、化《ば》ケを現はして、世界の人民を助けるので在るから、其御用を手伝い致させる人民、守護神を斯大本へ引寄して居るので在るから、充分に心配りをして、是から大本へ寄りて来る守護神、人民を丁寧に指導致して下され。是が大本の役員の御用で在るぞよ。

亦た金毛九尾白面悪狐《よつあしのかしら》は世界の国々の一番に力の在る者の女房に憑《うつ》りて、国を乱《み》だしに一生懸命に憑《うつ》りて、世界の大将を苦しめに世に落す企み斗り致して、眷属を沢山使ひ、人民の女房や娘の肉体へ這入《はい》り込み、体主霊従《あくや》の行り方で神の御用を致す男子《なんし》を、尾の先の玉の光りで眼を眩《くら》まして、一度に世界を混ぜ返し、潰す事に掛りて居るが、是に気の附く人民が少ないから、三千世界の立直しが後《をく》れるので在るぞよ。神は茲《こゝ》三年の間に立替る経綸であれども、思ふたよりは曇りが甚《ひど》いから、肝心の柱が寄り難《にく》いので、神は心を焦慮《あせ》る斗りであるぞよ。

日本の人民の中《うち》の因縁の御魂が早く大本へ参りて、身魂を水晶に研《みが》ひて、元の日本魂《やまとだましい》に立帰りて、五六七《みろく》の神政《よ》の経綸の御用に掛るやうに、上下《うへした》の身魂が揃はんと段々と後れる斗りで在るぞよ。今の人民は神界の深い経綸が判りて居らんなり、亦た時機が来るまでは何人にも明かす訳には行かぬから、解《わか》らぬのは最もの事で在れども、余り良き事ばかりが来るやうに思ふて、待つ斗りでは約《つま》らんぞよ。思いの違ふ御方沢山に出来るぞよ。

（「神霊界」大正八年二月一日号）

大正八年一月廿七日

現はれて間無《まな》く隠るゝ西の空、二日《ふつか》の月は上弦の、敏鎌《とがま》の如き鋭鋒《えいほう》を、暫《しば》し隠して武蔵野の、草木も靡《なび》く時津風、時を松風梅ケ香の、薫る小さき神の森に、三五の月は澄渡《すみわた》り、谷の戸開《あ》けて鶯《うぐひす》の、声も長閑《のどか》な足御代《たるみよ》の、竹の園生《そのふ》の清くして、功績《いさほ》も太く村肝《むらきも》の、心の奥は朗らかに、皇大神《すめおほかみ》に捧げ奉《まつ》りし真心の、千歳《ちとせ》の鶴の替玉《かへだま》と、仕えて誉《ほま》れを酉《とり》の年、四十四度《たび》の紀元節、五六七《みろく》の神代《かみよ》の初春ぞ、正しき友の寄り集《つど》い、雄々《をゝ》しき清き活動《はたらき》に、助けの神と表はれて、雲井に高き高松の、八重の玉垣いと赤き、心の色は日月《にちげつ》の、光に疑《まが》ふ尉《ぜう》と姥《うば》、鶴は千年亀万年、東方《とうほう》朔《さく》の九千年、栄え三浦の王統家《おうすけ》は、日夜久睦《ひやくむつ》まじく神国《しんこく》の神世《かみよ》の姿備はりて、三千世界の太平を、松竹梅《まつたけうめ》の経綸ぞよ。辛《かのと》の酉《とり》の紀元節、四四十六の花の春、世の立替立直し、凡夫の耳も菊の年、九月八日のこの仕組。

天津国玉《あまつくにたま》、国津御魂《くにつみたま》、石凝姥《いしこりどめ》の神御魂《かんみたま》、金銀竜の神馬《しんめ》の御魂、高天原に納まりて、天下太平、千秋万歳万々歳、七福神の楽遊び、豊受《とようけ》の神の豊国《とよくに》の、主《ぬし》と現はれ真寸鏡《ますかゞみ》。

（「神霊界」大正八年二月一日号）

大正八年一月廿一日

大正八年一月廿一日　旧同七年十二月廿二日

艮《うしとら》の金神国常立尊《こんじんくにとこたちのみこと》変性男子《へんぜうなんし》の身魂《みたま》が、地の高天原竜宮館《たかあまはらりうぐうやかた》に大出口国直日《おほでぐちくになをひ》主命《ぬしのみこと》と現はれて、変性女子《へんぜうによし》の手を借りて世界の事を知らすぞよ。

丹波の国は斑鳩《いかるが》の、一イ二ウ三ツ四ツ、四尾《よつを》の山の尾上《をうへ》に鰭振《ひれふ》りて、二度目の神政《かみよ》を世継王山《よつわうざん》

（※33）、東表《ひがしをも》ての一つ峰、世界の神々集りて、猫も杓子《しやくし》も言問《ことゝ》ひなす、不祥の現代《よ》を清めの為の神集《かむつど》ひ、草の片葉《かきは》も言止《ことや》めて、天《あま》の岩坐押開《いはくらをしひら》き、稜威《みいづ》も高き天王台《てんわうだい》、神庭《さにわ》会議も近よりて、世界の国の国魂《くにたま》も、丸く治まる常立《とこたち》の、動かぬ御代《みよ》に駿河不二《するがふじ》、一度に開く兄《こ》の花の、三国一の四方面、四方《よも》の国々安国《やすくに》と、定め奉《まつ》りて万国の、悪神《あくがみ》ばらを神息総艮《きりすと》の、畏《かし》こき神世《みよ》と心から、仰がせ救ふ、経綸《しぐみ》の幕の明烏《あけがらす》、日の出の守護《しゆごう》の大本に、八桑枝《やくわゑ》繁り山青く、水さへ清き由良川《よるだん》の、流《ながれ》となりて世を洗ふ、瑞《みづ》の御魂《みたま》の御苦労は、茲《こゝ》に千坐《ちくら》の置戸《をきど》負い、百千万《もゝちよろづ》の人民の、罪を助けて水晶の、松の神代《かみよ》の礎《いしづえ》を、築き上げたる杵《きね》の宮、祭るときはの姫松を、重ねの橋や那智の滝、旭《あさ》日《ひ》に向ひ照妙《てるたへ》の、綾部《あやべ》に架る黄金橋《こがねばし》、二人の○○に手を曳《ひか》れ、天津御空《あまつみそら》の大橋を、勇み渡会神《わたらいかみ》の宮、天《あま》津神籬《かむろぎ》搗《つ》き固め、万世《よろづよ》変らぬ磐境《いはさか》の、神の経綸を三十年《みそとせ》の、契《ちぎり》も永く今十年《とゝし》、延び行く糸の最清《いときよ》く、錦織《にしきをり》なす山屛風《やまびやうぶ》引き廻らして天神《あまつかみ》、地祇《くにつやしろ》の大本と致す経綸ぞ楽もしき。

神聖五年五月五日、何が出来《しゆつたい》いたすやら天上の事柄であるから、教主も守護神も今の今まで解《わか》らぬ如《や》うに致して在るぞよ。此の一輪の経綸を知りたものは、天地の元の誠の祖神《をやがみ》より外《ほか》には無いから人民は、取越苦労を致さずに、先の栄えて広き世を松の心で待《まつ》が可《よい》ぞよ。

惟　神《かんながら》真道《まみち》弥広《いやひろ》大出口《おほでぐち》国直日主《くになをひぬし》の神言《みこと》は、時節参りて地の高天原《たかあまはら》を立ち出でゝ、天《あめ》の八重雲《やえくも》押披《をしひら》き、天上天下《てんぜうてんが》四方《よも》の国々隈《くま》も落ちず審査《あらため》済ませ、世継王《よつわう》の山の尾上《をうへ》に、金竜の池を済ませて、常永《とことは》に神国《みくに》を開き守るぞよ。

神威《しんい》も高き天王台《てんわうだい》、心を爰《こゝ》におくつきの、深き経綸《しぐみ》の鍵を納めて、日本の一の瀬や、二の瀬三の世《せ》水清く、直霊《なをひ》に見直し聞直し、詔《の》り直したる三ッ瀬川、五十鈴川《いすゞがは》は涸《か》るゝ共、流れ尽せぬ玉川の、水音のみは千代八千代《ちよやちよ》、齢《よはい》も長き鶴亀の、腹より出でし礎《いしづえ》は、御代《みよ》を歎きて人民《たみ》思ふ、心は胸に三千年《みちとせ》の、世をうしとらに築艮《つきかた》め、天地の神々守護神、諸《もゝ》の身魂《みたま》を神国《しんこく》に、救ひ助くる大神業《たいもう》に使ふ御魂《みたま》を引寄する竜宮館の火水《ひみづ》の経綸、神の心を推量して、身魂を早く研《みが》き上げ、昔の神代の初めから、架け渡したる謎の橋、早く渡りて下されよ。

（「神霊界」大正八年二月十五日号）

大正八年一月二十五日

今の人民は我身の神聖なる天職を忘れて、薩張《さつぱ》り四ツ足の容器《いれもの》に化《な》り切りて了ふて居るから、猛獣《けもの》の餌《ゑ》にするやうな汚ない腐肉《にく》を食ふて美味美食と驕《をご》り、鳥獣《とりけもの》の毛や皮を身に纏《まと》ふては美衣《びい》とか礼服とか申して歓こび、罪悪の凝結《かたまり》た金銀で立派な形斗《かたばか》りの住家《すみか》を造りて、美家《びか》とか玉堂《ぎよくだう》とか名を附け、体慾《ていよく》に耽《ふけ》つて己の寿命《いのち》を削りながら、千年も万年も生きる心算《つもり》で、何時《いつ》も月夜と春斗り在るやうに思ふて、一寸先きは真の暗《や》み、是が人間の中の結構な紳士と申すもの。

紳士か獅子か猛虎か名の附けやうも無い人三化七《にんげん》、盲目千人目開き一人《にん》の譬《たとへ》の世の中、訳の分らぬ人民斗りが、折角無垢《むく》な人間に生れながら、紳士とか虎とかの行《や》り方を羨《うらや》んで、金銀さへ蓄へたら斯世《このよ》が自由に成るやうに思い違いを致して、又も四ツ足の中間《なかま》入りを致さうとするから、世は段々と体主《あ》霊従《く》が盛へる斗りであるぞよ。

何程神が可哀相なと思ふて、言ふて聞かして与《や》りても、腹の底に誠が無いから、折角方丈《ほうぜう》まで成上りて居りた髪長《かみなが》が、傘一本で寺を飛び出し、俗人となりて商業家に逆戻りした大徳寺の門弟さえ出来るやうな時節であるが、一旦神界から神の綱を掛けられた人民は、一時は思はくは立てさして与《や》るが、又た後で縋《すが》りて来ねば成らぬ事が見え透いて居るから、明治二十五年から出口直の手と口とで、大本の大橋越へて未《ま》だ先へ、行方《ゆくえ》分らず後戻り、慢神《まんしん》すると其の通りと申して気が附けて在りたが、今までに斯《この》大本には沢山に鏡が出してあるぞよ。

親の精神が違ふて来ると子の心が変りて来るぞよ。神の試験《ためし》に逢ふて直《す》ぐに取違い致すやうな浅い信心はマサカの時の役に立たんから、是から神は素直な人民を使はな成らんから、未だ〱神は気を曳《ひ》くぞよ。

其人《そのにん》の心相応の事を致して、誠の御用に使ふものと使はれんものとを選《そぐ》り立《たて》るぞよ。大正忠臣蔵の御用に立つのは我が妻や子に気を曳《ひか》れて信仰《しんじん》を落すやうな人民は、肝心の正念場《せうねば》の舞台は蹈《ふま》さんぞよ。

誰に由《よ》らずこの大本の信心は外《ほか》の宗教のやうに思ふて居ると大間違いが出来て来て、中途に迯《に》げ出すぞよと申して在りたが、コンナ大気違いやら大化物の致す神界の御用は、三年や五年の信仰《しんじん》では、何程智者でも学者でも判りは致さぬぞよ。利己主義《われよし》の人民は少し金でも儲けると、モウ是で沢山と申して後《あと》へ退《ひ》くが、此の大本はソンナ小さい経綸《しぐみ》でないぞよ。この大本の経綸は稲荷山の白狐や古寺《ふるでら》の古狸や、蛇の身魂《みたま》の守護《しゅごう》が除《の》かぬと、少《ちっ》とも見当が判らんぞよ。

鼻高《はなだか》では又判らず、少し神徳を貰ふて布教でもする様になると、直《す》ぐに鼻を隆《たか》くいたすなり、〇〇には鞍馬山が在るから、鼻高が多いのは無理はないぞよ。守護神が鼻高であると、肉体が知らぬ間に鼻高に成りて居るから、其高い鼻が両眼《め》の邪魔をいたして、向ふも見へず、上は猶更見えず、足元は天で分らぬから、歩行《ある》くのも全然暗雲《まるでやみくも》で、危《あや》ふて見て居れんから、因縁のある身魂は夫《そ》れでも使ふて与《や》らねば成らぬから、神が鼻をへシ折つて了ふぞよ。神から折られん先に鼻を低ふいたして、真心になる人民を待兼《まちかね》て居るぞよ。

是から神界は正念場と成るから、段々と通常《つね》の人民には判らんやうに一旦は致さすから、誠無き慾信心いたして居る人民は、御蔭《おかげ》を落して立寄れんやうに成るから心得て居りて下され。引掛《ひっかけ》戻《もど》しの仕組、月の象《かたち》の御簾《みす》の中《うち》、日に〳〵変る大本の中の様子、附け留て置いて下されよと申して在ろうがな。みす商売は夏の最中、背中を割つて出る瀬虫《せみ》の、後の脱殻《ぬけがら》ト子川の、和知《わち》の流れに身を落したことが在ろうがな。善と悪との鏡の出る世界の大本ぞよ。

（「神霊界」大正八年二月十五日号）

大正八年一月二十五日

三千世界一度に開く梅の花、開いて散りて実を結び、スの種までも蒔配《まきくば》りて、三千世界を一つに丸めて、至仁至愛《みろく》の神政《かみよ》に立直す経綸《しぐみ》であるから、此の大本へ立寄る役員は、皆昔の神代《かみよ》の太初《はじめ》から、身魂に深い因縁が在りて、切つても断《き》れぬ親子兄弟で在れども、現界《このよ》が余り体主霊従《あく》の行方《やりかた》の世に成りて居るから、御魂《みたま》も共にくもりて了ふて、親兄弟も顔を合して居ながら、薩張《さつぱり》判らんやうに成りて、知らず〳〵に神の綱で引寄せられ、久し振《ぶり》の親子兄弟の対面で在るから、互に仲良く致して、神界の御用を致して、天地《てんち》の先祖の御用を勤めて、今度の二度目の岩戸を開いて下されよ。

神は人民を道具に使ふて致さねば、神の姿のまゝでは現界《このよ》の立直しは出来んから、神が懸《うつ》りて致すから、此の大本へ引寄せられた人民は素直に致して、神の申付ける事チツト無理じやと思ふても人民では分らぬ経綸で在るから、神は親であるから、無理いふ親に仕へると思ふて辛抱して御用を聞いて下されたら、跡でコンナ結構な事であつたかと申して雀躍《こをど》りを致さして、夫れ〴〵に手柄をさして、御魂《みたま》は世界の守護神と祭りて与《や》るなり、肉体は亦た斯世《このよ》に無い結構な事に致して、万劫末代《まんごうまつだい》名を残さして御礼を申すぞよ。

燈火《ともしび》の消ゆる世の中今なるぞ、差添《さしそへ》致す種ぞ恋しきと申して、明治三十三年に筆先に出して待ち兼て居りたが、変性女子《へんぜうによし》が明治四十二年になりて、大本の神の経綸が判りかけて来たから、時節に応じて差添の種を引寄したが、皆一心に御用いたして下さりて、追々と大本の経綸が、人民にもチツトは見当が取れるやうに成りて来たから、モウ大分揃ふたから、是から研《みが》ひて誠の御用にかゝりて下されよ。古《むかし》から未《ま》だ斯世《このよ》には有りた事も聞いた事もない大神業《たいもう》であるぞよ。

神が余り喧《やか》ましく改心して下されと何時《いつ》までも申すから、今の役員の中には、此《こ》うして各自《めい〳〵》が今までの結構な地位や職掌《しよく》を止《や》めて、家も身も宝も捨《すて》た同様《よう》に御用を聞き、我《われ》の物を衣食して、月給一銭も戴くで無し、力一杯金銀まで神様へ献上して、一心に尽くして居るこの真心をまだ知つて呉れぬ、六ケ《むつか》敷処《しいとこ》判らぬ神じやと思ふ御方も在ろうも知れんなれど、何をいふても変性女子は大化者なり、三代は若い女の事なり、善の鏡を出して大本の神の名を出して下さるのは役員であるから、神は皆の役員の真心は百も承知千も合点であれど、万一の遠慮いたして執念深《くど》う腹が立つほど、不調法《ぶちやうほう》と取違いの無いやうに気を注《つ》けるので在るぞよ。この大本へ立《たち》よる身魂は皆昔から親子兄弟の因縁が深いのであるから、毫末《ちつ》とも扣《ひか》えずに、身内であるから厭《いや》な事も申すので在るから、神が何を申しても気にかけぬ如《よ》うに致して、我一と神界の御用をいたして下されよ。今年の旧の七月十二日までに、大略《あらまし》の因縁の身魂を大本へ引寄せるから、大本の役員は充分に気を注《つ》けて下されよ。夫《そ》れまでに肝心の御魂《みたま》を引寄せるぞよ。毎時《いつも》出口直の筆先で、跡《あと》な烏《からす》が羽翼《はがい》が強いから、後《をく》れん如《よ》うに身魂を研いて下されと申して在ろうがな。皆その通りになるから、ドウゾ後れんやうに致して下されよ。手長彦《てながひこ》手長姫《てながひめ》に心を配りて下され、斯《こ》んな酷《きび》しき大本の中へでも這入《はい》り込《こん》で来るぞよ。油断いたすと終《しまい》には神の名を汚《けが》す事に成るぞよ。

○

人民と申すものは気の短いもので在るから、神の申した事実《こと》が一年後《をく》れても六ケ敷《むづかしい》顔を致すなり、何を申しても昔から未《ま》だ無い大神業《たいもう》であるから、物事に依りてはチツト位は延びる事が有るなり、人民を神は一人《にん》でも余計に改心さして助けてやりたいから、延ばせる丈《だ》けは延ばしたいなり、人民は良き事斗り来る様に思ふて、浅い考へを致して首を伸《のば》して待つやうな心で居るなり、薩張《さつぱ》り神と人民とは思ひが反対であるから、神も中々骨が折れるぞよ。

誰も彼も綾部綾部と申して出て参りても、身魂《みたま》の因縁だけの事よりは出来んのであるから、神の道の判りた人民なら何処《どこ》に居りても、神徳は渡して手柄を致さすから、余りあはてゝ下さると却《かへっ》て神が迷惑を致すぞよ。大本の中の役員に誠の事が六七分まで解《わか》りて来て、充分に身魂が研《みが》ける迄は、世の立替が初まると、却つて神も役員も困るから、三千年の仕組を水の泡には出来んから、地固めには充分の骨が折れるから、チット位後《をく》れたと申して心の変るやうな事では、斯《こ》んな大望は到底勤まらんぞよ。

一人《にん》でも因縁の身魂を余計に改心さしたいのは神の至仁至愛《みろく》の精神であるぞよ。夫《そ》れで大本の中から神と同じ心に成りて呉れよと、クドウ申すのであるぞよ。神界の経綸《しぐみ》が一二年も延びたとすれば、今の人民は悪が未だ消えて居らぬから、又た神に不足を申すなり、子を戻して呉れ娘を返せと申すものも出来るかも知れぬが、其所《そこ》を惟神《かんながら》に任して、ヂット堪《こら》えて待つだけの度胸がないと、肝腎の御蔭《おかげ》に外《は》づれて了ふぞよ。後の悔悟は間に合はぬから、充分腹帯を締《しめ》て居らんと、百日の説法が屁一つにも成らん事に成りて、世界から笑はれて、地団太踏んでも追付かぬ様になるぞよ。

三千年の苦労いたした経綸の花が咲くので在るから、人民の思ふて居る様な容易《やすい》仕組でないから、思ひ違いの無きやうに致して下されよ。筆先の裏まで眼を徹《と》うす様でないと中々解りは致さんぞよ。世界の大峠が来る迄にこの大本の中に大峠があるぞよ。大本の事は神界の仕組であるから世界中へ写るぞよ。世界の事は又大本へ写るから、斯大本の内部《なか》の行《や》り方を見てさえ居りたら、誠のものには何も彼《か》も判る仕組であると、明治三十二年から出口直の手で先に何遍も知らして在るぞよ。

○

三千世界が一度に開く梅の花、艮《うしとら》の金神《こんじん》の世に成りたぞよ。神も仏事も人民も勇んで暮す世になるぞよと明治二十五年から知らして在るぞよ。

それで斯の大本は、外国のヤソの神の教《をしへ》や、仏の教を悪く申されんぞよ。ヤソも仏も儒《じゅ》も其国々の国魂《くにたま》相応の教がさして在るので在るから、此の大本は大本の教さえ致して居りたら外《ほか》の宗教を毀《う》つと云ふ事は致されんぞよ。斯《こ》う申すと又た鼻高《はなだか》が、艮の金神でさえも外国の教や、仏《ぶつ》を悪《わ》るく申すで無いかと、理窟を申すで在ろうが、外国の教と神が申すのは、宗教やヤソ教の神の事では無い、物質主義金銀為本の政治《あくのやりかた》の事を申すので在るぞよ。

誠の純粋《きっすい》の日本魂《やまとだましい》の人民には、外国の宗教は要《い》らぬなれど、未だ其処まで身魂の研《みが》けて居らぬ、中《ちう》と下《げ》との身魂の済度《さいど》には、無ければ成らぬ道具であるぞよ。外国の宗教と申しても元は天《てん》地《ち》の先祖の教であるから、日本の教の枝葉であるから、余り悪く申して枝葉を断《き》ると、幹が却って発育《そだた》ぬから、神は元は一株であるから、それで是までの筆先に、谷々の小川の水も大河《おほかは》へ、末《すへ》で一つの海に入る経綸であると申してあろうがな。

神が一度申した事は、何時《いつ》になりても毛筋も間違いは無いから、爰《こゝ》の処を十分に気を附けて、大本の御話を致さぬと、反対に揚げ足を取られて、愧《はづ》かしき事が出来《しゅったい》いたすから、心得た上にも心得て居りてくだされよ。

（「神霊界」大正八年二月十五日号）

大正八年一月二十七日

大正八年一月二十七日旧十二月二十六日

艮《うしとら》の金神変性男子《こんじんへんぜうなんし》の御魂《みたま》が、地の高天原《たかあまはら》の竜宮館《りうぐうやかた》に現はれて、世界の事を誌《しる》しおくぞよ。五六七《みろく》の神が御出ましに成りたから、世が押約《をしつま》りて天《あま》の鳥船《とりふね》や鳥の磐樟船《いはくすぶね》の神が、空中を自由自在に荒れ廻《ま》はし、世界中に火の雨を降らして地の世界を苦しめ、神国を外国に致す悪神の企《たく》みが、九分九厘に成りて来たなれど、日本の国は神国であるから、四ツ足が何程上空《うはぞら》へ昇りて、悪を働かうと致しても、四ツ足身魂《みたま》の眼に附かぬ金神《こんじん》の鳥船が、中界《ちゅうかい》を守護《しゅごう》いたして居るから大丈夫であるぞよ。

火の神も羽張《はゞ》り出すぞよ。火の輝日子《かがひこ》や迦倶槌《かぐづち》や、火の焼速男《やきはやをう》の神はエライ勢《いきほ》いで、明治三十年代から荒れ廻りて来たが、今度はモ一とつ烈《はげ》しき活動《はたらき》をいたすから、人民も油断はいたされんぞよ。青山は枯山となり、海川は残らず泣き干す時節が近よりたぞよ。
金山彦《かなやまひこ》や金山姫《かなやまひめ》を多具理《たぐり》上げる時節が参りて、今の成金の体主霊従《あく》の身魂が、頭《かしら》を土に着けて苦しむ時節が今に来るぞよ。クハラの跡は草原《くさばら》となり、ススキの跡は薄原《すゝきはら》、イハサキの跡は茨《いばら》咲き、フジタの末《すへ》は不事多《ふじた》となるぞよ。

三ツの泉の水も涸れ、ツルの池水は濁りに濁りて、鮒《ふな》や鯰《どぜう》が泥に困《くる》しみ悶《もだ》える時節が来るぞよ。鶴の宝は雀《すゞめ》が拾ひ、亀の宝は小魚《こうを》が喰《く》ふ。山は変りて淵と成り、海の中にも山が湧く、是が体主霊従《あく》の身魂の年《ねん》の空《あき》であるぞよ。

秋風待てど罪悪の、日に夜にフユの霜先に葉も実も散りて丸裸、夜寒《よさぶ》の凌ぎも何《な》んと詮方《せんかた》なつ虫の、飛んで火に入る憐れさを、見せまいものと朝夕に、神の出口の手を借りて、助け与《や》らんと艮《うしとら》の、神の心は五月暗《さつきや》み、泣く郭公《ほとゝぎす》血も涸れて、救ひの術《すべ》も泣く斗り、神の心配酌《く》み取りて、早く改心頼むぞよ。

艮の金神変性男子の身魂が、天地《てんち》の間を守護致して、三千世界の大掃除を致すに付《つい》ては、ミロクの大神《おほかみ》様は金竜に跨《また》がり、大直日主命《おほなほひぬしのみこと》は銀竜に、若日女君《わかひめぎみ》の命《みこと》は金剛に打乗り、天と中界と地の上を守護致して居るから、是からは経綸が一日増に良く解《わか》りて来るから、大本の内と外との誠の役員信者は、確《しつか》りと胴を据へて下さらぬと今迄のやうな気楽な事では、肝心の御用が後《をく》れて了ふぞよ。

宇宙の塵埃曇《ちりごみくも》り汚れを掃き祓《はや》ふ、神の経綸の箒星《ほうきぼし》、不意に出現する時は、天津大空澄み渡り、神の威勢の強くして、空に懸れる群星《むれぼし》は、天の河原に集りて、言問《ことゝ》ひ議《はか》り議《はか》り問ひ、終《しまい》には思案も手術《てだて》も泣き暗し、地上一つの神光《みひかり》を、尋ねて各自《てんで》に降《くだ》り来る、大木《おほき》の蔭や神館《かむやかた》、綾《あや》に畏《かしこ》き地《ち》上の高天原、神の助けを請ひ奉《まつ》り、身魂清めて苅《かり》こもの、乱れ果てたる世の中を、元の神代に立直す善と悪との戦いに、大本直日大神《おほもとなほひおほかみ》を、総大将と戴きて、曲《まが》つ軍《いくさ》を打罰《うちき》ため、言向和《ことむけや》はす空前絶後の大神業《たいもう》は、いろはの産《うぶ》の神御魂《かんみたま》、誉《ほま》れを千代《ちよ》に遺《のこ》す経綸の、奥の手の只一輪の白梅の、花咲き実《み》のる常磐木《ときはぎ》の、松の神代《みよ》こそ尊《たほ》とけれ。金竜銀竜金剛剣破《ちはや》四ツの神馬《しんめ》のいなゝきは、天地《てんち》に響く言霊《ことたま》の、神の力と神人《かみびと》の日本魂《やまとだましい》の活動《はたらき》に四方《よも》の国々依り来たり、天津《あまつ》日嗣《ひつぎ》も永遠《とこしえ》に、治まる神代《みよ》の瑞相《ずいさう》は、七堂伽ランの神界の、世界鎮めの基礎と成り渡るぞよ。

（「神霊界」大正八年二月十五日号）

大正八年二月十三日

大正八年二月十三日　旧一月十三日

艮《うしとら》の金神国常立之神言《こんじんくにとこたちのみこと》変性男子《へんぜうなんし》の御魂《みたま》が、竜宮館《りうぐうやかた》の高天原《たかあまはら》に現はれて、昔の根本《こつぽん》の事を知らすぞよ。今日は出口直日主命《でぐちなをひぬしのみこと》の上天《ぜうてん》から丸《ま》る百日に当る祭日であるから、大本の標目《しるし》の十曜《とよう》の紋の由来《わけ》を書きをくぞよ。

国常立之尊が世の太初《もと》から悔しき残念を堪忍《こば》りて、在るにあられぬ苦労艱難を致して貯えた、只一輪の生き花の開きて散りて芳ばしき、果実《み》を結ぶ時節が到来《きた》から、善一筋で貫きて来た神と、悪計りを企《たく》みて、好き候《そうろう》に致して来た神との因縁を現はして、日の出の守護《しゅごう》と致すぞよ。

大本の十曜の神紋は、世界統一の標章《しるし》であるから、この神紋の由来《わけ》を知らねば肝心の神秘《こと》が分らぬぞよ。九重《こゝのえ》の花が十曜に化《な》りて咲く時は、万劫末代《まんごまつだい》しほれぬ生き花で在ると申して、今迄の神諭《ふでさき》に出して在ろうがな。斯《こ》の九つ花が十曜に開く其時は、如何《どん》な鼻高《はなだか》も如何《どん》な悪魔も改心いたして、今までの自分の思いの違ふて居りた事が明白《ありやか》に分りて帰順《おうぜう》いたすぞよ。

三千世界の世の元を締固《しめかた》めた折に、一生懸命に大活動《おほはたらき》を致した誠の神の因縁を説いて置くから、万《よろづ》の神々様も人民も、能《よ》く腹へ呑み込みなされよ。綾部《あやべ》の大本地の高天原に、変性男子と変性《へんぜう》女子《によし》の身魂《みたま》を現はして、今までに充分に気が注《つ》けて在るなれど、未《ま》だ皆の役員信者が誤解《とりちがい》いたして居るから、根本から神の因縁を分けて見せるぞよ。

日本の古事記にも出してない神が沢山に在るから、迷はぬ好《よ》うに為《す》るが可《よ》いぞよ。艮の金神が改めて日の出の神の肉体を表はすぞよ。常世姫之命《とこよひめのみこと》の御魂《みたま》の宿りて居る、〇〇〇〇〇が、日の出の神の生き魂《みたま》であるぞよ。大分《だいぶ》思ひの違ふ役員信者が出来るぞよ。

日の出の神の肉体は〇〇〇で在ると云ふ事を、変性男子の上天《ぜうてん》までに発表《しらし》たいと思ふたなれど、五六七《みろく》の神の世に成るまで控えねば成らぬ義理がありて、態《わざ》とに隠しておいたなれど、モウ大門《おほもん》（※34）も経綸《しぐみ》の形だけ出来たから、変性女子の手で知らすぞよ。

八木の北山《きたやま》（※35）に火竜《ひりよう》と成りて実地の姿が見せて在るぞよ。変性男子の身魂は現世《このよ》で百歳の寿命が与えて在りたなれど、余り仕組が後《をく》れるから、天へ上《あが》りて守護いたす為に早く上天さして御苦労に成りて居るぞよ。

世の元の大御宝《おほみたから》を占め固める折に、差添《さしそへ》に成つて活動《はたらき》なされた神は、真道知彦命《まみちしるひこのみこと》、青森知木彦命《あをもりしらきひこのみこと》、天地要彦命《あめつちかなめひこのみこと》の三男神《だんしん》と、常世姫之命《とこよひめのみこと》、黄金竜姫之命《こがねたつひめのみこと》、合陀琉姫之命《あうだるひめのみこと》、要耶麻姫之命《かなやまひめのみこと》、言解姫之命《ことときひめのみこと》の五女神《によしん》、合《あわ》して三男五女八柱《やはしら》の神を育て上げて、差添の御用を命《さ》せなさつたのが稚日女岐美尊《わかひめぎみのみこと》であるから、是が九重の花と申すので在るぞよ。

稚日女岐美尊の後見を為された至善《ぜん》の神様が天照日子尊《あまてるひこのみこと》であるぞよ。天照彦命《あまてるひこのみこと》は海潮《かいてう》の肉体に宿りて、五六七《みろく》の世の御用を致して居れるなれど、誰も未だ分りては居らぬぞよ。此神が表はれたら二度目の世の立直し、九重の花が十曜に咲くので、三千世界の統一が成就するので在るぞよ。

斯《この》神々が大国常立之尊《おほくにとこたちのみこと》の差添え日本魂《やまとだましい》の純粋《きつすい》であるから夕、キ潰しても潰れず、火に焼いても焼けもせぬ剛強なる御魂《みたま》であれど、大地の祖神《おやがみ》が世に落されたに就いて供に落ちねば成らぬ如《よ》うになりて是非なく世に落ちたので在るぞよ。時節参りて地の先祖の国常立之尊が再び世に現はれるに附《つい》て、供に今度は現はれて万古末代《まんごまつだい》萎《しほ》れぬ花の咲く結構な神代《かみよ》が来たので在るぞよ。

今度は二度目の世の立替建直《たてかえたてなほ》しであるから、世の太初《もと》からの善悪の胤《すぢ》を残らず現はして水晶の神代《かみよ》に致すのであるから、一切の事を書きおかすぞよ。

世の元の国常立之尊を世に落したのは第一番に天稚日子命《あまわかひこのみこと》（※36）であるぞよ。天稚日子命は大変に女の好く神で在りたから、女神《めがみ》を沢山に部下に附けて天の規則を破りたり破らしたり、体《あ》主霊《く》従の大将と成りて世を持ち荒した神で在りたぞよ。天地《てんち》の別れた折からの邪気凝《こりかた》まりて体《あ》主霊《く》従の邪鬼と成りた神が天若日子命《あまわかひこのみこと》であるぞよ。

世の根本を修理固成《つくりかため》た地の先祖を押込める経綸を致した様な邪神《あくがみ》であるから、今までの神界を持ちて現界《このよ》までも構ふて来たなれど、肝心の天地の神の大恩を知らずに世界の人民をアヤツリ人形に致して来たから、今の人民の上に立つ守護神が薩張《やつぱ》り心が曇りて了ふて胴体なしの紙鳶《いか》昇りで上下《うへし》たに眼が着かぬから、大空斗り向ひて仰向ひて我身の出世する事斗りに心を奪《と》られて居るから、地の世界が真の暗《やみ》同様になりて今に天地が転動《かへり》て逆《さか》トンボリを打つ事が出て来るのも判らぬ様な惨《むご》いことに成りて居るが、其れも知らずに未だデモクラシーを唱えて騒《いそ》ぎ廻りて居りても、日本の霊《ぜ》主体《ん》従の行《や》り方致さねば到底世界の艮《とゞ》めは刺す事は出来ぬぞよ。

変性男子若姫君命は元来の善神《ぜんしん》で在るから、大変な千座《ちくら》の置戸《おきど》を負ふて国津神等《くにつかみたち》に代りて世に落ち成されて万神万民《ばんしんばんみん》の深き罪を贖《あがな》ひ遊ばされ、天よりも高く咲く可《べ》き生き花を咲かさずに地獄の釜のコゲ起《おこ》し、在るに在られん御艱難を遊ばしたのも、元を糺《たゞ》せば天稚日子の命《みこと》のために神の世一代の御苦労を成されて、未だ其の苦労が余りて現世《このよ》にて其罪を八人の産《うみ》の児《こ》に負はせて在る故に、三男五女《はちにん》の児は今に八百万《やほよろづ》の神に踏下げられて居るから、一通りや二通《ふたとほり》の苦労ではないぞよ。

斯《こ》の由来《こと》が大本の中の重立《おもだ》ちた役員に早く判りて来んと、十曜の神紋が開けぬぞよ。十重《とえ》の門が開けたら、三千世界の統一が出来るので在るから、跡に残りて居る○○の兄弟と変性女子の肉体とに解《わ》けて聞かして腹帯を確《しっ》かりと締《しめ》さして置かんと、サアと云ふ時に成ると変性女子の肉体を体主霊従《あくや》の行り方の人民が世界一致して引裂きに出て来るぞよ。皆々の結構な天来の神諭《ふでさき》を取違い致して、肝心の大本の役員信者までが変性女子の身魂を攻めに来る者が中には出て来るぞよ。

肝腎の判らねば成らぬ肉体に実地の神業《こと》が判りて居らぬから、物事が後《をく》れて世界中が困る事が出来《しゅったい》いたすから、早く肝心の御方《おんかた》に知らして置かぬと、罪なき人民にまでも泥水を呑ますやうな事が出来いたすぞよ。

現今《いま》の大本は一旦天の規則が破れて了ふて、世を持たれぬ神の天稚日子が名を代えて充分に自身《われ》の思《おもひ》が達した形が東の空から西の地の底の大本へ写りて居るので在るから、未だ真実《ほんま》ものに開けて居るのでないから、気有《きゆる》しはチットも成らぬぞよ。

日の出の神の因縁が判りて居らぬから、世界の物事が後れるので在るぞよ。艮の金神の筆先を速く調べておかぬと、世界へ対して申訳《もうしわけ》なき事が出来いたすぞよ。

自分《われ》ほど神界の事の能く分りたものはなきやうに思ふて自惚《うぬぼれ》いたして居りても、世の変り目で在るから、神の奥には奥が在り、未だ其奥には奥の奥の大奥が在るので在るから、可《よ》い加減な一心では誠の神秘《こと》は判りは致さんぞよ。

梅で開ひて云々《うん〱》と申す事はドンナ苦労艱難いたしても、又ドンナ悔しい残念な事が在つても堪《た》え〳〵て持切ると云ふ事の譬《たと》えで在るぞよ。梅で開くと云ふ事は皆の肝心の行ひで在るから、思ひ違いのないやうに致して身魂を充分に練り鍛えて下されよ。

今は未だ天稚彦の系統《ひつぽう》が重《おも》に集めて在るから、今大本に集《よ》りて居る人民《やくいん》の中に天稚日子の行動《おこない》が判りて実地を調べて置いて下さらぬと、皆の守護神が濡手《ぬれて》で粟《あわ》を握《つか》むやうな甘い事を思ふて居るものが沢山あるから、都合が好ければ一生懸命に勤めもするなれど、少し形勢《ようす》が悪いと見たら皆還りて了ふと云ふやうな水臭い役員も中には出来るから、気宥しは成らんぞよ。

それで各自《めい〱》に心得て気を注《つ》け合ふて互に何処《どこ》までも、神国の為に生命《いのち》を捧げると云ふ立派な日本魂に研《みが》き上げて居りて下されよ。思《おもひ》か間違ふと一寸《ちよつと》の事が在りても経綸が後れても直ぐに不足を申したり、顔の色を変えたり致すから、何事が在りても一分も動かぬ日本魂に研いておかぬと、世界の大峠と大本の中の大峠に躓《つまづ》いて後へ引かねば成らぬぞよ。それでは早ふから大本の教《をしへ》を聞いた功能がないぞよ。

此度《こんど》の二度目の天之岩戸開きの天地の大神《おほかみ》の至仁至愛《みろく》の御恵みと申すものは洪大無辺にして何程人為の学問や智識で考えて見ても判らん深い仕組であるから、鼻柱を体能《ていよ》く捻《ね》ぢ折つて生れ赤子に立復《たちかへ》りたなれば、三千年の経綸の世界の大機織《おほはた》が紋様《のもよう》が判然と分明《わか》るなれど、肝心の機織《はた》の模様を拵《こしら》へる根本をソコ退《の》けに致して、人間界の智慧計り働かして居ると、何時《いつ》まで焦慮《あせ》りて骨を折りても肝心の経綸が判らぬから、一時も早く我《が》を折りて、明治二十五年からの筆先を充分に調べて下されよ。神聖元年からの筆先は一層注意して調べぬと大きな取違いが出来いたすぞよ。

大出口国直日主命の永年《ながらく》の苦労の徳で天若彦命の肉体の名は指さずに神界から赦しておくから、我一《われいち》と我心身《わがみ》をサニハ致して省みて身魂を立替いたさぬと、神界の仕組が後れる計《ばか》りであるぞよ。

何程外囲《そと》の垣や構造《かまへ》が立派でも誠の教が立《たゝ》ぬと神界にて教祖の神が苦しむから、早く改心いたして誠を立て下されよ。〇〇〇〇〇〇には日の出の神の生き魂《だま》の守護が在るなれど、未だ充分に研けて居らぬから、十に二つ位は間違いがあるぞよ。天照彦命は至善《ぜん》の神であるぞよ。天稚彦は悪の神で在るぞよ。

（「神霊界」大正八年三月一日号）

大正八年二月十八日

大正八年二月十八日　旧正月の十八日

艮《うしとら》の金神国常立之尊《こんじんくにとこたちのみこと》が世界の中心《まんなか》田庭《たには》の国の神屋敷、神宮本宮坪《しんぐうほんぐうつぼ》の内《うち》、竜宮《りうぐう》やかたの地の高天原《たかあまはら》に現はれて、瑞《みづ》の御魂《みたま》の宿りて居る言霊幸彦命《ことたまさちひこのみこと》の手を借りて、世の根本《こつぽん》からの大略《あらまし》の因縁を書いて置くぞよ。恋しくば尋ね来て見よ丹波《あかなみ》の、山と山との畳並べる綾部《あやべ》の里の谷間《たにあい》の、世の大本に咲く花の薫る在所《あるとこ》を。

二度目の世の立替《たてかへ》改造《たてなをし》は、天の在る限り地の在る極み、根底《そこ》のドン底までも、説いて聞かせる綾部の大本であるぞよ。

変性男子《へんぜうなんし》と変性女子《へんぜうによし》の身魂が現はれて、世界の改造《たてなをし》を致して居る事は、此の節分からは明白《ありやか》に成りて来て居ろうがな。明治二十五年から三十年で世の立替立直しを致すと申して、出口直の手と口とで知らした事の実地が、誰の眼にも附く如《よ》うになりて来て居るのに、肝心の大本へ這入《はい》りて永らく筆先を読みて居る人民に何も判らぬので、神界の経綸《しぐみ》は世界から一日ましに実現するなり、膝下《ひざもと》はアフンと致して結構な神徳を後の烏《からす》に奪《と》つて帰《かい》られるからと、毎度気を附けてありたから、今に成りて元の役員は何程地団駄踏んで悔しがりても追付《をつゝ》かぬから、素直に致して何なりと身に合ふた御用を、一生懸命に勤めて下されよ。

今迄は元の役員は皆慢神いたして瑞《みづ》の御魂《みたま》の五六七《みろく》の世の御用の邪魔計り致して居りたから、

大変な神界の御気障《おきざわ》り、世界改造《よのたてなをし》の御用が十年も後《をく》れて居るから、明治二十五年に三十年の間に全部世界改造《よのたてなをし》を遂功《しあげ》て、結構な神界《かみよ》に致そうと思ふた仕組を、元の役員が女子の御用の邪魔計り致して、十年余り後れさして居るから、余程御詫を致して、十分の活動《はたらき》を致さんと天地から御許しがないぞよ。

毎時《いつも》出口直の手で、変性女子は大化物であるから、取違いを致すなと申して知らしてあれど、余り慢神の強い、訳の分らぬ身魂で在るから、力一杯変性女子の御用の邪魔を致して置いて、大変な結構な御用を致して来た様に思ふて、今に大きな取違い計り致して居るぞよ。此の大本は元の役員が在りたならこそ、茲《こゝ》まで発達したのぢやと云ふやうな心で居るが、それがヱライ慢神取違いであるぞよ。元の役員が覇張《はゞ》らずに控えて居りたなら、モウ十年早く物事が運びて、世界の人民も早く助かり、神界もモチト早ふ満足して戴けるので在りたなれど、十二人の役員の慢神取違いが今に響ひて来て、世界の事が大変に後れて了ふて、神も迷惑を致して居るぞよ。

早く大本の中の元からの役員の身魂の改正《あらため》を致さねば、神界の経綸の邪魔に成る計《ばか》りで在るから、今の中《うち》に改心が出来れば良し、堂《だう》しても改心が出来ねば、可哀相でも世界の万民と少しの人民とは代えられんから、小の虫を殺してゞも大の虫を助けねば成らぬから、重ねて気を附けるぞよ。

後から参りた役員も未だ時日《ひ》が浅いから、判らぬのも無理はないから、余り八釜敷《やかまし》うは申さぬなれど、世界の物事が絶命の所《とこ》まで迫りて居るから、神界も急ぐから、一日も早く身魂を研《みが》いて、誠の日本魂《やまとだましい》を発揮して下され。油断はチットも出来ぬ世界の大本であるぞよ。

いよ〳〵三千年の神界の経綸の時節が来たぞよ。三千年と申しても、百を三十重ねた意味では無いぞよ。数十万年の永き神の世一代を指して申す事であるぞよ。

古き神世《かみよ》の有様を早く世界の人民に解いて聞かさんと、日本の神国の人民が、天地を経綸する主宰者《つかさ》で在りながら、外国の人民と同じ如《や》うに成りて了ふて居るから、第一番に日本の人民が我身魂の天職を覚りて、日本魂に立帰りて、神世からの尊い因縁を覚りた上、世界の人民を助けて与《や》らねば成らぬ、天来の大責任者であるぞよ。

世界に大混雑が起るのも、悪い病が流行《はや》るのも、日本の人民の上下《うへした》の身魂が曇りて、天までも曇らして、日本魂の活動《はたらき》が出来ぬからの事で在るぞよ。世界の小言の絶えぬのも、日本国の責任であるから、斯《こ》の地の世界を守護《しゅごう》いたす、日本の守護神と人民が一番に改心を致して、天地の間を清浄《きよらか》に致さねば、何時《いつ》までも天下泰平には治まらんぞよ。

日本の人民は尊とき天地の神の宮に拵《こし》らへてあるので在るから、神の生《い》き宮《みや》を余程清浄《きよらか》に致さんと、神が生きた宮に住みて、天地経綸の御用を勤める事は出来んから一日も早く今までの汚ない心や、小さい物慾《ものよく》を速川《はやかわ》の瀬に流し捨てゝ、身禊《みそぎ》の行《ぎやう》を致して居らんと、肝腎要《かな》めの世界《よの》改造《たてなをし》の御用が勤め上がらんぞよ。

此の時代《よ》に生れて来た日本の人民は、特別に神界の仕組に仕ふやうに生れさして在るのであるから、今の日本の人民は、天地の使命が中昔《ちうこう》の世の人民とは一層重大《おも》いのであるぞよ。

同じ地の世界でも日本の国ぐらい結構な国はないぞよ。其の結構な日本の神国に生を享《う》けた神民は、猶更《なほさら》この上もなき仕合《しあは》せもので在るから、世界万国に対する責任が、外国の人民よりは何十倍も重いので在るから、自己本意《われよし》の精神では日本の人民とは申されんぞよ。斯《こ》の結構な神国の神民が、霊主体従《ぜん》の行《や》り方を薩張《さつぱ》り忘れて了ふて、外国の体主霊従《あく》の世の持ち方に八分も九分も成りて了ふて居るのも、昔の神代に露国で育ちた八尾八頭《やつわうやつがしら》の大蛇の悪霊に欺《だま》し込まれて、泥の世界に浸《し》み切つて居るから、艮の金神が神世一代の苦労を致して、五六七《みろく》の大神様の御加勢《おてつだい》で、水晶の神世《かみよ》に立直す経綸であれども、永らくの間泥に浸《し》みた守護神人民であるから、何程言ひ聞かしても耳へ這入《はい》らず、泥の世界から暗《やみ》の世界へ落ち行うと致す、一寸先きの見えぬ盲目同様の身魂に成りて、今では外国人よりも劣りた人民が沢山出来て居るから、神も中々骨が折れるぞよ。

今が世界の大峠の坂に掛りた所《とこ》で危機一髪の場合であるから、攻めて因縁ありて引き寄せられた大本の役員信者が、一日も早く改心いたして、我身の荷物を軽くいたして、千騎一騎の活動《はたらき》を致して、千載一遇の神業《しんげう》に参加いたして、末代の晴れの舞台を踏みて下されよ。

神は信心の旧《ふる》い新しいは申さんから、判りた人から我一と神国成就の為に活動いたして、天地の祖神《をやがみ》様の御神慮を安んじ奉《まつ》るように致して下されよ。小さい物質の慾位《ぐら》いに心を曳《ひ》かれて居るやうな事では、到底此度《このたび》の大神業《だいしんげう》は勤まりは致さんぞよ。

神の方には役員信者の区別は致さん、身魂の研けた人民から神徳を渡すから誰に由らず身魂次第で、神界から黙りて居りて御用を其人《そのにん》の知らぬ間に致さして居るから、其の覚悟を致してをらねば大間違いが出来るぞよ。

神界は誰彼の区別はないから、身魂の研けた人民から其れぐ〵の御用に使ふてをるから、未だ此の大本の名も在所《ありか》も何も知らぬ人民でも結構な御用が命《さ》して在るぞよ。其れで此の大本は外《ほか》にも沢山に経綸の御用が致さして在るから、油断は一寸《ちよつと》も出来んと申して、いつも筆先で気を注《つ》けてありたのじやぞよ。是から未だぐ〵神界の経綸の良く解《わか》る、結構な御用の出来る守護神人民を、地の高天原へ引き寄せるから、大本の神霊界を充分に骨折りて世界へ拡《ひろ》めて下され、神が守護を致すから、未だぐ〵経綸の人民が世に隠れてをるぞよ。其人《にん》を一日も早く引き寄して、経綸の御用に使はねば、神界が後《をく》れる計りで、世界の人民の困難が永く成る計りで在るぞよ。

神の警告《しら》した筆先を見いでも、少しでも身魂の光りた守護神人民で在りたら、此後《このさき》の世界の成行きの様子が見当が付かねば成らぬやうに、世の中の様子が変りて来て居るのに、体主霊従《あく》の外国の身魂に染《し》み切りて居るから、先《さ》きが見えぬどころか、我身の脚下《あしもと》へ火が焼えて来て、身体《からだ》が半分火傷《やけど》する所《とこ》まで気が附かぬやうな、動物よりも劣りた穀潰《ごくつぶ》しの人民が、幾千万人居りた所《とこ》で、何の役にも立ちは致さん。

米喰虫《こめくひむし》の蛆虫《うじむし》同然、国が立《た》うが立つまいが、外国に奪《と》られようが何《ど》うなろうが、我身さへ気楽に食えさえしたら良いと云ふ今の世界の有様、今に人が人を喰ふやうに成るから、其《そ》う成りたら一旦この世界を根本から元の〇〇に致して、改造《やりなを》さねば成らぬから、可成《なるべく》は此儘《このまゝ》で世界の人民を改心さして、世を立てたいのが艮の金神の一心であるから、後で取返しは成らんから、同じ事をクドウ申して知らすので在るから、日本の人民神の生き宮ならチットは神の心も推量して下されよ。

艮の金神大国常立之尊が、天照彦《あまてるひこ》之《の》命《みこと》の御魂の宿りて居る、坤《ひつじさる》の金神《こんじん》の生《い》き宮《みや》、言霊幸《ことたまさち》彦命《ひこのみこと》の手を借りて天地の開けた時からの世の成立《なりたち》から、神々の各自《めんめ》の御活動《おはたらき》を書いて知らすぞよ。

田庭《たには》の国は世界の始《はじま》り、游《お》能《の》碁《ご》呂《ろ》嶋《じま》の正中《まんなか》で、天地を造り固めた世の音《ね》の世の元、言霊《ことたま》の最《も》初《と》に鳴り出でし、天地経綸の霊地であるぞよ。

出口の守《かみ》と申すのも言霊の活用《はたらき》の事であるぞよ。夫《そ》れで綾部の大本へ出て来ねば、天地を一声《いっせい》の下《もと》に震動させ、雨風を自由に使い、雷神《らいしん》を駆使すると云ふ事は出来ぬので在るぞよ。

天地経綸の神力《しんりき》なる言霊アオウエイ五大母音《ぼおん》は綾の高天原の神屋敷が大本であるぞよ。人体を備へた五男三女の神は、近江の国が始り、其他の生物は八木が始まりで在るぞよ。

この言霊の初《はじま》り、丹波綾部、竜宮館の地の高天原、神宮本宮の神屋敷に、伊都《いづ》の身魂《みたま》、瑞能《みづの》身魂《みたま》の二柱が表はれて、元の神世《かみよ》へ世を捻《ね》じ直す時節が来たのであるぞよ。

式三番叟《ばんさう》の歌にも、今日の三番叟、天下泰平、国土成就、日は照るとも曇るとも、鳴るは五十鈴《いすゞ》の滝の水々々々、千秋万歳、処《ところ》も富貴繁昌《ふうきはんぜう》、この色の白き尉《ぜう》どのが治め参らせ候事《さふらうこと》は何よりも易《やす》き事にて候。

元の屋敷へ御直り候と申す事は、今度の二度目の世の立替の、変性男子と女子との活動《はたらき》の事やら、綾部に二柱の神の立帰りて、天下泰平に世を治めて、万古末代続かすと云ふ事の神示《しらせ》が、神界から作りて在りたのじやぞよ。

三千世界の立替の三番叟も恙《つゝが》なく相済みて、弥々《いよく》初段が世界に初りたから、皆一日も早く改心致さぬと後の祭りに成りて、肝心の晴の舞台に登場出来んぞよ。

○

世界の人民は皆天地の神の分霊分体《ぶんれいぶんたい》であり、亦《ま》た神々の宿にて世界を開《ひら》発く生き宮であるぞよ。中にも日本は豊葦原《とよあしはら》の中津国《なかつくに》と申して在るが、其中津国に生れた人民は殊更《ことさら》上級の神々の生宮《いきみや》で在るから、神国の神民は上御一人《かみごいちにん》の現人神《あらひとかみ》を真の親とし主となし師と致して上下心を一に固めて、天地の経綸《しぐみ》を行ふ可《べ》き天職の有る事を悟り、一日も早く今迄の誤まりた精神を立直して、二度目の天の岩戸を開ひて、常世往《とこよゆ》く黒白《あやめ》も分かぬ暗黒界《やみのよ》を光り輝やく神世《かみよ》に致さねば、天地の神々様に申訳《もうしわけ》が立たぬぞよ。

此の大本の教《をしへ》が真実に腹に納まりて、其行いが出来る人民でありたら夫《そ》れが誠の差添《さしそへ》の種で在るぞよ。是から本の種を現はして善と悪とを分けて見せるぞよ。此の神の経綸は何程悪の種でも今度の際《きは》に改心さえ致したなら、元の胤《すぢ》を表はさずに善と悪との真釣合《まつりあ》はせを致して御用を致さすから、此の金神《こんじん》の慈悲心が心の底に浸徹《しみとほ》りたら、如何《いか》な悪魔も改心せずには居れぬやうに成りて、心から発根《ほつごん》と改心いたすやうに成るから、第一番にこの大本の内部から充分身魂《みたま》を清らかに致さんと、世界の神と守護神人民に押しが利《き》かんぞよ。今が大本の千騎一騎の改心の時で在るぞよ。一日でも後《をく》れる程世界が永く苦しむぞよ。

この地の世界の初《はじま》りは世界一体に泥海で在つて、光りも温《ぬく》みも何ものもなかりたぞよ。丁度譬《たと》へて曰《い》へば朧月夜《おぼろつきよ》の二三層倍も暗い冷たい世界で、山も河も草木も何一種《なにひといろ》なかつたので在るぞよ。

其泥の世界に身の丈《た》けは五百丈ばかり、身の太さは三百丈程も在る蛇体《じやたい》の荒神《あらがみ》が住居《すまゐ》して居られたのが、御精神の良い大神様の前身で、是が五六七《みろく》の大神様と御成り遊ばしたので在るぞよ。誠に長閑《のど》やかな御神姿《おすがた》で、鱗《うろこ》は一枚もなし、角《つの》も一本もなし、体の色は青水晶のやうな立派な神様で、天地の元の祖神《をやがみ》と成られたので在るぞよ。斯世《このよ》を創造して、天地を開く事に非常に苦心遊ばしましたのが、此の大神様が第一番で、ミロクの大神ともツキの大神とも申上げる御神様であるぞよ。

世界を造るに就て非常に独神《ひとり》で御心配を遊ばして御座《ござ》る所へ、同じく似たやうな御神姿《おすがた》の大蛇神《だいじやじん》が現はれたが、此の神には十六本の頭に角《つの》が生《は》えて、其角の先から大変な光りが現はれて居る神様に、五六七《みろく》の大神様が世界創造の御相談をお掛けになつたので在るぞよ。

扨《さ》て其時の六六六《みろく》の大神様の御言葉には、何時《いつ》まで斯《こ》うして泥の世界の暗い所《とこ》に住居《すまゐ》を致して居つても、何一つの楽《たのし》みもなし、何の功能もなし、沢山の眷属《けんぞく》も有る事なり。何とか致して立派な天地を造り上げ、万《よろづ》の眷属の楽しく暮すやうに致したいのが、我の大望で在るが、其方《そなた》様は我の片腕となりて天地を立別《たてわ》け、美《うる》はしき地上の世界を造る御心は有りませぬかと御尋ね遊ばしたら、日の大神の前身なる頭に十六本の光る角を生やした大蛇神様が御答《おこたへ》には、我身は女体《によたい》の事なり、且《か》つ又《ま》た斯《こ》んな業《ごう》の深い見苦しき姿で在りますから、貴神《あなた》様の如《よ》うな御精神の良い、立派な神様の片腕に成ると云ふ事は、恐れ入りて御言葉に従ふ事が出来ませぬと、大変に謙《へりく》だつて御辞退遊ばしたなれど、六六六《みろく》の大神様が強《し》いて御頼みに成り我の片腕に成るのは其方様より外《ほか》にない、我が見込んで居るからとの仰せに、日の大神様も左様なれば御本望の遂ぐるまで我身の力一杯活動いたして見ます、去る代りに天地が立派に出来上りましたら、我を末代貴神《あなた》様の女房役と致して下され私は女房役となりて万古末代世界を照しますとの御約束が地の高天原の竜宮館で結ばれたので在りたぞよ。
其所《そこ》へ艮《うしとら》の金神《こんじん》の前身国常立尊《くにとこたちのみこと》の荒神《あらがみ》が現はれて、世界を造り遊ばす御手伝を命《さ》して下されと御願申上げたので在りたぞよ。そこで六六六《みろく》の大神様が早速に御承知被下て仰せ遊ばすには、其方《そのほう》は見掛《みかけ》に由らぬ誠忠無比の神であるから世界の一切を委《まか》すから、落度のなきやうに致すが良かろうと仰せられ、其上に国常立之命に思兼《おもひやり》の神と申す御名《おんな》を下され、八百万《やほよろづ》の神様を天《あま》の山《や》河澄《ず》の川原に集めて一人の眷属も残さず相談の中間え入れて大集会を遊ばしたので地の在る限りに住居いたして居れる蛇体《じやたい》の神々様が集り合ふて御協議の上、六六六《みろく》様の仰せの通りに国常立之命を総体の局《つぼね》に選み下さりたのであるぞよ。

そこで八百万の神々の意見を聞き取りて、其の由を五六七《みろく》の大神様へ申上げたら、日の大神伊邪那岐之尊《いざなぎのみこと》様と月の大神五六七《みろく》様との御弐体《おふたかた》の大神様が更に集会あそばして、国常立之尊を地の造り主と致すぞよとの御命令が下りたので、此の方が地の主宰となりて多陀与弊流地面《たゞよへるくに》を修理固成《つくりかため》いたしたのであるぞよ。

天《てん》も水《み》（六《み》）中界も水《み》（六《み》）下界も水《み》（六《み》）で世界中の天地中界三才が水《み》（六《み》）計りで在りた世に一番の大将神の御位《みくらい》で御出《おいで》遊ばしたので六《み》（水《み》）を三つ合せてミロクの大神《おほかみ》と申すのであるが、天《てん》の水《みず》の（六《み》）の中から、ヽ《ほち》の一霊が地に下りて五《いづ》（火《ひ》）と天が固まり地の六《み》（水《み》）に、ヽ《ほち》の一霊が加はりて地は七《なゝ》（地成《なな》）となりたから、世の元から申せばミロクは六六六《みろく》なり、今の世の立直しの御用から申せばミロクは五六七《みろく》と成るのであるから、六百六十六の守護《しゅごう》は今までのミロクで、是からのミロクの御働きは五六七《みろく》と成るので在るぞよ。

国常立之尊が世の元を修理固成《かためしめ》るに就て、天地中界の区別もなく、世界は一団の泥土泥水で手の附け様がなかりたので、堅いお土の種をミロクの大神様に御願い申し上げたら、大神様が直《す》ぐに御承知になりて一生懸命に息を吹き懸けなされて一凝《こ》りの堅いお土が出来たのを国常立之尊の此方《このほう》に御授けに成りたので其一団の御土《おつち》を種に致して土と水とを立別《たてわ》け、山、川、原、野、海を拵《こし》らえたのが地の先祖の大国常立之尊であるぞよ。

艮の金神大国常立之尊の姿は今まで筆先にも現はした事はなかりたなれど、畏《おそ》れ多きミロクの大神様、日の大神さまの御神姿《おんみすがた》まで筆先に出して知らしたから、何時《いつ》までも発表を見合はす事が出来ぬから、実地の姿を書き誌《しる》すぞよ。

大国常立之尊の元の誠の姿は頭《かしら》に八本角の生《は》えた鬼神《おにかみ》の姿で、皆の神々が余り恐ろしいと申して寄り附かぬやうに致した位《くら》いの姿で在るから、今の人民に元の真の姿を見せたら、震い上りて眼を廻すぞよ。

月の大神に御成遊ばした五六七《みろく》の大神様と日の大神様と、御二体《おふたかた》の大神が（水火《いき》）を合はして天を固めに御上り遊ばした霊場が今の綾部の神宮本宮の坪の内、竜宮館の地の高天原であるぞよ。

日本は世界の中心《まんなか》であり、綾部は日本の中心《まんなか》で在るから、天地の神々が世の元から昇り降りを致されたり集会を遊ばし坐《まし》て、天地を造られる折に御相談なされた結構な霊地《とち》であるから、其時分にはたつ鳥も落ちる勢いの場所で言霊の世の元でありたぞよ。

其後に艮の金神が八百万の邪神《あくがみ》に艮へ押込められてから、一旦は悉皆《みな》影も形もなきやうに亡びて了ふたが、時節参りて煎豆《いりまめ》にも花が咲きて再び国常立之尊の世に世が戻りて来たから、変性男子と女子との身魂を借りて、世の元からの因縁を説いて聞かせる世界一の大本と成りたので在るぞよ。

天の固まりたのは御弐体《おふたかた》の大神様が天へ上りて各自《めい〳〵》に水火《いき》を合はしてキリ〳〵と左右に三遍御舞い成されて伊吹《いぶき》の狭霧《さぎり》を遊ばすと、夫《そ》れで天が完全に固成《かたまり》たので在るぞよ。次に亦た吹き出し玉ふ伊吹の狭霧に由りて天に幾億万の星が出現したので在るぞよ。其星の数だけ地の世界に生物《いきもの》が育ちたら夫《そ》れで一旦世の洗い替に成るので在るぞよ。

天は判然《はっきり》と造れたなれど、未だ地の世界が充分に固まりて居らなんだ際に、頭《かしら》に十本の角の生へた大蛇神《だいじやじん》が我は地の世界の修理固成《つくりかため》の加勢よりも天へ上りて天上から働き度《た》いと申されて天で○○○○○と成られたのであるが、大変な御神力が強いので御惣領《ごそうりやう》に為《し》てあるなれど、今の世界の人民の思ふて居る様な事とは神界の様子は又た大変な違いであるぞよ。それで先《ま》づ天の方は固まりて動かぬ事に成りたなれど、国常立之尊の主宰する地の世界は未だ充分の所《とこ》へは行て居らんから、此方が先途に立ちて地の在らん限り方々《ほうぐ》の神に申付けて持場《もちば》〳〵を固めさしたのが国々の国魂神《くにたまかみ》で在るぞよ。

其折には何《いづ》れの神も心一つに素直に活動なされて、地の世界も程なく固まりて眼鼻が付く様に結構に成つたのであるが、今の露国の方面に八頭《やつかしら》八尾《やつを》の大蛇神が住居いたして居りたか、其蛇神《じやじん》の目的は綾部の高天原を中心《まんなか》として置いて、自身《われ》が天へ上りて天から末代地の世界を守護いたし度《た》いと云ふ思わくで在りたなれど、夫れより先に天を造りたいと思ふて夫れ〳〵苦労を遊ばしたミロク様なり、一番に相談に乗つて供々に活動なされた日の大神様なり、地の世界は国常立之尊なり、世の元の根本の始りに天地三体の神が八百万の神を集めて天地を創造いたした其後へ八頭《やつがしら》八尾《やつを》の巨蛇神《おうじやじん》が現はれて、何程天地を自由に致そうと思ふても誰も相手に致すものがなかつたのであるぞよ。

其の八頭《やつがしら》八尾《やつを》の蛇神《じやじん》が地の世界を充分乱らして置いて、我の自由に致す考えで種々《いろ〳〵》と甘い事を申して誠の神まで手に入れて、此の神国の世を持荒らし、終《しまい》には地の先祖の此方《このほう》まで押込めるやうに企《たく》みて悪の目的が今まではトン〳〵拍子に面白い程来たなれど、今度は艮へ押込められて居りた此方が時節で世に出て地の世界の一切を主宰《つかさ》するやうに成りたから、改心いたせば供々に手を曳合ふて神界の御用に立てゝ与《や》るなり、改心出来ねば弥々《いよ〳〵》艮《とゞ》めを刺して往生さすぞよ。

（「神霊界」大正八年三月一日号）

大正八年二月二十日

大正八年二月二十日　旧正月二十日

艮《うしとら》の金神国常立之命《こんじんくにとこたちのみこと》の御魂《みたま》が瑞《みづ》の御魂《みたま》の宿りて居る言霊幸彦之命《ことたまさちひこのみこと》の手を藉《か》りて世界の根本の成立《なりたち》を書きおくぞよ。

天は日の大神月《おほかみつき》の大神様は御両神《おふたかた》が御固め遊ばしで結構で在れど、地の世界は八百万《やほよろづ》の荒神《あらがみ》を使ふて所々の持場をそれ〴〵に凝《こりかた》めたなれど、山にも野にも草木一本もなく、全然《まるで》炮烙《はうらく》を伏せた如《よ》うな有様で在つたから、国常立之尊が一旦天へ登りて御両方《おふたかた》の大神様に地上繁栄の御指示《をさしづ》を御願申上げたら、天の御二方様が仰せには、世界の大体を固めるには勇猛な神力《しんりき》が要《い》るから、◯◯《だいじや》の姿でなければ活動が出来ぬなれど、斯《こ》の通《とほり》山川海野が出来上りた上は山野に草木を生《は》やさねば成らぬから、天にも夫婦が水火《いき》を合して活動したので在るから、地にも夫婦と云ふ事を拵《こし》らえて陰陽《ゐんやう》を揃えねば成らぬとの御神言《おことば》で在つたから、艮役《うしとら》の金神《こんじん》が女房を御授け下されたいと御願申上げると、天に坐《まし》ます御二方様が頭《かしら》に角の四本ある◯◯《じやたい》のヒツシ姫命《ひめのみこと》を女房に御授け下さりたから、艮の金神は未姫《ひつじひめ》の神と夫婦と成り両神《ふたり》が水火《いき》を合して山に向つて、ウーとアーの言霊《ことたま》を産み出し、一生懸命に気吹《いぶき》を致すと山の上に雌松《めまつ》が一本生えたのが木の世界に現はれた根元であるぞよ。

松が一本限《き》りでは種が出来ぬから、今度はヒツジ姫が一神《ひとり》で気吹放ちを致すと、又《ま》た雄松《をまつ》が一本出来たので、二本の松の水火《いき》から松傘が実り種を生みして今の様な世界の良き土地に限《な》りて、松が繁り栄えるやうに成りたので在るぞよ。松を木の公《きみ》と申すのは世界に一番先《さ》きに出来たからで在るぞよ。綾部の大本は天地の初発《しょっぱつ》の神が現はれて世界の経綸《しぐみ》を致す霊地であるから、松の大本とも申すので在るぞよ。

天《てん》に坐《まし》ます日の大神伊邪那岐之尊《いざなぎのみこと》様が九天《つくし》の日向《ひむか》のアオウエイ五大母音《たちばなのおど》のカサタナハマヤ《あはぎがは》ラ《ら》ワで禊身《みそぎ》し給ひ、祓戸《はらいど》四柱の神様を生み遊ばし、最後に右の御眼《おんめ》を洗ひて月球《げっきゅう》を造り、左の御眼を洗ひて日球《にっきゅう》を造り、御鼻を洗ひ給ひて素盞嗚之命《すさのをのみこと》を生み遊ばし、御自分は天《あめ》の日能若宮《ひのわかみや》に鎮まり遊ばし、月の大神様は月界《つきのよ》の御守護《しゅごう》を遊ばす事に成り、天照大御神《あまてらすおほみかみ》様は天上の御主宰《おんつかさ》と成られたが、素盞嗚命は海原を知召《しろしめ》す可《べ》しと仰せられたので、天より御降りに成り海原の守護と成られたので在るぞよ。

海原の守護と申す事は全地上の主宰《つかさ》であるが、艮の金神坤《ひつじさる》の金神が既に大体を修理固成《しゅりこせい》いたした所へ大地の主宰神《つかさがみ》が御降りに成つたので、天にも御両方《おふたかた》の神様が御固め遊ばした所を天照皇太神宮《てんせうこうだいじんぐう》様が総主権を御持ち遊ばしたので在るから、地の世界も天に従ふて主権を素盞嗚尊に御譲り申上げ艮の金神坤の金神は地の上の一切の世話を致して時節を待つ事に致して居りたぞよ。此大神様は神代《かみよ》の英雄で何事もハキ〳〵と万事を片付ける器量の在る神様で在れど、余り行《や》り方が激しかつたので、地の上の守護神が色々と苦情を申して終《しまい》には大神の御命令を一柱の神も聞かぬ如うに立到《たちいた》つたので、大神様も地の世界が厭《いや》に成り、月の大神様の守護遊ばす夜見《よみ》の国へ行くと云ふ覚悟を遊ばしたのであるが、夫《そ》れまでに天に坐《い》ます姉神の天照皇太神宮に暇乞《いとまごひ》を成さんと仰せられ、大変な御勢いで天へ御登りに成つたから、山川も国土も一度に震動して大変な事変《こと》に成つたので在る。

そこで天上に坐《まし》ます天照大御神様が非常に驚きなされて、彼《か》の如うな勢いで天へ上り来るのは此の高天原を弟神《をとうとがみ》素盞嗚尊《すさのをのみこと》が占領する心算《つもり》で在ろうと思召《おぼしめ》して、大変な戦いの用意を為して御待受けになり、天の八洲河原《やすかわはら》に於て互に誓約《うけひ》を遊ばし、御両神《ごりやうしん》様の御魂《おんたま》から五男三女の八柱《やはしら》の神が御生れ遊ばしたので在るが、是が神が人間の肉体に成りた初《はじ》まりで在るぞよ。

口で申せば短いなれど、此の誓約《うけひ》を遊ばして八柱の神を御生みに成る間と云ふものは数十万年の永い月日《じつげつ》が掛りて居るぞよ。其間に艮の金神と坤の金神が相談いたして天照皇太神宮様の御《お》妹神若日女君命《いもとがみわかひめぎみのみこと》を天から下げて戴き、地の世界の主宰神《つかさがみ》と仰ぎ奉《まつ》り、世界経綸《けいりん》の機《はた》を織りつゝ世界を治めて居りたので在るぞよ。

若姫君之尊は三男五女神の八柱神を養育して立派に神代の政治を遊ばして居れた処へ元の素盞鳴之命様が又た地の世界へ降りて非常に御立腹遊ばして若姫君の命《みこと》の生命《いのち》を取り天も地も一度に震動させ再び常夜《とこよ》の暗《やみ》となり、万《よろづ》の妖神《わるかみ》が荒《あば》れ出し何《ど》うにも斯《こ》うにも始末が付かぬ如《よ》うに成りたので天に坐ます天照大御神《あまてらすおほみかみ》様は終《つい》に地球之洞穴《あまのゆわと》へ御隠れ遊ばし、天も地も真の暗《や》みと成つて了ふたので、八百万の神々が地の高天原の竜宮館に神集《かみつど》ひして、艮の金神は思兼神《おもひやりのかみ》となりて色々と苦心の末に天之岩戸を開き天地は再び照明《あきらか》に成つたので在るぞよ。

そこで神々様の協議の結果、素盞嗚尊に重き罪を負はせて外国へ神退《かみやら》ひに退《やら》はれたので、素盞嗚尊は神妙に罪を負ひ贖罪《とくざい》の為に世界中の邪神《じゃじん》を平定遊ばし終《つい》には八岐《やまた》の大蛇《おろち》を退治して、叢雲《むらくも》の剣《つるぎ》を得之《これ》を天照皇大神《あまてらすゝめおほかみ》に奉《たてまつ》られたので在るぞよ。其時に退治された八頭《やつがしら》八尾《やつを》の大蛇の霊が近江の国の伊吹山に止《とゞ》まり、日本武命《やまとたけるのみこと》に危害を加へて置いて元の露国の古巣へ逃《に》げ帰り、色々として世界を魔の国に致す企《たく》みを致して今度の世界の大戦争を初めたので在るぞよ。

日本を一旦は覗《うかゞ》ふたなれど、余り神力の強い国土であるから、海を渡りて支那や、印土を乱《み》だし、露国までも潰《つ》ぶし、モ一とつ向ふの強い国の王まで世に落し、まだ飽き足らいで今度は一番大きな国へ渡り日本の神国を破りて魔の国に致す仕組を致して居るから、日本の人民は日本《やまと》魂《だましい》を研《みが》き上げて、一天万乗《てんばんぜう》の大君《おほきみ》を守り大神を敬まい誠を貫かねば、今の人民の如うに民主々義に精神を奪《と》られて居るやうな事では、今度は八岐《やまた》の大蛇《おろち》に自由自在に潰されて了ふから、日本神国の人民は一日も早く改心致して下されと、クドウ神が申すので在るぞよ。

素盞嗚命は外国へ御出遊ばして一旦は陣曳《じんびき》を遊ばしたので、地の世界に肝心の主宰神《つかさかみ》がなく成りたから、撞《つき》の大神様が元の地の世界を締固《しめかた》めた国常立之尊に改めて守護致すやうにとの御命令が下りたので、夫婦揃ふて一旦潰れて了ふた同様の世界を守護いたして居りたなれど、余り厳しい固苦しい世の治方《もちかた》であるから、八百万の神々が心を合はして天の大神様へ艮の金神根の国へ退去するやうの御願いを成されたので、天の大神様は兎《と》も角《かく》も時節の来るまで差控へよとの厳命でありた故に、神教《おほせ》の通り素直に艮へ退去いたしたので在りたぞよ。

其時から艮の金神は悪神と云ふ名を八百万の神から附けられて悔し残念を堪《こば》り詰《つめ》て来た御蔭《おかげ》で、一旦斯世《このよ》が泥海に成る所《とこ》を受取りて世の立替《たてかえ》の後の立直《たてなほ》しの御用を勤めさして頂くやうに成りたので在るから、何事も時節を待てば、煎豆《いりまめ》にも枯木にも花の咲く事があるから、時節の力くらい恐《おそろし》いものゝ結構なものはないから、人民も物事を急《せ》かずに時節さえ待ちたら何事も結構が出て来るから、辛抱が肝要《かんじん》であるぞよ。

艮の金神が世の初りに地の世界を造り固め、次に夫婦が呼吸《いき》を合して、種々《いろく》の樹木《じゅき》や草を生み出した其間が数万年、夫《そ》れから蛇体《じゃたい》の神計りでは世界の隅々まで細やかに開く事が出来ぬから、八百万の神の知らぬ間に人間を作る事を考がえ終《つい》に夫婦の人間を水と火と土とで造りたのが永い間掛りて苦労致したので在るぞよ。五男三女の八柱神は竜体から変じて生れられたので在れど、普通の人間は土の中で蒸し湧《わか》したので在るぞよ。

今は暗《くらが》りでも人民が安々と出来るやうに世が開けて人民が腹に児《こ》を孕《はら》むやうに容易《たやす》い事になりて居れども、矢張《やは》り艮坤《こんごん》の両神《りようしん》が守護いたさぬ事には猫の子一疋《ぴき》産むと云ふ事は出来ぬので在れども、今の人民は男と女と寄りさへすれば何時《いっ》でも勝手に児が生れるやうに取違いを致して居るから、神の恩と云ふ事を一つも思はぬから、我児《わがこ》が我の自由に言ふ事を聞かぬ様に成るので在るぞよ。我の体内を借りて生れるから、仮に我児《わがこ》と名を附けさして在れど、実際は神が天地経綸《けいりん》の為に道具に使ふやうに生まして在るのじやぞよ。

（「神霊界」大正八年三月一日号）

大正八年二月二十一日

大正八年二月二十一日　旧正月二十一日

艮《うしとら》の金神国常立之尊《こんじんくにとこたちのみこと》が竜宮館《りうぐうやかた》の地の高天原《たかあまはら》の神屋敷に現はれて、天照彦之尊《あまてるひこのみこと》の御魂《みたま》の宿りた言霊幸彦命《ことたまさちひこのみこと》の体内を借りて世界改造《よのたてかえ》の筆先を誌《しる》しおくぞよ。明治二十五年から大出口直《おほでぐちなほ》の手を借りて世界に出現事変《あること》一切を日本の守護神人民に警告《しらし》てをいた事の実地が近よりて来たぞよ。

日本の神国に生れて来た身魂《みたま》は皆日本魂《やまとだましい》の性来《せうらい》が授けて在りて上中下の三段の身魂が天から降して世界を経綸《しぐみ》させるやうに天国の政治が地上に写して、君と臣《をみ》と民とに立別《たてわ》けて在れども、今は世が逆様に成りて居るから、民の身魂が大臣小臣《おほみをみ》となり、大臣小臣《おほみをみ》の身魂が民の位置《くらい》に落ち、其上に八頭八尾《やつがしらやつを》の邪神《じやじん》が守護《しゆごう》いたして、斯世《このよ》を体主霊従《あくや》の行り方に乱して了ふて今の世界の此の惨害《ありさま》、是を何《な》んとも思はぬやうに成りたのは、日本及び世界の人民が皆《み》な四ツ足に欺《ばか》され切つて居るからであるぞよ。世界を経綸《けいりん》する天職の備はりた日本の人民は日本魂が薩張《さつぱ》り抜けて了ふて、九分まで獣畜《けもの》の身魂に成つて居るぞよ。

天地開闢《かいびゃく》の初《はじめ》の世からの約束の時節が参りたから、愚図々々《ぐづ》致して居れんから、今の静まりて在る間《うち》に一日も早く身魂を研《みが》いて居らんと、東の大空から西の谷底へ天の火が降る事が出来《しゅつたい》いたしたら俄《にわか》に栃麺棒《とちめんぼう》を振つてアフンと致さな成らぬやうになるぞよ。それで一日も早く日本魂を研けと申すので在るぞよ。

日本魂と申すものは天地の先祖の神の精神と合一《あわ》した心で在るぞよ。至仁至愛《ぜん》の大精神にして、何事にも心を配り行届き、凶事に逢ふとも大山《おほやま》の如く、微軀《びく》とも致さず、物質慾を断ちて精神は最《いと》も安静な心であるぞよ。天を相手とし凡人と争はず、天地万有山野海川《てんちばんゆうやまぬのうみかは》を我の所有となし、春夏秋冬も昼も夜も暗《やみ》も雨も風も雷も霜も雪も皆我言霊《ことたま》の自由に為し得る魂《たま》であるぞよ。如何《いか》なる災禍《わざわい》に逢ふも艱苦《かんく》を嘗《なめ》るも意に介せず、幸運に向ふも油断せず、生死一如にして昼夜の往来する如く、世事一切を惟神《かんながら》の大道《おほみち》に任《ま》かせ、好みも無く憎《うら》みも為さず、義を重んじて心裏《しんり》常に安静なる魂《たま》が日本魂であるぞよ。常に心中長閑《のどか》にして、川水の流るゝ如く、末に至る程深くなりつゝ自然に四海に達し、我意《わがい》を起さず、才智を頼らず、天の時に応じて神意に随つて天下公共の為に活動し、万難を撓《たゆ》まず屈せず、無事にして善を行《おこの》ふを日本魂と申すぞよ。

奇魂《くしみたま》能く活動する時は大人《だいにん》の行ひ備はり、真の智者となり、物を以て物を見極め、自己《おのれ》に等しからん事を欲せずして身魂共に平静なり。小人《せうにん》なるものは自己を本《もと》として物を見、自己に等しからん事を欲《よく》するが故に、常に心中静かならず、之を体主霊従《あく》の精神と申すぞよ。今の世の中一般の心は皆この心で在るぞよ。

　誠の日本魂のある人民は其意志《こゝろ》平素《つね》に内にのみ向ひ、自己の独り知る所を慎み、自己の力量才覚を人に知られん事を求めず、天地神明の道に従ひ交はり、神の代表となりて善言美辞《ぜんげんびし》を用ひ、光風霽月《こうふうせいげつ》の如き人格を具《そな》へて自然に世に光輝を放つ身魂であるぞよ。心神常に空虚にして一点の私心無ければ、常永《とこしえ》に胸中に神国あり、何事も優《すぐ》れ勝《まさ》りたる行動を好み、善者を喜こびて友となし、劣り汚れたるを憐み且《か》つ恵む富貴を欲せず羨《うらや》まず、貧賤《ひんせん》を厭はず侮《あなど》らず、只々天下の為に至善を尽す事のみに焦心《せうしん》す、是の至心至情は日本魂の発動であるぞよ。我身富貴に処しては君国の為に心魂を捧げ、貧に処しては簡易《かんやう》の生活に甘んじ、慾望を制し仮《いとま》にも他を害せず、自暴自《じばうじ》棄《しつ》せず、天命を楽《たのし》みて自己応分の天職を守る、是が日本魂の発動であるぞよ。

　天下修斎の大神業《だいしんぎやう》に参加する共決して周章《あわて》ず騒がず、身魂《しんこん》常に洋々として大海の如く、天の空《むなし》うして鳥の飛ぶに任すが如く海の広くして魚《うを》の踊るに従ふが如き不動の精神を常に養ふ是が神政成就の神業に奉仕する身魂の行動でなければ成らぬのであるぞよ。

　凡人の見て善事《ぜんじ》と為す事にても神の法に照して悪しき事は是を為さず、凡人の見て悪と為す事にても神の誠の道に照して善き事は勇みて之を遂行すべし。天意に従がひ大業を為さんとするものは一疋《ぴき》の虫と雖《いへど》も妄《みだり》に之を傷害せず至仁至愛《しじんしあい》にして万有を保護し世の乱に乗じて望《のぞみ》を興《おこ》さぬ至粋至純の精神を保つ、是が誠の日本魂の発動であるぞよ。

今度の二度目の天之岩戸開きの御用に立つ身魂は是丈の身魂の覚悟が無ければ到底終りまで勤めると云ふ事は出来んから、毎度《いつも》筆先で日本魂を研いて下されと申して知らして在るぞよ。

今の日本の人民は九分九厘まで日本魂が曇り切りて了ふて居るから、今の人民の所作柄と申すものは薩張り精神を利害のために左右せられて、一寸先きは暗黒であるから、何時《いつ》も心が急《せつ》ろしうて、一寸《ちよつと》の事変《こと》にも狼狽《うろた》え騒《いそ》いで顔の色まで変えて了ふ人民計りで在るぞよ。是では到底日本の神国の人民とは申されんぞよ。

今の人民の精神と申すものは体主霊従《あく》であるから心は平素《いつも》外面《そと》ばかりに走り、人前だけは殊勝らしく慎しみて居れど、内心と申すものは頑空妄慮であるから、少しの事にも微軀《びく》付いて外国の四ツ足に喰《くわ》えて振るやうな難《め》に逢《あは》されて居りても未《ま》だ気が附かぬ厄介な人民であるぞよ。

今の人民は霊界の事実《こと》が頭から少《ちつ》とも解《わか》りて居らんから、万古末代生き通しの真理を弁《わき》まへず、現世《このよ》でさえ立派に暮したら死後は堂でも構はぬと云ふ一般の馬鹿な身魂で在るから、天地神明の御威光も畏《おそ》れず、現世《げんざい》の富貴安逸快楽のみに心を奪《と》られて貧《まづしき》を蛇蝎《だかつ》の如くに忌み嫌い、精神が腐ろうが天則を外そうが其んな事には毛程も心配いたさず、黄金万能主義の信者に落ち込み、国家の為に身命を捧げんとする真人《もの》を馬鹿ものゝ如《よ》うに詈《のゝし》り嘲《あざけ》り、死ぬ事を厭《いと》ひ下らぬ体慾に耽《ふけ》りて、肝心の天の使命の降つた神の生《い》き宮《みや》の身魂である事を忘れて居るから、世界は日に増しに悪事災害が発生いたすので在るぞよ。

少し順境に向えば千年も万年も生き度《た》いと申し、少し逆境に落つれば直《たゞち》に斯《こ》の結構な神国を畏れ果敢《はか》なみ、名聞《なきく》に恥るが故に誠を忘れ利慾に眼眩《まなこくら》みて義を弁《わきま》へず天命を覚らず、自己《おのれ》よりも富貴の人を羨《うら》やみ且つソネミ、自己よりも貧賤なる人を侮り軽蔑《さげす》み凌ぎ苦しめ、才智芸能の自己より勝れたる人に従ひ学ぶ事を為さず、却て之を譏《そし》り自己の足らざるを補ふ精神毫《ごう》もなく、善かれ悪かれ自己を賞め、且つ自己に追従《ついせう》するものを親しみて害毒を招き遂に又た之を悪《にく》み智者賢者に問ふ事を愧《は》ぢて一生無知愚鈍の生活を送る憐れな今の世界の人民の度根性で在るから、何時までも世の中が暗黒界《くらがり》で、我と我手に要《い》らん困難を致す人民計りで、神の眼からは可哀相で見て居れんから、今度は神が表に現はれて世界の人民の目を醒《さま》して改心さして結構な神代《かみよ》に立直すので在るぞよ。

余り世界の曇りやうが激しいから、神界も中々骨が折れるぞよ。世界の人民の中の悪の身魂を平《たひら》げて了ふて、世の立直し致すのなれば容易《たやすい》なれど神は世界の人民を一人《にん》もツ、ボに致し度《と》もないから、色々と申して永らく出口直の手で警告《しらし》たので在れども、余り何時までも守護神人民が聞いて下さらぬと止《や》むを得ずの事に致さねば成らぬから、神も中々辛《つら》い思ひを致して居るから、日本の人民ならチットは神の心も推量いたして早く身魂を研いて神国の行動《おこない》を為《し》て下されし。何時までも神は人民に説き諭して居る暇《いとま》がないから、改心いたすなら今の間《うち》であるぞよ。

今の人民の心に合ふやうな行為《おこない》は誠の神の心に叶はず、神の心に叶ふ行為いたす人民は俗悪世界の鼻の高い人民の心に叶はぬから、腰の弱い日本魂の腐りた人民は残らず今の世界の人民に従《つ》いて了ふて、譬《たと》え天道に叶はぬ事でも世界の人民の善いと申す事は靡《なび》くなり、天道に叶ふた結構な事業《こと》でも世界から悪く言はれたら直《す》ぐに止《や》めて了ふなり、只眼の前の名利を求め、形の慾に迷ふて天津誠を知らず、故に斯の結構な地の高天原の誠の教《をしへ》を迷信教とか、怪宗とか、危険集団とか申して、新聞にまで書いて悪く申すので在るが、今の俗悪世界の新聞などに良く言はれる様な世間向きのする教で在りたら却て斯の大本の教は悪の教であるぞよ。悪く言はれて良く成る経綸《しぐみ》であると明治二十五年から知らして置いた事の実地が出て参りたので在るから、世間から悪く言はれる程此の大本の教は結構になるので在るぞよ。

今の人民は人から褒《ほ》められると過ぎた事でも大変に歓こび且つ人にほこり高振りたがり、又自己《おのれ》を譏《そし》るのを聞いては実際なれば驚き周章《あわて》て顔の色まで蒼くし無い事を譏られると大変に立腹いたして名誉恢復《かいふく》の訴訟を起し、自己の過失を飾り、又は隠し非を遂げて改心する事を知らず、自己の心の邪悪なるを知りつゝ人が賞めて呉れると自己の邪悪は誰も知らぬと気を赦し、自己の欲する事は譬え少々罪悪《つみあく》なりと承知しながら善人の諫言《れんげん》を耳に入れず却て其誠の人を悪人扱ひに致すやうに成りた今の世の中であるから、況《ま》して誠の神の申す事は聞きさうな筈はなけれども、天から貰ふた直霊《ちよくれい》の御魂《みたま》にチットは尋ねて見たら神の申す事は解らねば成らぬ筈で在るぞよ。結構な直霊《たま》を我身に抱え乍《なが》ら、小人罪を作りて知らぬとは余りで在るぞよ。

　間《ま》がな隙《すき》がな人の非事を探したり、人の名誉を毀《きづゝ》けて自己《おのれ》の眼識が高くなつたやうに考がへ且つ又たそれを偉いやうに思ふて自慢を致したり、天道に背いて俗悪世界の名誉を求めたり、義に背いて利己主義を立貫《たてぬ》き高貴に媚《こ》びへつらい、以て我身の栄達を計り人の目を眩まして利を企《たく》み、浮雲の如き富貴を希望して一生懸命に心身を労し、終《つい》には子孫断絶の因と成るを覚らず、我霊魂《みたま》の永苦《えいく》を省みず、只現在に於てのみ自己在る事を知つて人在る事を知らず、自己に利益あれば公道を破り、人を害《そこの》ふをも顧《かへり》みずして近きは其身を亡ぼし、遠きは其家を亡ぼす事を知らず、我程の立派な利発ものはなしと慢心して獣族《けもの》境界に安んじ、親子兄弟他人の区別もなく、利害の為には互に敵視する今の世の中の有様。此《こん》様な没義道《もぎどう》な汚《けが》らはしき世が何時までも続きそうな事はないぞよ。此世が何時までも此調子で行く如うな事で在りたら天地の間は神は一柱もないので在るぞよ。

　今度は地の高天原の竜宮館から天地に神が在るかないかを明白《あきらか》に解《わ》けて見せて、世界の人民に改心さして松の世ミロクの神代《かみよ》と致して、世界一列勇んで暮すやうに世を替へて了ふのであるぞよ。夫《そ》れに成る迄に世界の黄泉津比良《おほとうげ》坂が在るから、今の世の中の精神を根本《こつぽん》から立替て了ふて誠の日本魂に立帰り、神国成就の御用を勤めて、末代神国の名を残して下され、神が誠のものにはドンナ神力も蔭から渡して与《や》るぞよ。一日も早い改心が結構であるぞよ。

明治二十五年からの筆先は充分に腹へ入れて見て貰はぬと、大変な取違いを致すものが出来るぞよ。

この綾部へ出て来ねば神徳が貰えんやうに思ふて、一家を挙げて移住したり、今迄の結構な職業まで捨てたり、学校を退学したりして迄大本へ出て来るやうな事は神慮に叶はぬぞよ。大本の祝詞《のりと》の中にも学びの術《わざ》に戦《いくさ》の法《のり》に益々《いやます》も開け添はりて玉垣の内津御国《うちつみくに》は細矛《くわちほこ》千《ち》足国《たるのくに》心安国《うらやすくに》と云々《うんく》と出てあらうがな。学びの術《わざ》を捨《すて》てまで信心いたせとは申さんぞよ。それとも事情止むを得ぬ事があれば仕方はなけれども、悔しい残念を忍耐《こば》ることの出来んやうな身魂でありたら到底神の御用どころか我身一つさえも修まらんぞよ。

是から大本の中も充分気を附け合ふて落度のなき様に心得て下さらんと斯の結構な神国の教の名を汚す事に成りて却て世界から悪るく申されても弁解の出来ぬ事が出来《しゅったい》するぞよ。此の大本の名を汚すものは大本の中から出現するぞよ。

外部《そと》からは指一本さえる事は出来ぬ完全で在《ある》と毎度筆先に出て知《しら》したが余程是《こゝ》からは何彼《なにか》の事を気配《きくばり》いたして神の教に背かぬ様に善一筋の行ひを致して神の善き名を出《だす》やうに致して下されよ。何も分らずに人民の心の騒ぐ様な事を申《もうす》で無《ない》ぞよ気を附るぞよ。

（「神霊界」大正八年三月一日号）

大正八年三月七日

大正八年三月七日旧二月六日

国常立尊《くにとこたちのみこと》が変性女子《へんぜうによし》の手を藉《かり》て、世界改造《よのたてなをし》の次第を書きおくぞよ。明治二十五年から神政開祖大出口直《おほでぐちなを》の手を借り口を借りて、警告《しらし》た事の実地が現はれる時節が参りたぞよ。

伊勢神宮《いすらえる》の五十鈴川《いそすゞがは》の十二の支流《わかれ》も今までは、其源泉を知らなんだなれど、弥々《いよ〳〵》天の岩戸を開く時節が参りて来たから、斯《こ》の清き流《ながれ》の末の濁りを、真澄《ますみ》の鏡の言霊《ことたま》に清め改め、世界を十二の国に立別《たてわ》け、一つの源《もと》の流れに立直し、十二の国を一つの神国の天津日嗣《あまつひつぎ》の神皇《きみ》様が、平らけく安らけく治め玉ふ松の御代に立代《たてかへ》るに付て、神政開祖《よはね》の身魂《みたま》に二十五年に渡りて、人民の身魂を五十鈴川《いすゞがわ》の流に洗い清めて、漸《よう》やく大正六年からは一段奥の鎮魂帰神《ちんこんきしん》の神法に依り、変性女子の御魂《みたま》を御用に立てゝ、艮《とゞ》めの経綸《しぐみ》に使ふて在るなれど、今の世界の人民は、間口の広い奥行の短かい、学斗りに迷信いたして、斯世《このよ》は物質的学さえ修めたら、世界は安全に治まる如《よ》うに取違い斗り致して居るから、天地の元の先祖の申す事はチットも耳へ這入《はい》らず、却て反対に迷信いたして、世界を恐喝《おどす》やうに悪《わ》るく誤解《とり》て、種々《いろ〳〵》と斯大本を世間から攻撃いたす者も出来て居るなれど、誠の神はソンナ少《ちい》さい事に往生は致さんから、今に実地を世界へ表はして見せて与《や》るから、何なりと申して反対いたすが良いぞよ。是でも今に大本の教《をしえ》の誠が天晴《あっぱ》り判明《わかり》て来るから、判明て来たら又手を曳き合ふて日本の為世界の為に活動いたすぞよ。

今は精神界が暗黒《くらやみ》で何も判らんから、色眼鏡《いろめがね》を掛けて、新聞屋までが色々と浅い観察を世の中へ触れて呉れるなれど、是も神界の予定の経綸で在るから、今の新聞雑誌は一生懸命に面白がつて悪言を書並べて居るなれど、是も知らず〱に神界から使はれて、神の御用を致して居るので在るから、中々御苦労な御役で在るぞよ。明治二十五年から出口の手で、新聞に一旦はトコトン悪く言はれて、跡で良く成る仕組じやと申して、筆先で永らく知らした事の実地が参りたので在るから、神界の経綸通りが廻りて来たのであるぞよ。

是からは日に増《まし》に日本魂《やまとだましい》の研《みが》けた守護神人民が、地の高天原へ参りて来て三千年の経綸の御用をいたすから、此の大本の内部《なか》の役員は充分に日本魂を研いて、神国成就の御用に立ちて下されよ。誠の者は神界から国々に配置《まくば》りてあるから、段々と引寄せるから、是からは眼が廻る程この大本は急がしく成るぞよ。

何程世界から悪く申されても、肝腎の大本に誠の行為《をこない》さえ致して居りたら、世界中が一塊《ひとかたまり》に成りて参りても微軀《びく》とも致さぬ教で在れども、今の世界の人民に何程良く言はれて賞《ほめ》られても、誠の教が腹へ這入《はい》らず、誠の行為が出来て居らなんだら神界から赦《ゆる》さんから、心得た上にも心得て、日本神国の人民相当の行為をいたして、日本の国を擁護《まもり》、神と皇上《おかみ》とに安心を為《し》て戴く、誠の行状《をこない》を為《さ》せる、世界の大本で在るぞよ。

今の世界の人民の精神を改造いたして置いて、世界の改造に掛る経綸であるから、日本の人民は一日も早く神の洪恩《こうをん》を弁《わきま》へ、皇室の尊厳と国家の大使命と国民の天職を覚つて、誠の日本魂に立帰り、一番に此の神国を修斎し、次に国民一致の神力で外国を平らけく安らけく治めて与らねばならぬのが、日本人民の神から与へられた大使命であるなれど、今の日本の人民は肝心の国体の精神を忘れて、外国の精神に誑《だま》されて了《しも》ふて居るから、日本の国では絶対に天地が潰れても用ゐられん、民主々義を唱へる鼻高《はなだか》が出来て来て、何も知らぬ日本の人民が学者の申す事を信じて、夫《そ》れに附和雷同して約《つま》らん事を致すやうに曇りて了ふて居るから、今が世界の性念場《せうねんば》であるから、神が永らく苦労いたして、人民に気を附けるので在るぞよ。

○

天《てん》の大神《おほかみ》様の五六七《みろく》の御守護《しゆごう》に成るに付て、一旦三千世界の大洗濯が初《はじま》りたら、斯世《このよ》が根本《こつぽん》から覆《かへ》りて了ふて、元の泥海に成るより仕様が無い所《とこ》であれども、艮《うしとら》の金神《こんじん》が世の元から悔し残念を堪忍《こばり》つめて蓄へて来た一輪の神力《しんりき》で、斯世を受取て、善一《ぜんひ》と筋《すじ》の誠の神世《かみよ》に致すのであるから、第一番に世界の人民の御魂《みたま》を改造《たてかへ》ねば成らぬから、中々の大事業《たいもう》であるぞよ。

今の世界の人民は、元の神から分けて貰ふた結構な身魂《みたま》を、残らず汚《よご》して了ふて、虫の息同様に成りて居るから、之に神力を渡して、生きた神国の御用を致させる経綸《しぐみ》であるぞよ。今の人民の肉体は、生きて体主霊従《あく》の身魂で活動いたして居れども、肝心の本霊は物慾に圧《をさ》えられてチットも活動いたさぬから、生きて動く死骸《しかばね》であるから、今の世界の人民の身魂に生命《いのち》を与へて、天地経綸の御用を致させる大本の教《をしへ》であるぞよ。

今の世界の人民は人生の本義を知らぬから、衣食住の物慾斗りに迷ふて、自分から肝心の人格を殺して居るものが七分あるから、艮の金神が明治二十五年から、世界の人民は今に三分に成ると申して置いたが、此の神の申《もうし》た通り、今の人民は人民としての資格が亡びて了ふて、誠の生命人格を保つものは、世界中平均《ひきなら》して二分も面倒《めんど》いぞよ。

今の人民は神の生き宮であると云ふ人生の本義を忘れて、野獣の如《よ》うな精神に堕落《おち》て了ふて居るから、人三化七《ばけもの》ばかりで誠の天職を弁《わきま》へた誠の人民は二分より無い事に、神界から見ると亡びて了ふて居るから、艮の金神が天地の神々へ御詫を致して、悪の身魂を善に生かして、穏《をだや》かな松の世至仁至愛《みろく》の神代《かみよ》に改造《たてなを》すので在るから、斯大本へ引寄せられた身魂は、神代から深い因縁があるから、天下の憂ひに先だつて憂ひ神国成就の大神業《だいしんげう》を補助《たすけ》る天からの役目であるから、普通の神信心とは根本からの相違であるから、一身一家の勝手な利己的《われよし》の信仰者《しんじゃ》は、世の元の神の気勘《きかん》に叶はんので在るぞよ。

世の改造《たてかへ》に就て、今度は二度目の天の岩戸が開けるのであるから、開けたら一旦はドンナ悪の身魂でも神の仁愛《めぐみ》で、霊肉《みたま》共に助けて与《や》る仕組であれども、余り何時《いつ》までも体主霊従《あくごと》の改心が出来ぬと、止《や》むを得ずの事に成るから、神は一人《にん》もツ、ボには落し度《たく》もないから、早く改心いたして下されよ。体主霊従《あく》の守護神が改心いたしたら、其人《そのにん》の本霊《ほんれい》は歓こんで誠の道を守るやうになるから、身魂に生命《せいめい》が出来て来るぞよ。

今の人民は八分まで生きた死骸《しかばね》であるぞよ。御魂《みたま》さえ生きて働けるやうに成りたら、仮令《たとへ》肉体は亡びて居りても、神国の結構な生きた人民であるぞよ。生きた国家の守護神であるぞよ。艮の金神は三十年で世の立替立直《たてかへたてなを》しを致す仕組で在りたなれど、余り改心が出来ぬので立替だけにに三十年かゝるから、後の立直しが十年も延びたから、夫《そ》れだけ世界の物事が遅れて来たから、一日でも早く神国成就いたすやうに、各自《めんめ》の身魂を此の大本の中から立替立直して、三千世界へ鏡に出して貰はねばならぬぞよ。この大本は世界の鏡で在るから、善悪ともに世界へ写るので在るから、大本から一番に水晶に研いて下されと、永らくの間出口の手で気が附けて在りたぞよ。

一日遅れても世界は大変な困難であるから、地の高天原《たかあまはら》へ立寄る役員信者から早く改良いたさぬと、天地の神々様へ対して申訳《もうしわけ》の無き事になるぞよ。筆先の取違いたして居る役員信者が、此の大本の中にも大分《だいぶ》あるが、是は慢神が強いから大間違いが出来《しゅったい》するので在るぞよ。それで明治二十五年からの筆先を、十分に腹へ入れて下されと、クドウ申して在るぞよ。神の心と人民の心とは大変な相違であるから、誠の人民は神の心を汲み取りて、神心に成りて下さらぬと、神界の誠の経綸は到底判りは致さぬぞよ。

役員信者の間違ふた言葉や行動《をこない》が、斯の大本の教の名を傷《きづつ》け、神の名を汚し、経綸の邪魔を致すので在るぞよ。外部《そと》からは指一本さえる事の出来ぬ、立派な天地へ一貫した教であれども、獅子身中の虫が大本の中に発生《わい》て、大本を破るのであるから、皆の御方心得た上にも心得て、獅子身中の虫に成らぬやうに致して下されよ。自分《われ》から誰も獅子身中の虫に成らうと思ふものは無けれ共、知らず〳〵の間に神の教の大元を誤解《とりちがい》いたして、間違ふた事を申したり、変な行動《をこない》を致して良い気に成りて居るから、神界の却て邪魔をいたすので在るぞよ。一生懸命に神の御用を致したと想ふて居る人民ほど取違いが多いので在るぞよ。

綾部の大本は今が一番大事の大峠であるから、皆の役員信者が誠の日本魂を発揮して、天地に代る大活動の時期であるぞよ。此の大本の中の規則が定《さだま》りて神から見て是で結構と申すやうに成りたら、神は其処《そこ》で天晴表面《あつぱりおもて》に成るなれど、大本の規則が規《き》まりて、善一ト筋の行いが出来ぬ先に表面《おもて》に成りた処《とこ》で、皆の者が栃麺棒《とちめんぼう》を振る斗りであるぞよ。神は早く表に成りて、現界で活動いたしたいなれど、今ではモチト大本が定まらんから、早く何彼《なにか》の行方《やりかた》を変えて下されよ。神《かみ》急《せ》けるぞよ。

（「神霊界」大正八年三月十五日号）

大正八年三月八日

大正八年三月八日旧二月七日

天に坐《まし》ます日の大神様は、天地初発《しよつぱつ》の時から、世界万物を造りて之を愛護し給ひ、永遠無窮《とこしえ》に光りを与え、地の世界を照らして御守護《しゆごう》遊ばすなり、五六七《みろく》の大神様は人民よりも下《し》たに降りて、地の在らむ限り、遺《のこ》る隈《くま》なく、隠れて御守護下され、何一とつ自由と云ふ事も成さらずに、万物を養育遊ばして御座るなり、地の固成主《かためぬし》なる国常立尊《くにとこたちのみこと》は、坤《ひつじさる》の根神豊雲野尊《こんじんとよくもぬのみこと》と水火《いき》を合はして、夫《そ》れ〴〵の守護神に御苦労に成りて地を固め締め、一旦は地の世界の主宰者《つかさ》と成りたなれど、八百万《やほよろづ》の神の為に永らくの間神の世一代艮《うしとら》へ押込められて、隠《かげ》から斯世《このよ》を守護いたして居りた事の、誠の精神と行状《おこない》が天地の大神様の御眼《おめ》に留《とゞ》まりて、再び地の世界の神界を守護いたすやうになりたのは、誠に神は満足であれども、是だけに乱れた世の中を、善一とつの神代の神政《しんせい》に改造《たてなを》すのは、中々大業《たいもう》で在るから、昔の神代《かみよ》に艮の金神と共に世に落された神々を、今度の天之岩戸開きの御用いたさす為に、世に上げて神政成就《たてなをし》の御用に使ふから、其神々の名を上から上から表はして置くぞよ。

国常立尊の侍従長《わきだち》を勤めたのは、右が猿田彦命《さるたひこのみこと》と猿田姫命《さるたひめのみこと》の夫婦なり、右の侍従《つき》が八雲《やくも》立命《たつのみこと》と出雲姫命《いづもひめのみこと》の夫婦なり、左の侍従長《わきだち》が真心彦命《うらひこのみこと》と事足姫命《ことたるひめのみこと》の夫婦なり、左の侍従《つき》が国彦命《くにひこのみこと》と国比女命《くにひめのみこと》の夫婦の神でありたぞよ。

其他に沢山の附々《つきぐ》や眷属は在りたなれど、時節に応じ、手柄に由りて、次々に名を表はすぞよ。

天の規則が破れた始《はじま》りは、真心彦命の最も愛して居りた百照彦命《ももてるひこのみこと》に春子姫命《はるこひめのみこと》と申す妻がありたが、真心彦命は愛情深き神で在つたが、終《つい》には百照彦の命の妻の春子姫に手が掛り、不調法が出来たので、天の大神様から役目を御取上げに成つたのであるぞよ。真心彦命は事足姫命と申す妻神《つまがみ》が在りて、広心彦命《ひろむねひこのみこと》、行成彦命《ゆきなりひこのみこと》と云ふ二柱の神子《みこ》が出来てあるにも関はらず、情けに耽《おぼ》れて春子姫との間に怪しき行為《おこない》が結ばれたので、天の大神様から天の規則破りの罪として、国常立尊の侍従長《わきだち》を退職されたので、真心彦命は自分の失態を愧《は》ぢて終に国替を致されたので在るぞよ。

そこで八百万《やほよろづ》の神々も其心事を気之毒に思召《おぼしめ》されて、種々《いろく》と持てなしを成されて、長男の広心彦命が父神《ちゝ》の後を継ぎて、左の侍従長《わきだち》と成り、仁愛を以て下《しも》を治め、一時は天下泰平に世が治まりて、国常立尊の威勢も揚《あが》りたので在りたぞよ。

然る所に未亡神《みぼうじん》なる事足姫命は、夫神《おっと》の御心情も察せずに、春永彦命《はるながひこのみこと》と云ふ後の夫を持ちて、桃上彦命《もゝがみひこのみこと》を生み、夫婦の神が中良《なかよ》く暮して居りたが、是が大変に天の規則に照して面白く無き行為《をこない》で在るぞよ。

桃上彦命は非常に下《しも》を憐む、精神の善き神でありたから、種違いの兄《あに》神の広心彦命も大変に安神《あんしん》いたして、自分の副神《さしそえ》に任じて、神界の御用の祐《たす》けを為《さ》せて居りたが、桃上彦命は月日の経つに連れて、始めの善良なる精神が狂ひ出し、上の神の命令も聞かず、外神《かみぐ》の難儀も顧《かへり》みず、終《つひ》には慢神益々増長して、兄神《あにがみ》の権利と地位を占領し、只管《ひたすら》下斗りの機嫌を取る事に而已《のみ》心を砕きたるが故に、下の神々は恩に馴れて安楽な道ばかりに傾むき、誠の天則を守る神の教に反対いたし出し、神界の政治は上げも下《お》ろしも成らぬ如《よ》うに成り果て、終《しまい》には重立《をもだち》たる侍従《つきく》神もチリ〳〵破乱《ばら》〳〵に世に押込められて了ふて、国常立之尊は枯葉を断《き》られた大樹の如うに致されて了ふたので在るぞよ。是が此世に体主霊従《あく》と申す事の初りであるぞよ。

○

真心彦《うらひこのみこと》命の未亡《みぼうじん》神なる事足姫《ことたるひめのみこと》命は、貞操を破りて春永彦《はるながひこのみこと》命と云ふ後の夫神《をつとがみ》を持ち、其間に生れた桃上彦《もゝがみひこのみこと》命で在るから、初めの間は大変に円満な神で在つたなれども、母の規則破り、不貞操の水火《いき》が伝はりて居るから、終《しまい》には勝手気儘な精神が現はれて、野心を起し、天地の経綸《しぐみ》を破りたので在るから、神は猶更、人民は神に次《つい》での結構な身魂《みたま》であるから、夫婦の道を大切に守り、一夫一婦の規定を守らぬと、終《つい》には身を亡ぼし、家を破り、国家に害毒を流して、天地の規則破りの大罪人に落ちて苦しまねば成らぬ事が出来《しゆつたい》いたすぞよ。

事足姫命の不貞操な行状《をこない》が元に成りて、神界が一旦乱れて了ひ、次に人民の世界が今の如《よ》うに乱れて来たので在るから、悪と云ふ行為《をこない》は毛筋も今度は無きやうに、水晶の神世《かみよ》に立直すので在るから、皆の人民は互に気を注《つ》け合ふて心得て下されよ。

取返しの成らん事が出来いたすぞよ。斯《こ》の天則を破りた二柱神の子の桃上彦命が、大野心を起して、下々《したぐ》の神に対し贔負《ひいき》を取らんとして、八方美人主義を非常に発揮したる為、下《しも》は之に馴れて上《かみ》の命令を一《ひとつ》も聞かぬやうに成りたので、他の善神《かみ》から大禍津美命《おほまがつみのみこと》と名を付けられたので在るぞよ。この桃上彦命は八十《やそ》猛彦《たけるひこ》と百武留彦《もゝたけるひこ》を殊《こと》の外《ほか》寵愛し、両神を願使《つかい》て益々自己《われ》の野心を遂行いたし、自由自在に斯世を持荒らしたが為に、今に世界が体主霊従《あく》の身魂斗りに成りたので在るぞよ。

それから国常立尊の左の侍従《つき》を勤めて居りた、国比古之命《くにひこのみこと》は侍従長《わきだち》の真心彦命の国替に由り、首長《かしら》の無くなつたのに気を赦《ゆ》るし、自由自在の自己主義《われよし》の行《や》り方を致して世に現はれ、大権力を振り舞はし、終に世界を乱して了ふたので在るぞよ。

国比古命と国比女命《くにひめのみこと》夫婦の間に三柱《みはしら》の神子《みこ》が生れて、長子を真道知彦命《まみちしるひこのみこと》、次子を青森行成《あをもりゆきなり》彦命《ひこのみこと》、三子を梅《うめ》ヶ香《か》彦命《ひこのみこと》と申す名が附けてありたぞよ。

此の三神の兄弟は、父母の神に似ぬ厳格にして、智仁勇兼備の善良な神で在るから、父母両神に度々兄弟が交る〳〵意見を致したなれど、少しも聞入れなき故に、何《いづ》れも時節を待つて父母の改心を促がさんと、古き神代の昔より、堪《こら》え〳〵て貯えし、誠の花の咲く世に成りたから、今度の二度目の天之岩戸開きに就て、国常立之尊の大神業《だいしんげう》を輔《たす》け、父母の大罪を償はんと、一生懸命に兄弟の神が力を合はして活動いたして居れるぞよ。

○

広心彦命《ひろむねひこのみこと》と行成彦命《ゆきなりひこのみこと》は、真心《うら》彦命《ひこのみこと》と事足姫命《ことたるひめのみこと》と夫婦の間の神子《みこ》であるぞよ。桃上彦《もゝがみひこの》命《みこと》は未亡神《みぼうじん》事足姫命と、後添《のちそひ》の夫神《をつとがみ》春永彦命《はるながひこのみこと》の間の神子であるぞよ。

○

広心彦命《ひろむねひこのみこと》は桃上彦命《もゝがみひこのみこと》の為に、非常なる困難の地位に落ち、筆紙《ひつし》に尽されぬ程の艱難辛苦《かんなんしんく》を致した神であるぞよ。

其原因は父神の真心《うら》彦命《ひこのみこと》が大罪を犯して天則を破り、侍従長《わきだち》の重職を退き、且つ神去《かみさり》ましたので、忠孝仁義に厚き広心彦命は、昔から貯えた善の神力《しんりき》で、天地の神の稜威《みいづ》を輝やかし、天地万有を安きに救ひ、且つ父母両神の大罪を償はんと思召《おぼしめ》しての、御艱難《かんなん》を為《し》て居れるぞよ。此神は至善至愛の身魂《みたま》であれど、其温順なる身魂の性来として厳しき事を申すのが嫌《いや》で在つた為に、異父弟《をとうと》の桃上彦命の乱政を戒め、改めしめる事が出来なんだのが、此神の一生の失敗でありたぞよ。それで此の大本の教《をしへ》は、天の規則に外《は》づれた事は、容赦なく厳しく申して戒める御道《おみち》であるから、情義にからまれて天の規則を外《はづ》す事は出来ぬぞよ。

桃上彦命の行《や》り方が天則に外《は》づれて居りた斗りに、下々が段々と増長して、君、大臣《おうみ》、小臣《おみ》、民の四階級を破壊して了ふたので、八百万《やほよろづ》の真の神々が忍び兼て、各自《めんめ》に退職を致されたので、神界の政治は如何《いかん》ともする事が出来ぬやうに成りたので在るぞよ。

そこで広心彦命は弟神《おとうとがみ》の行成彦命《ゆきなりひこのみこと》と力を合はせ、心を一にして天則を厳守し、回天の事業を起し、完全に神代《かみよ》を改造せんと焦慮《せうりよ》せられたなれど、安逸なる放縦神政《よのやりかた》の馴れたる神々は一柱も賛成なく、天地は益々暗黒界と成り、上げも下ろしも出来ず、万妖億邪《わざわい》一度に突発したので、国常立尊《くにとこたちのみこと》の侍従《つき》の役を勤めた、猿田彦命《さるたひこのみこと》の妻神《つまがみ》なる猿田姫命《さるたひめのみこと》と、八雲立命《やくもたちのみこと》の妻神なる出《いづ》雲姫命《もひめのみこと》が、非常に心を配り身を竭《つく》し、神政改造の為に在るに在られん数十万年の永い間の御艱難を成されて、今に神界で大変な御活動に成つて居られるが、今に苦労の花の咲くやうに成りて来たから、今度は苦労の凝《かたま》りで、万劫末代萎《しほ》れぬ結構な生花が開くから、世界の人民は是を見て一日も早く改心致して、君国の為に出来るだけの苦労を勇んで致して、日本魂《やまとだましい》に立帰り、神国成就の為に真心を尽して下されよ。後にも先にも無き結構な天地の岩戸が開くのであるから、日本の人民は一人《にん》なりとも余計に改心して、岩戸開きの御用に身魂を捧げて下されよ。末代名の残る事であるぞよ。

猿田彦命と猿田姫命の間に、三柱の神子《みこ》が生れて、長女が杵築姫命《きづきひめのみこと》、次女が朝子姫命《あさこひめのみこと》、三女が猿子姫命《さるこひめのみこと》と申すぞよ。天の規則が破れて、神政が潰滅《ほろび》た際に、猿田彦命は妻神の意見を聞かず、却つて大《おほい》に立腹せられ、三柱の姫神を引連れて天上に昇りて了ふた、神政に冷淡なる神であるぞよ。茲《こゝ》に猿田姫命は思ひ掛けも無く夫神《をつとがみ》と三柱の大切な姫神とに生き別れの辛酸を嘗《な》められた、気の毒な神であるぞよ。

猿田姫命は悲歎《ひたん》行《や》る方なく、天を仰ぎ地に伏して、猿田彦命に天より降《くだ》り玉ひて、此の乱れた神代を改造し給へと、一生懸命に歎願致されたなれど、一徹短慮の猿田彦命は妻神の言《ことば》に耳を籍《か》さず、三柱の姫神までも地へ降されなんだのであるぞよ。

茲《こゝ》に広心彦命は猿田姫命の窮状を察し、一方の力に成らんと、弟神の行成彦命と相談の上、猿田姫命に向ひて申さるゝには斯《こ》の騒動は吾々にも大責任あり傍観する時に非ず、貴神《あなた》の国土の為に心を砕きなさるのを御助け申上げたいからと、兄弟の神が心を一つに致して漸く苦心の結果猿田姫命の一時の困難を助けた誠に至善なる神でありたぞよ。

○

茲《こゝ》に猿《さる》田《た》彦命《ひこのみこと》は天上に昇りて、自由に神政の経綸《しぐみ》を為さんとすれど、元より妻神を見捨てられし位の気儘《きまゝ》な神で在るから、真《まこと》の日本魂《やまとだましい》が欠けて居る為に、事志《ことこゝろざし》と相違し、中界の魔神《まじん》とまで成り果てたのであるが、高天原《たかあまはら》の岩戸が開けて後、皇孫二二岐命《こうそんににぎのみこと》が豊葦原《とよあしはら》の水穂国《みづほのくに》に、天《あま》照皇大神《てらすおほかみ》の神勅を奉じて地上に降臨あらせらるゝに際し猿田彦大将軍と成りて、中界の魔軍を数《あま》多《た》召《よ》び集《つど》へ、天《あま》の八街《やまた》に出でゝ、皇孫降臨の途《みち》を塞《ふさ》がんと為したるを、神代の女傑神天宇受売《あめのうづめ》命《みこと》の為に矛を返して皇孫《くわうそん》に帰順し、悪心を翻《ひる》がへして忽《たちま》ち善良の神となり、皇孫の御先導となりて、筑紫の国の櫛振《くしふり》の峰に送り仕え奉《まつ》られたのであるぞよ。

此の天宇受売命は元来は出雲《いづも》姫命《ひめのみこと》の変化《へんげ》の神でありたが、天の規則が破れた折に、何なりとも善を尽し義を立てゝ、神国の麻柱《あなゝい》の道を立てんと焦心せられたなれど、何分にも肝腎の大本元《だいほんげん》が破壊されて在るのであるから、真実《まこと》の神業は成功する事に至らずして、大正の御代《みよ》の今日まで忍耐をいたして居れたが、此の神の誠の活動が成就するのは今後《これから》であるぞよ。

広心彦命《ひろむねひこのみこと》も非常に苦心致され、天《あめ》の下を平《たひら》けく安らけく治め玉ふ現人神《げんじんしん》の、隠《かげ》から御守護を致して居れど、今に誠の事は成功致さず、小さい国の一つ位いでは未《ま》だ十分の満足が出来ぬので、科学の力を借りて三千世界を開かうと思召《おぼしめ》し、〇〇を用ゐる程益々体主霊従《あく》が盛んになりて来て、世界が段々と乱れる斗りで、上げも下ろしも成らぬやうに成りたなれど、昔の神代《かみよ》の時代から絶えずに国土を思ひ、神君を大切に思はれた誠の在る神であるから、今度の二度目の世の元の生き神が、揃ふて艮《うしとら》の金神《こんじん》の配下で艮《とゞめ》の御用を致さるゝに就て、神代からの順次を明白《ありやか》に立別《たてわ》けて御用に掛りて居れるぞよ。世界の人民の昔からの因縁の判る時節に成りたから、誰に由らず改心が一等ぞよ。

（「神霊界」大正八年三月十五日号）

大正八年三月十一日

大正八年三月十一日旧二月十日

艮《うしとら》の金神大国常立尊《こんじんおほくにとこたちのみこと》変性男子《へんぜうなんし》の身魂《みたま》が、竜宮館《りうぐうやかた》の地の高天原《たかあまはら》に現はれて、五六七《みろく》の神政《よ》の御用を致さす、天照彦之命《あまてるひこのみこと》の憑《うつ》りて居る、変性女子《へんぜうによし》の身魂の言霊幸彦命《ことたまさちひこのみこと》の手を借りて、何《なに》彼《か》の神示《こと》を書きおくぞよ。

日本は豊葦原《とよあしはら》の中津国《なかつくに》と申して、世の本の誠の天地の先祖が、初発《しよつぱつ》に創造いたした結構な元の神国であるから、此の神国に生れた人民は、外国の人民よりは一層勝《すぐ》れた身魂が授けてあるなれど、世界が段々と降《くだ》るに連れて、肝心の元の因縁を忘れて了ふて、今では外国人と同じやうな身魂に化《な》り切《きり》て、後も前《さき》も解《わか》らぬ惨《むご》い状態《こと》に世が曇りて居るなれど、日本の人民に我天職が判る者が無いから、物質上の発明は皆外国人の専有物の如《よ》うに思ひ、外国ほど文明な国は無いと、大変に崇敬致して居るが、其れが八尾八頭《やつわうやつがしら》の身魂に誑《たびら》かされて居るので在るから、日本の人民も良い加減に眼を覚すが宜《よ》かろうぞよ。

　日本には外国人の末代かゝりて考へても、何《ど》れ程《ほど》骨を折りても真似の出来ぬ立派な教《をしへ》があるから、日本人の身魂が研《みが》けて水晶に立復《たちかへ》りたら、ドンナ事でも神力《しんりき》で発明が出来るのであるぞよ。延喜式《えんぎしき》の祝詞《のりと》にも天放《あはな》ち水素利用《みぞうめ》、電気火力応用《ひはなち》全土開拓《しきまき》云々と申して、天地を自由自在に開拓経綸《かいたくけいりん》いたす神業《しんげう》が現はして在るなれど、日本の人民の心が汚れ、言霊《ことたま》が曇りて了ふて居るから、枝の国の真似も出来ぬやうになりて了ふたので在るぞよ。

　世の初《はじま》りは今の世界の如《よ》うに、日本と外国の区別は無く、極めて平和に世が治まりて居りたなれど、体主霊従《あく》の身魂が段々と増長いたして、国々が互に分離し、自己主義《われよし》の人民斗りで、年中国の取り合い斗りを致すやうに成りて、世界の人民が皆な大蛇と鬼と四ツ足の容器《いれもの》に成り果《はて》て了ふて、今の世界の此の有様であるぞよ。

　何程人民が苦心いたしても、国際聯盟を叫んでも、九分九厘で手の掌《ひら》が反《か》へりて了ふて、劫て世が段々乱れる斗りであるから、日本の人民は今茲《こゝ》で腹帯を確《しつか》り占めて、日の大神の御威光を背《せな》に負ふて、皇祖皇宗《くわうそくわうそう》の御遺訓を遵奉《じゆんぽう》いたして、日本神国の使命を全《まつた》ふ致さねば、日本の人民と生れさして頂いた功能が一つも無いから、今の日本の人民の危急存亡の一大事の秋《とき》で在るぞよ。

　日本は世界の総宗国《おやくに》であるから、外国からも昔は東海の君子国と申し、万世一系の大君《おほきみ》と、天壌無窮《てんぜうむきゆう》の皇運隆々たる神国で在るから、日本は世界中の国々の人民を愛護し、開発すべき天来の責任ある国で在るぞよ。今の外国の様に、侵略や征伐や併呑《へいどん》などは絶対に成らぬ、誠の神国であるから、日本の上下の人民は、至仁至愛至真至善至美《しじんしあいしんしぜんしび》の精神と行状《をこない》を致して、天下に模範を垂れ、世界各国が日本の徳に悦服し、我大君《わがおほきみ》に欣仰《きんこう》して仕え奉《まつ》る可《べ》く、国民各自が努力いたさねば、斯世《このよ》を此儘《このまゝ》に致して置いたなれば、世界は益々畜生原に成りて了ふて、終《しまい》には人間同士が肉を喰ひ合ふやうに成つて了ふから、誠の日本魂《やまとだましい》の光る人民を一人《にん》なりとも余計に育て上げて、世界平和の大神業に使ひ度《た》いと思ふて、国常立之尊が明治廿五年から、出口の守《かみ》の体内を借りて苦労艱難をいたし、変性女子の身魂を現はして、世界の人民に誠を説いて聞かして居るなれど、今の日本の人民は盲目が多いから、九分九厘の所《とこ》まで判らぬので、何か悪い事でも致して居るやうに、種々《いろく》と致して此の大本の誠の経綸《しぐみ》の邪魔を致せども、大本には誠斗りで固めてあるから、人民が何程反対いたしても微軀《びく》とも致さんぞよ。

　世間から反対いたせば致す程、却てこの大本は開けて来て、神力が増す斗りであるぞよ。斯大本は外部《そと》からは如何《いか》なる悪魔が出て参りて、反対致しても、微軀とも致さぬ所《とこ》で在れども、内部《なか》から慢神誤解《とりちがい》いたす守護神《しゅごうじん》が現はれて、大きな邪魔を致したり、斯の大本に因縁の深い身魂が慢神いたして居るから、其肉体へ金毛《きんもう》九尾《くび》白面《はくめん》の白狐《びゃっこ》の霊が憑《うつ》りて、〇〇の直筆を持つて其所等中《そこらぢう》を迂路付《うろつ》いたり、大本の経綸を占領いたして、外《ほか》で目的を立《たて》やうと致して、大本より外に出ぬ筈《はづ》の筆先を書いて、我の守護神で無ければ天地の根本《こっぽん》が判らぬと申して居るが、是が油断の成らぬ神で在るから、此の大本の外から出た筆先は、一つも信用いたす事は出来ぬぞよ。

二代三代の眼を眩《くら》まさうと為《し》て、一生懸命に骨折りて居るなれど、瑞《みづ》の身魂の在る限りは厳重な審神者《さには》を致すから、到底思惑は立ちは致さんぞよ。二代の〇〇は誑《たぶらか》しても〇〇〇命《みこと》の身魂は欺《だま》す事は出来ぬぞよ。〇〇〇〇〇は日の出の守《かみ》の守護では在れど、今の処では少しく慢神が出て居るから、守護を代えて天照彦命の御魂《みたま》に日の出の神の御用を致さすぞよ。大正八年の旧二月十日から、日の出の守《かみ》は肉体を代えて守護が致さして在るぞよ。

変性男子と女子との筆先より他の筆先は信じては成らぬぞよ。外から出るのは皆受売りや入《い》れ言《こと》斗りで、真偽相半《あいなか》ばして居るから、初めから目を通さぬが能《よ》いぞよ。大本の中にも参考の為じやと申して、隠れ忍んで写したり読んだり致して居るものが在れど、其んな事に骨を折るより、一枚なりと表と裏の筆先を腹へ入れるが結構で在るぞよ。悪魔と申す者は皆教祖の系統《ひっぽう》の中でも少しでも信用の在る熱心な肉体を利用いたして、目的を立てやうと致すから、充分に注意を致さんと、脚下《あしもと》から鳥が立つやうな事が出来《しゅったい》いたすぞよ。

（「神霊界」大正八年三月十五日号）

大正八年三月十二日

大正八年三月十二日旧二月十一日

大正八年三月八日、旧二月七日に、遠州から納まりた旭昇石《きよくせうせき》は、昔の神代《かみよ》の折に五六七《みろく》の大《おほ》神様《かみ》が地へ分霊《ぶんれい》を下《く》だして、此世を隠《かげ》から御守護《しゆごう》遊ばしたのである、結構な天降石《てんこうせき》の神宝《しんぽう》であるから、人民の自由に致す事の出来ぬ尊《とう》き御神体《ごしんたい》であるぞよ。

本宮山《ほんぐうやま》に御宮《おみや》が建ちたら、御神体として御鎮まりなさるので在るぞよ。次に同じ日に東京から綾部《あやべ》へ参り、同月の十一日に大本へ納まりた白蛇《はくじや》の霊石は、富士山神霊《ひつじさる》の金神《こんじん》の分霊市杵嶋《ぶんれいいちきしまひめの》姫命《みこと》の身魂《みたま》であるから、是は竜神《りうじん》の御宮に鎮まり遊ばす御神体であるぞよ。本宮山の空に三体の大神様の御宮が立ちたら次の中段の所《とこ》へ国常立之尊《くにとこたちのみこと》の宮を建《たて》て、坤《ひつじさる》の金神の御宮を阿奈太《あなを》に建て、日出《ひので》の神の宮をも立てゝ、天下泰平に世を治めたなれば、跡は七福神の楽遊《らくあそ》びと成るぞよ。

そうなる迄に此の大本は世界の守護神が沢山寄りて来るから、余程確《しつか》り身魂を研《みが》いて、日本《やまと》魂《だましい》に立帰りて居らんと、耻かしき事が出来《しゆつたい》いたすぞよ。チヨロコイ身魂では能《よ》う堪《こば》らんぞよ。

それで何時《いつ》も腹帯を確《しっか》り締《しめ》て居らぬと、弥々《いよ〱》の時になりて神徳を取り外《はず》すから、至仁至愛《みろく》の神心に成りて下されと、クドウ気を附けたのであるぞよ、鳥も通わぬ山中の一つ家《や》、出口の神屋敷に、八百万《やほよろづ》の神が澄《すみ》きりて、神の都を築く世界の大本、地の高天原《たかあまはら》であるから、世界の人民の思ひとは雲泥万転《うんでいまんでん》の相違であるぞよ。

丹福鄰県《たんふくりんけん》の綾部の本宮山《ほんぐうやま》の山中《やまなか》に、国常立之尊の一つ屋を建て、神の都と致すに付いて、弥々天地の守護神人民が尻曳き捲《まく》り、東奔西走の結果、旧正月二十五日に弥々大本の支配と成りたのも、昔から定まりた日限であるぞよ。里の童か尻捲《しりまく》りはやつた、今日は二十五日と申して尻を捲つて走り遊ぶのは、今度の五六七《みろく》の大神の御宮の地場が神の手に入る神示であるぞよ。

一度に開く梅の花と申して在るのも、此二十五日に因縁あるぞよ。菅公《かんこう》の祭礼は二十五日、梅は定紋《ぜうもん》なり、二月は梅の開く月、其月の二十五日にはカミから此の大本の教《をしへ》や行《や》り方を取調べに参りたのも、神徳発揚の守護であるぞよ。旧二月の十日いよ〱本宮山がカミの手続を終り、天晴《あつぱ》れ神界の経綸《しぐみ》の土台が出来上り、三月八日には遠州より旭昇石が納まりたのも、弥々神威発揚の瑞徴《ずいちょう》であるぞよ。

大正の義士四十八の神御魂、志士《しゝ》十六の芳《かん》ばしき花の経綸の成就して、天津日継《あまつひつぎ》の礎《いしづゑ》は、千代万世《ちよよろづよ》に動きなく治まる御代《みよ》は大八洲《おほやしま》、世界国々悉《ことごと》く、神と皇上《かみ》との洪徳《こうとく》に、歓び集《つど》ひ奉《まつ》る代《よ》の、来《きた》る常磐《ときは》の美《うま》し御代、松竹梅《まつたけうめ》の国の大本。

（「神霊界」大正八年三月十五日号）

大正八年三月十日

大正八年三月十日旧二月九日

国常立尊《くにとこたちのみこと》の筆先であるぞよ。変性男子《へんぜうなんし》の御魂《みたま》稚日女之命《わかひめぎみのみこと》は世の初《はじま》りに、天若彦命《あまわかひこのみこと》と素盞嗚尊《すさのをのみこと》の為に押込まれて、八重九重《やゑこゝのゑ》に咲く芳ばしき花の蕾《つぼ》みを、半開《はんひらき》にして散り亡《う》せ給ひ、地に落ちて神代《かみよ》一代の永い艱難《かんなん》苦労を遊ばしたが、天若彦命の天の規則破りの罪を我身に引受け、今まで善一とつを貫いて御出なされた日本魂《やまとだましい》の誠の大神様であるぞよ。

大本の役員から此の次第を了解いたして下さらぬと、今度の仕組は根本が判らんのであるぞよ。稚日女命《わかひめぎみのみこと》の肉体は上天いたして、天地の間を守護《しゆごう》いたして居れるから、是からは世界の物事は速く成るから、一日の猶予も出来ぬぞよ。世の初りから、誠の日本魂を天地に貫いて来られた御《お》徳《とく》が、今度斯世《このよ》に表はれて、天も地も一度に明らかに稜威《みいづ》が輝く様に成りたのは、誠と苦労の結果《かたまり》であるから、斯神《このかみ》の昔からの行状《をこない》は世界の善の亀鑑《かゞみ》であるぞよ。

亦《ま》た天若彦命は非常な狡猾な陰険な邪神《じやじん》であるから、誠の神様の御苦労の徳を横奪《よこどり》いたして、神の世を自由自在に持荒らした神であるぞよ。天若彦命は若姫君命《わかひめぎみのみこと》の養育された黄金竜姫命《こがねたつひめのみこと》に恋慕《れんぼう》して、天の規則を破り、貞操を汚さしめ、傍若無人の挙動を致し、終《しまい》に他の神々も夫《そ》の行動《をこない》に感染して残らず天の罪を犯し、総損《そうぞこ》ないと成りて了ふて、皆の神が世に落ちねばならぬ始末となつたのであるぞよ。夫《そ》れで今日までは元の誠の神は世に現はれず、根底国《ねのくに》の刑罰を受けて苦しみて居りたなれど、今度の二度目の天岩戸開きに就て、艮《うしとら》の金神《こんじん》の元の誠が現はれて来て、九ツ花が咲く時節が参りたから、善一と筋を貫きて御出遊ばした、若姫君命の養育なされた八《や》柱《はしら》の神を世に上げて、十葉《とよう》の花を咲かす神代と成りたから、今度の世の改造に昔からの神々の因縁を説分《ときわ》けて、万古末代《まんごうまつだい》の世を治めて、神も仏《ぶつ》も人民も、餓鬼虫けら迄も助けて、松の代ミロクの代と立直して了ふので在るから、中々骨の折れる事であるぞよ。

大本の信者の中には、世の立替《たてかへ》と申す事を大変な誤解を致して居るものが在るが、世の立替は神界幽界現界の邪悪分子を全部改革いたすと云ふ意味であるぞよ。世の立直しと申すのは昔の神代に皇祖の神々が御定め成された通りの、完全無欠の神政を開いて、三千世界を天津日嗣《あまつひつぎ》の御威徳で言向和《ことむけや》はし、天《あめ》の下四方《したよも》の国を平《たひら》けく安らけく知食《しろしめ》し給ふ御神業の完成いたす事で在るぞよ。

余り大きな間違いで、アフンと致す事が来るから、充分に神の慈悲心《こゝろ》に成りて、筆先を眼を通して下されよと永らくの間気が附けてあるのに、自己《われ》の心が汚ないから、色々と疑ふたり、取違い致したり、中には途方も無い事を申して世界の人民を驚かす事になるから、神の深き慈悲心《こゝろ》に照り合して、我身魂の善悪《よしあし》を省みるが良いぞよ。

神からは世界の人民は皆《み》な我子《わがこ》で在るから、しかりたりたらしたり、色々と致して改心を促がして居るので在るから、大本の肝腎の役員から充分に神心《かみごゝろ》を考へて、出て来る人に違はぬ教《をしへ》を致して下されよ。善になるのも悪に代《かへ》るのも、皆役員の舌一枚の使い様に由《よ》るぞよ。人民の舌ほど結構なもの丶恐ろしいものは無いぞよ。明治二十五年からの筆先を心を鎮めて覗いて居りたら、神の誠の精神が判りて来るぞよ。八釜《やかま》しう申さいでも神の知らした事は世界から順に出て来るから、黙りて居りて改心も出来るなり、神徳も与へられるぞよ。

○

斯大本《このおほもと》には昔の神代から罪を作りて来た体主霊従《あく》の身魂《みたま》の人民ほど、先へ引き寄せて、御魂《みたま》の借金済しの為に大望《たいもう》な神界の御用を命《さ》して在るので在るから、其の覚悟を致して、我れ一と神国の為に尽して下さらぬと、我に神力学力が在るから引き寄せられた如《よ》うに思ふて油断いたしたら、大変な間違いが出来てくるぞよ。

斯の大本は盛んになる程敵が多く出て来るから、其敵対《た》ふて来た人民を、大切に致して親切に取扱ひ、神界の真理を懇切に説き諭《さと》して、歓こばして改心さして、皇道大本の神の誠の教《をしへ》に帰順いたさす経綸《しぐみ》であるから、敵が殖《ふ》える程段々と良く成るぞよ。今度の神界の経綸は強い敵ほど良き味方に成りて御用を助ける仕組であるから、敵が殖えて来る程この教は立派に開けるぞよ。

　三千世界を開くと云ふ事は、今までの如うな筆法で古事記を説いても、肝腎の奥の奥が明らかにならぬから、誠の神政復古は成就いたさんぞよ。今度は二度目の天の岩戸開きで在るから、肉体その儘《まゝ》で天地の在らん限り、幽界現界に出入往来いたして、今の人民の智慧や学《がく》力で判らぬ神理《こと》を調べて置いて三人世《にんよ》の元の経綸が致して在るから、是が判りて来たら三千世界が一度に鳴るぞよ。

　三人世の本の因縁も、日の出神の御苦労も鏡の如くに判りて来るぞよ。そこへ成りたら如何《いか》な鼻高《はなだか》でも悪神でも成程《なるほど》と改心いたすなれど、斯大本の経綸は世界中に仕組てあるから、今に吃驚《びっくり》箱の蓋《ふた》が開《あ》いたら、我も私《わし》もと申して世界中から綾部《あやべ》の大本へ詰《つめ》かけるから、今の内に充分の用意が出来て居らぬと、俄《にわか》にトチ麺棒《めんぼう》を振るやうに成るぞよ。節分から世界の様子が大変に替《かわ》むに就て、先《ま》づ斯《こ》の大本の内部《なか》から立替改造《たてかへたてなをし》を致すと申して知らした事の実地が参りたぞよ。

　各自《めんめ》に腹帯を確《しっ》かり占て居らぬと、一つの峠が在りても直《す》ぐに後戻りをいたすと申したが、筆先の十分腹へ這入《はいっ》た人民は大磐石《だいばんじやく》で、押しても突いても微軀《びく》りとも致さねど、浅い筆先の見様《みよう》をいたして居る人民は、ヒヨロ付いて後餅《しりもち》を搗《つ》いて、神力《しんりき》は落ちるなり世界からは良い笑はれものと成るから、何時《いつ》も日本魂《やまとだましい》を研《みが》いて居れと申して、細《こま》こう書いて知らして在りたぞよ。

艮《うしとら》の金神《こんじん》が綾の高天原《たかあまはら》の神屋敷に現はれて、八百万《やほよろづ》の神を集めて、天の大神様から思兼《をもいかね》の神と御命令を戴きて万物の種を編み出し、苦労いたして立派な神の世が造れたと思へば、天の若《あめわか》彦命《ひこのみこと》が色々と勝手な事の行《や》り放題で、天地《てんち》の教を根本から覆《くつ》がへしてから、世は段々と曇る斗《ばか》り、上げも下《を》ろしも成らぬ様に、此神の眷属の羽張《はゞ》り様と申すものは、人の苦労を横奪《よこどり》ばかりで在りたから、高天原から乱れて来て、今の世までも悪の種が伝はりて来て居るから、今の世界の所作柄は、万物の霊長どころか、四ツ足にも劣りた精神になり切りて了ふて居るぞよ。

一寸先きも見えぬ所《とこ》まで霊魂《みたま》が曇り切って居るから、今度は天《てん》の時節が参りて、人民の霊魂《みたま》に燈明《あかり》を附けて、元の日本魂に生れ返《か》やして与《や》らねば、斯世の泥海を此まゝに致して置いては、モウ此の后《さき》は一寸《ちよつと》の間《ま》も、行きも還《もど》りも出来ん事になりて、何から破裂いたすやら分らんから、神は人民を助けたいのが一心で在るから、一日も早く人民の首《かしら》の位にある日本の人民から改心いたして、世界へ善一と筋の良き鏡を出して下され、今に世界は激しく成るから、変性女子《へんぜうによし》の身魂から水晶に研いて下されよ。

女子の身魂の改心さえ出来たら、世界の人民の改心が早く成るなり、改心が一日遅れたら遅れた丈《だ》けは、世界が永く苦しむので在るから、斯の大本の肝心の御方から日本魂に立帰りて、神国成就の御用を勤めて下されよ。大本の教は智慧や学では何程考へても、人民力では見当の取れん、奥の深い経綸であるから、是からソロ〳〵と変性女子の手で、順に時節に応じて知らすぞよ。

大本の筆先は其人々《にんく》の御魂《みたま》相応に感得《とれ》る様に書《かゝ》してあるから、余程御魂を研かんと、真理《まこと》の神意《こと》が判らんから、取違いが出来るから、筆先を説く役員も聞く人民も、第一に神の心に成りて考へて下さらんと困る事が出来《しゅったい》いたすぞよ。

筆先の御用いたして、錦の旗の経綸の御用を致して居る変性女子の御魂でさへも、今までは神界の機《はた》の仕組は判りて居らなんだ位であるから、普通《ひとゝうり》の人民には判らんのも無理は無いぞよ。夫《そ》れで今迄は夜《よ》ルの守護であると申して知らして在りたなれど、大正八年からは弥々《いよく》日出《ひので》の守護となりて、変性男子と女子との身魂が世界へ天晴れ現はれるから、一日も早く此の大本の中から改心いたして、世間から見てアレデならこそ三千世界の大本、地の高天原で在ると申すやうに成りて来たら、一度に開く梅の花と申すのであるぞよ。開いて散りて実を結び、隅々までも澄極《すみき》りて、世界に輝やく世の本の神の教を、四方《よも》の国から尋ねて来る八ツの年、新畳《さらたゝみ》でさえも打てば、埃《ほこり》の出る者なれど、何程たゝいても埃一つ出て来ん所《とこ》まで研き上げて、天地え御眼《おめ》に掛る　艮《うしとら》の金神《こんじん》の経綸であるから、其覚悟を致して、斯の大本へ出て来る人民は、世界並の改心ぐらいでは可《いか》んから、研いた上にも研いて下されと毎時《いつ》も申して知らして在るぞよ。

世の諺《ことわざ》にも、大きな器物《うつは》には大きい影が刺すと申すなれど、大本の教は大きな器でも小さい器でも、水晶に澄極る処まで研く教で在るから、影と日向《ひなた》の区別無く、却つて影には強い光りが差す教であるぞよ。毛筋の横巾も間違いの無い教であるから、大本の信者は日本魂に立帰りて、毛筋ほどの虚言《うそ》や詐《いつわ》りは致されず、悪いと申す事は露《つゆ》ほども出来ぬ世の立直《たてなをし》の教であるから、明治二十五年から艮の金神の教は、他の教会の行《や》り方とは天地の相違で在ると申すので在るぞよ。

我の心が写りて心相応に感得《とれ》る神諭《ふでさき》であるから、我の身魂の磨けん内から知つた顔して筆先を説いても、大間違い大取違い斗りに成るから、口と心と行いの揃ふ誠の人民でないと、神諭《ふでさき》の奥の精神はとうてい分らんぞよ。


（「神霊界」大正八年四月一日号）

大正八年四月十三日

艮《うしとら》の金神《こんじん》大国常立尊《おほくにとこたちのみこと》が竜宮館《りうぐうやかた》の地の高天原《たかあまはら》に現はれて、世界の事を書きおくぞよ。変性《へんぜう》男子《なんし》の御魂《みたま》の宿りて居る出口直の手を借り口を借りて明治二十五年から大正七年まで二十七年かゝりて知らして置いた言葉《こと》の実地が出て来たぞよ。

由良川《よるだんがは》の水上《みなかみ》の渭水《いすい》の辺《ほと》りに流れも清き和知川《いすゞがは》十二の支流《ながれ》を寄せ集め、三千世界の隅々へ。澄める教《をしへ》を伝えむと深き思《おもひ》は神の胸。広しと雖《いへど》三千歳《みちとせ》の。経綸《しぐみ》も茲《こゝ》にアオウエイ。五大父音《ふおん》の音無瀬《おとなせ》や、科戸《しなど》の風の福知山《ふくちやま》。空吹く東風《とうふう》や北風の。塵も埃《あくた》も外《よそ》の国。皆舞鶴の入海《いりうみ》に、流し清めて惟神《かんながら》。火水《かみ》の稜威《みゐづ》も荒磯の、砕くる日影月の影月日も仲良く治まりて、神教《みのり》の奥は大正の、一二《ひいふう》御代《みよ》に厳々《いつく》し。伊都《いづ》の御魂《みたま》の表はれて、燃《むゆ》の斯世《このよ》を開きつゝ、地成《なな》の春夏秋の空。峰の頂《いたゞ》き四ツ尾の、木々のそよぎて畏《かし》こくも、高天原に登ります。最《いと》も尊《とふ》とき惟神《かんながら》、真道弥広大出口《まみちいやひろおほでぐち》、国地王霊主《くになほひぬし》の神魂《かんみたま》、国稚姫《くにわかひめ》の久良芸《くらげ》如《な》す、漂ふ神国《かみくに》を、造り初め。経《たて》と緯《よこ》とに織る機《はた》は、綾の錦の棚機《たなはた》や、千々《ちゞ》に心を配らせつ、鬼も大蛇《おろち》も瑞《みづ》の霊《たま》、光りさやけく美《うる》はしく、天の岩戸を開かむと、二代三代澄直霊《すみなをひ》、三千世界の梅の花、開く常盤《ときわ》の松みどり、竹の園生《そのう》の弥栄《いやさか》に、栄えを松の神代《かみよ》かな。弥々《いよく》ひらく大正の、八ツの御年の春よりぞ。花の香《か》清く実を結び、世界の花と鳴り渡り、東も西も南北も、神の都と称《たゝ》へつゝ、凝り固まれる九年《こゝのとし》、十年《ととし》の春や秋の空、高く清き神の国、世の大本と美《うる》はしき、名を酉年《とりどし》の芽出度《めでた》けれ。

○

今の世界の人民は余り学や智慧が有り過ぎて神徳は言ふに及ばず、人徳と云ふものが、一つも無いから、今の世界の此の有様を何とも思はずに、我身《われ》さえ好《よ》けりや他人《ひと》は死のうが倒れうがチットも構はぬ自己本位《われよし》の人民が九分九厘まで湧いて居るから、何時《いつ》までも神国成就《しんこくじやうじゆう》の経綸《しぐみ》が出来上らむから、今度は昔の元の天地《てんち》の先祖が現はれて三千世界の改造《たてなをし》を致すために天の大神様の御命令を戴きて、地の先祖の国常立尊《くにとこたちのみこと》が神代《かみよ》一代世に落ちて仕組いたした誠の道の玉手箱、開《ひら》けても暮れても一筋の天津日継《あまつひつぎ》の弥高く四方《よも》に輝やき渡す時節が参りたぞよ。

綾部《あやべ》の大本は神界の経綸で、変性男子《へんぜうなんし》の大気違いを現はして天地の神々や守護神人民に警告《しらし》て在りたなれど、斯《こ》の大気違は最早《もはや》天に帰りて天からの守護となりたから、是からは弥々変性女子の大化物を現はして、三千年の経綸の艮《とゞ》めを差して世界を水晶の神世に造り代えて了ふぞよ。それに就ては大本の金竜殿《きんりやうでん》の説教や演説の行《や》り方から立直さぬと天地の先祖の神慮《きかん》に叶はんぞよ。

今は世の堺の金輪際《こんりんざい》の千騎一騎の性念場《せうねんば》であるから、因縁の御魂《みたま》を日々遠近から引寄して明治二十五年からの筆先と此の大本の中に在りた実地の談《はなし》さえ致して、天地の先祖の苦労やら変性男子が鏡に出した其の行状《ぎやうじやう》の有様やら、女子の心の底にある炬火《たいまつ》を世に現はして充分に立寄る人民の腹の底へ浸《し》み込むやうに平たう説いて聞かせる世界の大本で在るのに学者が聞いても容易に判りかけの致さん言霊学《げんれいがく》やら哲学の如《よう》な話を仕《し》て居りては物事が段々遅れる斗りで、神界は却つて迷惑を致して居るぞよ。

此の大本は改心改心と一点張りに申す所で在るが、其改心は堂《どう》したら良いかと申せば、生れ赤子の何も知らぬ天真爛漫《そのまゝ》の心に立帰りて大馬鹿に成ると云ふ事であるぞよ。今の金竜殿《きんりうでん》の先生は智者学者の集《よ》り合ひで在《あ》るから、知《しら》ずくに自分《われ》の腹の中の智利《ちり》や誤目《ごもく》が飛んで出て神と人とを酔《まよ》はして土を耳や目や鼻に入れるから溜《たま》つたもので無いぞよ。

今の鼻高《はなだか》さんには神も感心致して居るぞよ。神が一度申したら其通りに致さねば斯の大本は神が因縁の身魂を引寄して致す神策地《とこ》であるから、賢こい御方の結構な考えとは薩張《さつぱり》大反対であるぞよ。世界の日々《にちく》の説法を見て改心いたして今迄の行《や》り方を根本《こつぽん》から立替て下さらぬと神界の邪魔に成るぞよ。

神の為君の為国の為に一身一家を捧げて居乍《なが》ら知らず〳〵に神慮《きかん》に背く如《よ》うな事で在りたら折角の役員の苦心が水の泡と成つては其人も気の毒なり神が第一に迷惑いたすなり、引寄せられた因縁の御魂も苦しむから、一日も早く何彼《なにか》の行方《やりかた》を改正《かへ》て下されよ。一時後《をく》れても神界では大変であるぞよ。

筆先一方で開くと迄申して在る位の大本であるから、入れ言《ごと》やら混《まぜ》りの教は神は大変にいやで在るぞよ。斯の大本は世界中の人民を阿房《あほ》に致す神の大本で在るから、変性女子の大化物の大馬鹿が申す事と行動《をこない》行《や》り方を気を附けて居りて下されたら何も判るので在るぞよ。

是までに変性男子が一度極《き》めて置《おい》た役目は例之《たとへ》変性女子の教主と雖《いへ》ども猥《みだ》りに立替る事は成らぬ神の深い経綸であるから、大本の役員の勝手に致す事は成らぬぞよ。我《が》を出して行《や》るなら一寸《ちよつと》やつて見よ直《すぐ》に手の掌《ひら》が覆《かへ》りて後戻り斗りに成りて苦しむだけの事じやぞよ。

神界の仕組はまだ外《ほか》にも色々と致して在るから、変性女子の胸の内は誠に辛《つら》いぞよ。神界の誠の一方の助けに成りて呉れる役員が大本に在りたら女子も御用が致し良いなれど、肝心の女子の心は解《わか》らぬから無理は無いぞよ。

今の大本の役員は赤誠一図《まことひとつ》で一生懸命の御用を致して居れる国家の大忠臣斯世《このよ》の加賀美《かゞみ》で在れども、余り正直すぎて融通の利かぬ人民も在るから、神の目放しが一つも出来んぞよ。今の役員信者は結構な立派な御方ばかりで人間界では申分《もうしぶん》は無けれども、水晶の世に致す神の眼から見ると丁度狭い山路《やまみち》を自転車に乗つて馳《はし》りて行くやうに在りて神が横目を振る間も無い馬車馬式の御方斗りで仕末《しまい》に困るぞよ。けれ共斯の始末に了《しま》えぬ人民で無いと今度の御用には間に合はず、六ヶ敷《むづかしき》神界の経綸であるぞよ。

○

変性男子《へんぜうなんし》の御魂《みたま》若姫君《わかひめぎみ》の命《みこと》は天に上りて五六七大神様《みろくのおほかみさま》の差添《さしそえ》を遊ばすなり、坤《ひつじさる》の金神《こんじん》豊《とよ》雲野命《くもぬのみこと》は地へ降りて大国常立尊《おほくにとこたちのみこと》の女房役となりて働くなり、天にも地にも夫婦揃ふて守護《しゅごう》いたす時節が参りたから、是からは世界の物事は急転直下の勢いで天地の岩戸が開けるぞよ。

天では撞《つき》の大神様が一の主《ぬし》なり、五六七《みろく》の神と若姫君命の夫婦が御側役《おそばやく》の御用なり、地では禁《きん》闕要《かつかね》乃《の》大神《おほかみ》様が一の主なり、国常立尊と豊国主尊《とよくにぬしのみこと》が夫婦揃ふて御側役をいたすなり、木花咲耶《このはなさくや》姫命《ひめのみこと》の御魂《みたま》は日出乃神《ひのでのかみ》と現はれて立派な神代を建る御役なり、彦火々出見命《ひこほゝでみのみこと》は木花咲耶姫命に引添ふて日出の神の御手伝を成さるので在るぞよ。

出口直《でぐちなを》は（イ。）の御役を地の上で済して天へ上り、出口の王仁《おに》は（ロ。）の役を地で致すなり、（ハ）の御役は二代澄子《すみこ》の御役であるから、是から后《さき》は一番御苦労であるぞよ。次に日出乃神の御用は（二）の御用を致すのであるぞよ。今の大本は（イ）の御用だけ片付きて、（ロ）の御用の初発《しょっぱつ》であるから、混沌時代で四方八方からイロ〳〵と噂さを致すなれど、是がロの守護であるから神界の経綸通りで在るから、皆安心して御用を勤めて下されよ。

是から二代の御用は筆先を読んで修行に参る人民に説き聞かす御役であるぞよ。遠国から参りた人民は是非一回に一度や二度は面会いたさせねば因縁が明白《ありやか》に解《わか》らんから、大本の役員は是が一番の大事であるから、取違いの無きやうに致して下されよ。

○

三千世界一度に開く梅の花開ひて散りて若日女《わかひめ》の再び天に高く咲く、地は豊国主《とよくにぬし》の良き果実《み》を結ぶ、夫《そ》れ迄に世界は未《ま》だ〳〵大きい稲荷の御札《おふだ》が湧いて来るぞよ。大きな馬の四ツ足と蚤《のみ》とが動き出すぞよ。木に日が懸《か》ゝり小里《こさと》の者がさはき出し日月《じつげつ》雲に掩《おほ》はれて常夜《とこよ》の暗《やみ》やサルの年、トリ越《こし》苦労致すより早く身魂《みたま》を研《みが》くが一等ぞよ。

○銀貨銅貨が凝《こりかた》まりて大きな一箇の丸《たま》となり、金貨の山へ攻め寄せて来るなれど、元から貴き光りの在る金《きん》は容積《かさ》少なくも終《をはり》には一の宝と勝ちほこるぞよ。

○若日女君命《わかひめぎみのみこと》は昔の神代に天の規則が破れた折、イとロの機《はた》の経綸《しぐみ》の最中に素盞鳴命《すさのをのみこと》の天《あめの》斑駒《ふちこま》の為に御国替遊ばして地の底へ埋もりて居られたなれど、二度目の天の岩戸が開く時節が参りて来て、我子の禁闕要《きんかつかね》の大神《おほかみ》に地の主宰権を譲りて今度は天へ還りて五六七大神様《みろくのおほかみさま》と力を協《あわ》せ心を一にして天の御守護を遊ばすなり、地の神界は国常立尊《くにとこたちのみこと》豊雲野尊《とよくもぬのみこと》が左右の御脇立《おわきだち》となりて地の上に高天原《たかあまはら》を建て三千世界を守護遊ばして天津日継《あまつひつぎ》の御尾前《おんみまへ》を幸《さちは》へ助け心安《うらやす》の元の神代に捻《ね》ぢ直し給ふぞ尊とき金勝要《きんかつかね》の大神の純《すみ》きり坐《い》ます梅と松との世界の神の大本ぞ。

（「神霊界」大正八年五月一日号）

大正八年四月二十三日

艮《うしとら》の金神国常立《こんじんくにとこたち》の命《みこと》の筆先であるぞよ。明治二十五年から、変性男子《へんぜうなんし》の御魂《みたま》の宿りて居る、出口直《でぐちなを》の手を借り口を借りて警告《しらし》た事実《こと》の実地が参りたぞよ。邪神界《がいこく》は一腹に成りて来ると申して在りたが、神が一度申した事はイツに成りても毛筋の横巾も間違いの無いのが、変性男子の一々万々確固不易経言《うごかぬをしえ》であるぞよ。

日本は神国で在るから、太古《むかし》の神世からの固有《もと》の教《をしへ》を守りて御用を致せば何一つ邪神界《がいこく》の自由には出来ぬ神国であるなれど、今の日本の守護神人民は、肝腎の脚下《あしもと》にある結構な神宝《たから》を、我と我手に踏み付けて少しも顧《かへり》みず、遠き〳〵西の大空斗り眺めて、浮雲の天に御魂《みたま》を取られて了ふて、日本の国の今の困難、跡にも先にも此世始りてから未《ま》だ無き事変《こと》が日増しに出て来て、国の大難が差迫つて来て居るのに、其日暮《ひぐらし》の今の守護神人民の行《や》り方、何程智慧や学の力でも今度は到底間に合《あは》んから、神国は神国の行《や》り方に一日も早く立替て、日輪様を背に負ひて、何彼《なにか》の経綸《しぐみ》を致さむと、今の行《や》り方は、日輪に向うて知らず〳〵に戦かうて居るので在るから、邪神界《がいこくじん》に薩張《さつぱ》り馬鹿に知られて、尻の毛まで一本も無き所《とこ》まで曳抜《ひき》かれて了ふて居るので在るから、今に成りて何程立派な事を申しても致しても、四つ足の耳へは這入《はい》りは致さんぞよ。

日本は結構な神国であり、天子は天照皇大神《あまてらすおほかみ》様の直系《じき》の生神様であるから、是位ひ立派な神国は、此の広い世界に外《ほか》にモ一つは無いなれど、日本の国の守護神人民は全然《さつぱり》四つ足の精神と日本魂《やまとだましい》とを摺替《すりかえ》られて了ふて、今の人民の行状《をこない》、是では到底神国の責任が果せぬから、永らく出口の手で充分に気を附けたので在るぞよ。

日本の国体を学理的に闡明《せんめい》して、世界の人文の発達に於ける、日本独特の使命を発揮すると申して、一生懸命に国家の為に骨を折つて居る大学者が在るが、日本の国体と申すものは、世界に類例《るい》の無い神の建てたる立派な国体であるから、今日の如《よ》うな不完全な幼稚な学理で解決の出来るやうな、ソンナ国体では無いから、今の体主霊従《から》の精神《こゝろ》を根本から立直して掛らぬと、到底見当は取れは致さんぞよ。敬神尊皇愛国の精神が、日本の天賦の日本魂《やまとだましい》で在れども、今の日本の学者は、神の建てた神国と言ふことを忘れてをるから、何程立派な尊王愛国論を唱導致しても、肝腎の皇祖の神が判らぬから、御魂《みたま》が無いから、何程骨を折ても駄目であるぞよ。斯う云ふことを申すと又今の鼻高《はなだか》は、綾部の大本は世界の大勢《おほぜい》に逆行する、危険な頑迷思想であると申して、力一杯反対いたすものが出て来るなれど、何程反対いたしても、ソンなことに往生いたす如うな神でありたら、三千年の永《な》がい間の苦労をいたして、世の改造《たてかへ》は仕組は致さむぞよ。

一日も一刻も速《すみやか》に改心いたして、神国の行《や》り方にいたさんと、今に上げも下《お》ろしも成らん事が出来《しゅったい》いたすから、日本の守護神人民に神から気を附けるぞよ。神は毫末《ちっと》も嘘は申さむから、日本の人民は早く改心致して、世界神国成就の準備に掛りて、日本の国民の天職を全う致して下されよ。神が今度は現はれて、天と地から守護いたすから、一旦は何が在ろうとも艮《とゞめ》は刺すから、安神《あんしん》いたして早く身魂を研《みが》ひて下されよ。モウ愚図〱致してをる間が無いから、跡のカラスに追越されんやうに致して下されよ。

　大正七年の十一月に宿替いたした悪神の大将が、今化けの皮を現はしかけて来てをるが、中々日本の人民は油断が出来ぬぞよ。是れから艮《うしとら》の金神《こんじん》が悪神の正体を表はして、世界の人民に見せて与《や》るから、九分九厘までは日本も心配いたす事がまだ〱湧いて来るなれど、人民の改心さえ出来たなれば、昔の神世《かみよ》の経綸通りに致すから、一厘の仕組で艮を刺《とゞめ》して、三千世界を泰平に治めて、万劫末代動かぬ松の神代《かみよ》に建替えて了ふて、天地の神々の大宮を地の高天原に建《たて》て、世界一列勇んで暮すミロクの大神の美代《みよ》と致すぞよ。

○

　艮《うしとら》の金神国常立尊《こんじんくにとこたちのみこと》が永らく世に落《をち》て、三千年の経綸《しぐみ》致した事の実地が参りて、明治二十五年から変性男子《へんぜうなんし》の体内を借りて、三千年の現界の守護で、松の代五六七《みろく》の神代《かみよ》に致して、天下泰平に世を治めて、国会開きを致す経綸でありたなれど、余り日本の人民の曇りが思ふたよりも激《ひど》いので、国会開きの仕組が十年斗り延びたなれど世の立替は早く致さねば、日本も立たず世界も潰れるより仕様は無いから、脚下から始まるから、日本の人民は元の日本魂《やまとだましい》に立帰りて、艮《とゞ》めの折りの用意に御魂《みたま》を研ひて、神国の為に一身を献げる覚悟を致さぬと、今迄のやうな気楽な考えを以てをりたら、国中がアフンと致さならぬことが出来《しゅったい》いたすぞよ。

スとフとヨとの大戦ひは是からであるぞよ。一旦はフとヨの天下と成る所《とこ》まで行くなれど、ナの御魂とノの御魂の和合一致が出来て、スの御魂が統一することに成るぞよ。

それに就ては通力自在の大真人《だいしんじん》が底津巌根《そこついわね》に埋めてあるから、此者を一日も早く世に挙げて御用に使はねば、ミロクの神代《かみよ》は成立たんのであるぞよ。此者は三千世界の大化物であるから、現はれたら此の地の上には、是迄の如《よ》うな惨酷な戦争も根を絶ち、悪《わ》るい病魔も消え失せ、世界に大きい困難も無く、盗人も出来ず、天災も地変も末代起らず、誠に結構な平穏《をだやか》な神代《かみよ》に成るので在るぞよ。

禁闕金《きんかつかね》乃《の》神《かみ》と申す勝金《しょうきん》木《き》神《しん》が世界の艮《とゞめ》に表はれて、三千世界の艮《とゞ》めを刺すのは、モウ暫くの間であるから、誠の真人《ひと》は一日も早く身魂《みたま》を研ひて、スの御用の輔《たす》けに成る如《よ》うに致されよ。万劫末代名の残る結構な御用であるぞよ。今の世界の有様を見てをりては、真の人民なればチットしてはをれよまいぞよ。是から段々と半日の間にも世界の様子が変りて来るぞよ。

○

地の高天原《たかあまはら》、陸《あげ》の竜宮館《りうぐうやかた》に八ツの社《やしろ》を建《たて》て、夫《そ》れ〴〵に神力の在る生神《いきがみ》を御祭り申して、今度の二度目の岩戸開きの御用を致させる経綸《しぐみ》であれども、肝腎の御三体の御宮《おみや》が出来上らぬので、経綸が後《をく》れるので在るから、一日も早く因縁の御魂《みたま》が竜宮の乙姫殿の心に立帰りて下さらぬと、後れた丈《だ》けは世界のことが後れて、人民が永く苦しむから、今までの小さい心を早く改めて下されよ。神の言《ことば》に二言《こと》は無いから、一言《こと》で聞く守護神人民でないと、今度の誠の御用に外れるぞよ。

五六七《みろく》の神代《かみよ》になるまでに、綾部《あやべ》の大本から、日本の内の大社〳〵へ、神の命令で参拝いたすことが在る、が此御用に立つ人民は身魂の研けたものから選《よ》り抜いて神が御用を申付けるぞよ。今ではモチト身魂が研けておらぬから御用が定《き》まらんなれど、夫《そ》れが定まるやうになりたら、綾部の大本が世界へ天晴れ表はれて来て世界の人民が口を揃へて大本の教《をしへ》は昔から未《ま》だ聞《きい》たことの無い結構な教でありたと感心いたすやうになるから、夫れまでは此の大本の役員信者は御苦労であるぞよ。

就《つい》ては変性女子《へんぜうによし》の身魂と金勝兼《きんかつかね》の神の身魂に一層ヱライ気苦労があるから女子《によし》が何事を致しても神の経綸であるから黙りて見ておりて下されよ。細工は流々あるから仕上げを見んと、何も判りは致さんぞよ。

普賢菩薩《ふげんぼさつ》の身魂（※37）が美濃の国に表はれて八咫鏡《やたのかゞみ》を説きをいて国替いたされたなれど、今では肉体が無くなりて居るから、跡を継ぐものも無し、其流れを汲むもの（※38）が尾張にもあるなれど、肝腎の五六七《みろく》の出現地が判り居らんから、世界の艮《とゞめ》は刺せんから、色々の所へ首を突込むと終には何も解《わか》らぬ如うになりて跡で地団太踏んでヂリ〳〵舞を致しても行かむ事になるぞよ。

斯の大本の教は艮《とゞめ》の教であるから大本の大橋を一旦渡りたものが外《ほか》へ参りて何程結構な事を聞いても行けば行く程道が無くなりて跡戻り斗りになるから神が気を付けてやるぞよ。今は何処の教も表面は立派であれども誠の生神の守護が無くなりて人民の智慧や学で考へた事であるから、肝心の艮《とゞ》めは刺せんぞよ。誰に由らず此大本の筆先に背いて研究に行て見よれ跡戻り斗りで一つも思ひは立たんぞよ。三千世界の艮《とゞめ》を刺すのは艮《うしとら》の金神《こんじん》の大本より外には世界中探しても一所《ひとゝこ》も無いぞよ。心の狭い腹の小さい誠の無いものは逃《に》げて去《い》ぬぞよと毎度申して筆先に出して在ろうがな。肝心の時になりて逃げ帰りて結構な神徳を落すものが沢山に出て来るぞよ。瑞《みづ》の御魂《みたま》は物事に移り易いと今に申して神諭《ふでさき》を取違い致して居るものが在るが、何程瑞《みづ》の御魂《みたま》はうつり易いと申しても神界の経綸に就ては毛筋ほども違はさんから、其んな考《かんがへ》で居ると一も取らず二も取らず、御蔭《おかげ》の段になりた折には指を喰はへてアフンと致さならぬ事になりて来るぞよ。

明治二十五年からの変性男子《へんぜうなんし》の筆先と大正元年からの女子の申した事や書いた筆先を熟《とく》と考えて見よれ、皆その通りに成りて来ておるぞよ。まだ斯後《このさき》で実地が来る事も沢山にあるぞよ。日本の国は今が大峠に掛りた所《とこ》であるから、守護神も人民も充分に腹帯を〆《しめ》ておりて天地の神々を敬まひ大君《おほきみ》を心の底から主《しゅ》、師《し》、親《しん》と仰ぎ奉《まつ》り、愛国心を養ふて置かぬと、天地の御先祖へ申訳の立たぬ事が出来《しゅったい》いたすぞよ。

○

鶏津鳥《にはっとり》かけ鳴き騒ぎ立上り米の餌をば食飽きて、東の空に立向ふ、吾妻《あづま》の空は晒《あかね》刺す日の大神の守りまし常世《とこよ》の暗《やみ》を照り返し、一度は晴るゝ葦原《あしはら》の中津御国《なかつみくに》の功績も、ヱベス大国現はれて、大土小土《おほづちこづち》ふり廻《ま》はし猛《たけ》ひ狂ひつ日に月に進み来るぞ恐ろしき。然《さ》れども霊主体従《ひのもと》火水《かみ》の国。三つ巴《どもえ》が表はれて、四つ尾の峰の弥高《いやたか》き稜威《いづ》の御魂《みたま》の神力に六《むっ》の此世を平穏《おだやか》に治むる地成《なな》の年よりも、天に登りて稚日女《わかひめ》の神の神言《みこと》の弥尊《いやたか》く、九つ花の咲き匂ふ高天原《たかあまはら》の神屋敷。十方《じゅっぽう》世界の艮《とゞ》めを刺して塵《ちり》や埃《あくた》をサルの年、万代《よろづよ》朽ちぬ美《うる》はしき、高き誉れをトリ年の、世の根の神は丑艮《うしとら》に光りかゞやく目出度《めでた》さよ。二十二人の生御魂《いくみたま》、天地の神の宮殿の幹の柱と鳴戸海《なるとうみ》、渦巻き来る国津神《くにつかみ》。国の礎《いしづゑ》千代《ちよ》八千代《やちよ》、動かぬ神代《みよ》ぞ楽もしき。

○

二つに入《にう》の入《い》りかけた此品物を方々から、我の自由にせむものと、神の敏《さかし》き目も顧《かへり》みず、ヱベス大国大盗梁《だいとうりやう》、仏さんまで捻鉢巻《ねぢはちまき》の大車輪、九分にイタりて逃げ出せば、西の御寺《おてら》の和尚《おせう》まで此場を引くとの権幕に、コリヤ惨酷じゃ堂しようと、ヱベスと仏が一思案、一時和尚の言前《いひまへ》を立てやろかい又《ま》た跡は跡の考え合点か合点々々と額体合《うなづき》ひチント談《はなし》は済んだなれど葉マキの煙草の一服休み、舞台換《か》はれば大平の、夢を醒《さま》した海若《うなわか》の、その驚ろきや如何《いか》ばかり、トン〳〵拍子の悪神も、鯨に鯱《しやち》の戦いに果敢《はか》なき最后を酉《とり》の年、猛悪無道の獅子王も身中《みうち》の小さき虫に仆《たふ》さるゝ、昔のたとゑも目《ま》のあたり、日出《ひので》の神の国の柱は永遠《とこしえ》に、四方《よも》の国々言向けて、名も高砂の千代の松、松の緑りの色深く神の恵を仰ぐなり。

（「神霊界」大正八年五月十五日号）

大正八年五月五日

大正八年五月五日　筆

国常立尊《くにとこたちのみこと》変性女子《へんぜうによし》の手に憑《うつ》りて、日本の人民守護神に気を附けるぞよ。明治二十五年から出《で》口直《ぐちなを》の手を借りて世界の総方《そうほう》様、神々様へ知らした事の実地が迫りて来たぞよ。

神と申すものは、虫一疋《ぴき》でも助けたいのが心願《ねがい》で在るから、第一に天地を経綸《しぐみ》致す司宰者《つかさ》として、斯世《このよ》に生れて来た日本の人民と、世界の守護神に、一日も早く改心致して神心《かみごころ》に立返り、善一と筋の行状《おこない》を致して下されよと警告《しらし》たが、何を申しても粗末な出口直の手と口とで知らす事であるから、誰も誠には聞いては呉れず、狂人《きちがい》じや、山子《やまこ》じや、狐狸《きつねたぬき》じやと申して、相手にするものが無《なか》りたので、神界の経綸が段々と遅れる斗り、今の世界の此の混乱《ありさま》、是でも黙つて高見から見物いたしてをりて、日本の人民の役が勤まると思ふか。判《わか》んと申しても余りであるぞよ。日本は神国と申すが、神国の人民に神国の因縁が分るものが在るか。是が判る人民なら、此の乱れ切つた世界を余所《よそ》の出来事として見る事は出来よまい。

世界の混乱を治めるのは、天の撰民と生れた日本の守護神、人民の双肩にかゝれる大責任であるぞよ。日本人は神の直系《じきぐ》の尊とい御子《みこ》であるから、此の世界を平らけく安らけく知食《しろしめ》し玉ふ、現人神《げんじんしん》様の御尾前《みをさき》と仕え奉りて、先づ我一身《しん》を修め、次に一家を治め、次に郷里を平らかに安らかに治め、国家に対しては忠良無比の神民となり、祖神《そせん》を敬拝し以て、神国の神国たる所以《ゆえん》を天下に示し、範を垂れ、斯の全地球を平らけく安らけく治め玉ふ、天業を輔翼《ほよく》し奉《たてまつ》るは、今此の時であるぞよ。

それに今の日本の人民は、脚下《あしもと》から鳥がたつ迄袖手《そでて》で自己主義《われよしや》の行り方を致して、神の申す事は、頭から馬鹿に致して居るから、世界は段々と悪《わ》るき事が、日に増《まし》に殖《ふ》えて来る斗りで、神からは目を明けて見て居れんから、永《なが》くの間変性男子《へんぜうなんし》の手と口とで、改心〳〵と一天張りに申したのでありたぞよ。

（「神霊界」大正八年七月十五日号）

大正八年六月三日

大正八年六月三日　筆

大国常立尊《おほくにとこたちのみこと》が永《なが》く、出口直霊主命《でぐちなをひぬしのみこと》の手を借り言を籍《か》りて、世界の事を知らして置《おい》たが、斯《この》世界は最早《もはや》断末魔に近よりて来、昔からの悪神《あくがみ》の仕組が、判然《はつきり》と解《わか》る時節に成りて来たぞよ。

害国の悪神の頭《かしら》が、昔からの永《な》がい陰謀《しぐみ》で、学と智恵と金の力とで、世界中を自由自在に混乱《みだらし》て来て、今度の様な大戦争を起して、世界中の人民を困《くる》しめ、人民の心を日増しに嶮悪《わるく》いたして、自己《われ》の目的を立てやうと致し、満《まる》五ヶ年の間に、トコトンの陰謀《しぐみ》を成就いたす考《かんがへ》でありたなれど、只一つの日本の国の日本魂《やまとだましい》が、悪神の自由に成らぬので、今に種々《いろ〳〵》と手を代え品を代え、目的を立てようと致して、山の谷々までも手配りをいたして居るから、一寸《ちよつと》の油断も出来ぬ事に成りたぞよ。

三千世界の九分九厘と成りて、今に動《うごき》の取れん事に成りたから、昔からの神界の経綸《しぐみ》で、竜宮館《りうぐうやかた》の地の高天原《たかあまはら》に変性男子《へんぜうなんし》と女子《によし》とが現はれて、天の大神様の御経綸《みしぐみ》を昼夜に、声を嗄《から》して叫ばせども、学と智識と金力より外《ほか》に何も無いと思ひ込《こん》で居る、世界の人民で在るから、何程神が気を附けて遣《や》りても、一つも誠に致さぬから、神も助けやうが無いぞよ。此の世の裁判を致す迄に、早く改心致して、身魂《みたま》を水晶に研いて居らぬと、何時《いつ》始まるやら人民には判らんぞよ。神は日々《にちく》に天からも地からも、言霊《ことたま》で知らして居れども、今の人民薩張《さつぱ》り悪魔の器になり切りて、言霊の耳が無いから、脚下に火が燃えて来て居るのに気が附かぬから、又《ま》た神は日月なり、星にまで変りた事をして見せて気を附けて居るが、夫《そ》れでもまだ判らぬとは、克《よ》くも悪神に身魂を曇らされたものじやぞよ。天の大神様が経綸の蓋《ふた》を御開《おあ》け遊ばす時節が来たから、モウ改心の間が無いから、斯世に置いて欲しくば、一日も片時も迅《はや》く日本魂に立帰りて、神の分霊《ぶんれい》と申す丈《だ》けの行状《をこない》を致して、天地の大神様へ御詫《おわ》びを致すが何より結構で在るぞよ。

○

撞賢木天照大神《みろくのおほかみ》様の御命令を戴きて、三千世界の立替の為に、由良川《よるだんがは》の水上《かわかみ》に神代開祖出口守《よはねのみたま》が現はれて、清けき和知《いすゞ》の玉水《たまみづ》に、人の身魂を洗い世を清め、神政成就瑞純霊《きりすとのみたま》が、再び地の高天原《たかあまはら》へ現はれて、救ひの舟を造りて待てど、乗りて助かる身魂は千人に一人も六ヶ敷《むづかしい》今の世の有様、神が誠の事を申せば、今の人民は悪神に迷はされて、日夜勝手気儘の遣《や》り方題《ほうだい》、自己主義《われよし》の者ばかりで在るから、力一杯誠の神の教《をしへ》を詈《のゝし》り嘲《あざけ》り其上に侮《あなど》り辱《はづ》かしめ、遂《つ》ひには此大本を打ち潰しに、新聞までが掛る様な、暗黒《やみくも》な悪の世で在るから、容易《なかく》神の申す事は、今の人民は聞きは致さんから、モウ神は一限《き》りと致すより仕様は無いぞよ。

　五年に満ちた大戦争も首尾能《よ》く片付き、世界は平和の栄光に輝き、人民は歓喜乱舞《てんてこまい》をいたして勇んで居れど、是れも夢の間《ま》で在るから、未だ〳〵大きな戦争が出来て来るから、一日も早く神に縋《すが》りて、日本人の行状《をこない》を致して居らんと、俄《にはか》に吃驚《びつく》り致す事が出て来るぞよ。日本も中々安心な処《とこ》へは行かぬぞよ。

　腹帯を〆《しめ》て掛れと申すのは、是からの事であるぞよ。木に日が掛り小里の者が騒ぎ出し、一人の小里の反対が、大変な騒ぎに成るぞよ。其他にも種々《いろく》の市場が立つて、八釜敷《やかましく》なるぞよ。是も時節であるから、落行く所《とこ》までは落ち行かさねば仕様が無いぞよ。今千騎一騎の活動《はたらき》を致して神界の御用に立たねば成らぬ時機であるのに、未《ま》だ気楽な事を申して、大本の中の遣《や》り方を愚図々々申すものが在るが神界の仕組が人間に判《わかる》と思ふから、慢心いたして小言を申すのであるぞよ。

　今度は天からの命令を、変性男子と女子との身魂が戴きて致す事であるから、何程利巧な人民でも学者でも判る筈が無いから、素直に致して、神の申す通りに赤子の心で居りて呉れよと、毎時《いつも》筆先で知らして在ろうがな。神界の事が人民で判ると思ふて居るのが、夫《そ》れが慢神と申すもので在るぞよ。慢神と誤解《とりちがい》が大怪我の基《もと》に成ると申して在ろうがな。早く心を入れ替て我《が》を捨《すて》て神の申す様に致さぬと、取返しのならぬ不調法が出来《しゆつたい》するぞよ。
播州《ばんしう》の上嶋《かみじま》が神界に深き因縁ありて、瑞《みづ》の御魂《みたま》の太古《むかし》から鎮りて在りた、清らかな霊地であるのに、肝心の者が汚《けがら》はしい獣の皮や毛で造りたものを持つて参りて汚したから、海上が大変に荒れたのであるぞよ。女子の御詫《おわび》の徳で一日後《をく》れて無事に参拝を許して遣《や》りたなれど、今後《このさき》はモウ赦さむぞよ。

上嶋は瑞の御霊《へんぜうによし》の許し無しに参りたら大変な事が起るぞよ。肝川の竜神へも勝手に参拝致すと、後になりてから易《かは》りた事が身魂に出来て来るから、一寸《ちよつと》気を附けておくぞよ。疑ふなら聞かずに行て見よ、其時は何事も無いが後で判る事が出来るぞよ。一度神が申した事は毛筋も違はむぞよ。

大〇〇〇部神〇〇〇部チト気を附けて下さらぬと、取返しの成らん事になるぞよ。天災地変は何時《いつ》の世にも在るものじや、政治、宗教、思想の変遷は、自然の大勢《たいせい》じやと申して油断を致して居ると世の終りの近づきた事が薩張《さつぱ》り分らぬ様に成りて了ふて、後で悟悔《こうくわい》いたさな成らぬぞよ。

天地経綸の主宰者《しゆさいしや》とも言はるゝ人民が、是だけ日に夜に天地から実地を見せて警告《しら》しても心の盲目、心の聾斗りであるから、其れで斯世《このよ》は暗《くらが》りじやと申すので在るぞよ。今の世界は一旦は治《をさ》まりた如《よ》うに、表面《うわべ》からは見えるなれど、神の眼からは日に増しに騒がしく成りて居るぞよ。

神の知らす内に、チットは胸に手を当て考がへて見ぬと、互に恥かしき事が今に出来《しゆつたい》いたすぞよ。今の〇〇の役員の精神はゴタ〳〵で在るから、早く改心を致して、小我《が》をほかして、大和心に立帰りて貰はむと、却つて大本の邪魔に成るぞよ。世界統一の神の御用致さな成らん○○の役員信者で在り乍《なが》ら、僅かの人民が寄りて居りて、夫《そ》れが統一出来ぬといふやうな次第で、堂《だう》して神界の誠の御用が勤まると思ふて居るか、判らんと申しても余りで在るぞよ。

京都では○の会合所の行《や》り方は、神を松魚節《かつをぶし》に致す行り方で在るぞよ。村○○の行《や》り方も神の気勘《きかん》に叶はむから、今の内に改めむと、神から取払ひに致すから、神界から気を附けておくぞよ。此大本は包み隠しの一つも出来ん所《とこ》であるから、敵味方の区別は致さむぞよ。

神の目から見れば、世界に一人も敵は無いなれど、人民が敵に成りたがるので在るぞよ。是からは少しでも間違ふた教《をしへ》を致したり、勝手な行《や》り方を致したら、神界の大変な邪魔に成るから、筆先で遠慮なしに気を附けるぞよ。世界は大芝居に譬《たと》へて在りたが、三番叟も初段も済みて、二段の幕が開《あ》いたから、一日半時も猶予は成らぬから、神は厭なことでも構はずに厳しく警告《しら》すぞよ。自己《じぶん》の事斗りを先に致して、神の御用を序《ついで》に致す位は未《ま》だ愚か、神を看板にいたして居る者も大分出来て居るが、今に目醒しを見せて遣《や》るぞよ。

（「神霊界」大正八年七月十五日号）

大正八年六月四日

　大国常立尊《おほくにとこたちのみこと》が昔の神代《かみよ》から、世に落ちて斯《この》世界を守護致し、八尾八頭《おろち》と鬼と金毛九尾白面《よつあ》而悪狐《し》の陰謀《たくみ》を、一々残らず探索いたして、帳面に付け留《とめ》た同様に、明治二十五年から、変性男子の御霊《みたま》の宿りて居る出口大直《でぐちおほなを》日主《ひぬし》の命《みこと》の手と口とで細々《こまぐ》と知らしたが、今の人民は学力と智慧と金銀に目が眩《くら》みて了ふて居るから、一人《にん》も誠に致すものが無《なか》りたなれど、モウ天地からの時節が参りたから、悪神の陰謀《たくみ》が日本の上の守護神にも判るやうに成りて来たから、物事が迅《はや》くなりて、ヂリ〳〵舞を致すぞよ。

　今の日本の人民は何も知らずに、気楽な事を思ふて居るが、世界の大戦争が平和に治まりたと思ふたら了見が違ふぞよ。日本は是から確《しつか》りいたさぬと国が潰れて了ふぞよ。日本の国に此神の経綸か昔から致して無《なか》りたら、一転《いちころ》に占領《とられ》て了ふ所《とこ》なれど、日本には国常立尊が神力《しんりき》の在る生神《いきがみ》を眷属《けんぞく》に使ふて、水も漏らさぬ深《ふ》かい仕組が致してあるから、何程世の本からの悪神が、ヱベス大国や仏《ぶつ》や豕児《ぶた》を使《つ》かふて、神国を色々の手段を廻《めぐ》らして攻めて来ても、艮《うしとら》の金神《こんじん》の守護いたす限り、坤《ひつじさる》の金神の宿りた肉体の続く限りは、九分九厘までトン〳〵拍子に行《や》らしてをいて、一厘の所《とこ》で手の掌《ひら》を覆《か》へして、日本へ手柄を致させて、世界中の人民を助けて、眼を覚して遣《や》る仕組であるから、日本の人民なら一日も早く改心いたして、神の軍人となり、神政成就の御用に立つ様に致さねば、折角日本人と生れさして貰ふた功能が無いではないか。

永らく掛りた悪神の陰謀《たくみ》は、山の谷々から海の底まで、一厘の隙間も無い程、手配《てく》ばり致して居るから、到底人民の力では静める事は出来は致さんから、今度は神が表へ現はれて、瑞《みづ》の御魂《みたま》で止《と》どめを刺して、天地の神々様は申すに及ばず、世界中の守護神にも人民にも、実地の神力を見せて、改心をさして与《や》るぞよ。

瑞《みづ》の霊《みたま》の大化物が天晴れ世界へ現はれるやうに成ると、世界の人民の顔の色が変りて来るぞよ。眼も明けて居れぬ様なことがあるぞよ。鼻も利かぬやうになり、口も開《あい》た限《き》りに立往生いたす如《よ》うな事に成りて来るぞよ。一度神が知らした事は、堂しても出て来るぞよ。神は一言半句《げん》も嘘は申さんが、何をいふても広い天地の間の事を知らすのであるから、小さい人民の心には這入《はい》り兼《かね》るから、人民は浅く感得《とり》て、折角《せつかく》の神から掛られた綱に外《は》づれる者が沢山に出来てくるから、夫《そ》れでは可哀相なから、何時《いつ》までも同じ事をクドウ気を付けるので在るぞよ。世界はまだ〳〵混雑が出て来るから、日本の人民も守護神も、確《しつ》かりと腹帯を締て居らぬと、俄《にわか》の時化《しけ》で吃驚《びつくり》いたして、船が何方《どちら》へ覆《か》へるやら知れんぞよ。

（「神霊界」大正八年七月十五日号）

大正八年七月十二日

一の経綸《しぐみ》は天王平《てんのうだひら》の一の瀬の奥津城《おくつき》、変性男子《へんぜうなんし》と変性女子《へんぜうによし》の御魂《みたま》とが一つに成りて、弥々《いよく》伊都能売魂《いづのめのみたま》の御用に変りて来たから、横の御用の仕終《しじま》いで、和光同塵《まぜこぜ》の役も是から要《い》らぬぞよ。善一と筋の月日の光り、二代三代の後見を致さして、竪《たて》と横との神界の機《はた》を織り上げて了ふたから、是からの筆先に現はれた事は、速《すみや》かに実現いたすから、皆の役員信者は今迄とは一層注意して、筆先を調べて居らぬと、世界に後《をく》れるぞよ。変性男子と女子の御魂は、天王平の一の守護となりたから、是からは月日揃ふて二の経綸の御用に成りて、伊都能売《いづのめ》の御魂と現はるから、此の大本は水晶の御用に成りて来たぞよ。身魂《みたま》の選《よ》り別けが始りたから、是から先《さ》きの大本は、役員も御用が楽に勤まるなれど、引掛戻《ひっかけもど》しは世が治るまで在るから、少しも油断の成らぬ、三千世界の大本であるぞよ。

春からの神諭《ふでさき》を一々眼を留めて読んで見ると、何も周章《あわて》る事は一つも無いぞよ。大本《たいほん》の解《わか》りた役員は、益々胴が据はりて来るなれど、入信してから未《ま》だ間《ま》の無い信者は、狼狽《うろた》ゑて、一旦は悪神の捕虜に成るなれど、暫く経《た》つと大本の経綸を了解いたして、心が落ち付き、押しても突いても微軀《びく》とも致さぬ、金剛力が備はる様になりて、神政成就の結構な御用を致す如うに、神から色々と為《し》て見せて、身魂を研かして在るから、何程敵に成りて来ても、敵を悪《にく》みてはならぬ。

皆神界の仕組で身魂相応の御用が為《さ》して在るので在るぞよ。誰も皆一生懸命に成りて我が仕組で為《し》て居る様に思ふて居れ共、皆神界から使はれて居るのであるから、誠に御苦労な御役であるぞよ。いよ〳〵神界の経綸の九分九厘になりて来たから、伊都能売御魂《いづのめのみたま》の御用に成て来たぞよ。皆勇んで御用が出来るやうに成りて来たぞよ。四十八文字の生魂《いくみたま》が揃ふたなれど、今の今迄名は現はさぬから、帳《ちょう》に折角附いた身魂は一人《にん》も帳外れに成らぬ如うに心得て下され。守護神にまで気を注《つけ》で置くぞよ。

言霊《ことたま》の幸《さちは》ひ助く黄金閣が出来上りたら、弥々神界の経綸の完成であるから、現界の大本の御用も思ふたよりは速く成就いたすぞよ。神が筆先に出した事は、毛筋も間違いは致さぬぞよ。本宮山《ほんぐうやま》の御宮《おみや》が建ち了《をは》りたら、九鬼大隅守《くきおほずみのかみ》の深い因縁が判りて来て、艮《うしとら》の金神《こんじん》の経綸が判りて来るから、そう成りたら、夜が明《あけ》て日の出の守護と相成りて、五六七《みろく》の神代《かみよ》が天晴れ成就いたすぞよ。

法身《ほうしん》の弥勒（※39）は既に天に昇りて、若姫君の守護致すなり、応身《わうしん》の弥勒（※40）は地に降《くだ》りて泥に交はり、所在艱難《あらゆるかんなん》苦労を嘗《な》め、世界の為に千座《ちくら》の置戸《おきど》を負ひつゝ、千挫《ざ》不《ふ》倒《たう》百折《せつ》不《ふ》撓《だう》の金剛力を発揮しつゝ、地の一方に現はれて、神界経綸の大謨《たいもう》を遂行しつゝあれども、世俗の之を知るものは無く、常暗《とこやみ》の夜の今の有様、今に夜が明けると、吃驚《びつくり》いたして、アンナものがコンナものに成つたのかと申して、世界の人民が舌を捲《ま》く如《よ》うに成る仕組であるぞよ。

応身の弥勒の子には、報身の弥勒（※41）が出現して、水晶世界を建設し、宇宙万有一切安息致す時はそれが弥勒三会《ゑ》の暁《あかつき》であるぞよ。夜の中の総《すべ》ての事を、神直日《かんなをひ》大直日《おほなをひ》に見直し聞直し詔《の》り直す、大本直日の大神の光り輝く神の御代《みよ》となるぞよ。

（「神霊界」大正八年十月一日号）

大正八年八月十一日

艮《うしとら》の金神大国常立尊《こんじんおほくにとこたちのみこと》が明治二十五年から、変性男子《へんぜうなんし》の御魂《みたま》の宿りて居る、出口直《でぐちなを》の手と口とで、永らく知らした事の実地が現はれて来たぞよ。

今に成りてからは、何程日本の守護神が焦慮《あせ》りたとて、最《も》ふ上げも下《お》ろしも成らん所《とこ》まで世が迫りて来たから、何程守護神人民が地団駄蹈《ふ》みたとて、到底人民の力ではニジリとも出来ぬから、此上《このうへ》は神力《しんりき》に頼《た》よるより外《ほか》に道はないから、世に出て居れる方の日本の守護神は、早く身魂《みたま》を研《みが》ひて、この結構な先祖から続いた国を守護いたさぬと、今度行《や》り損なうたら、万劫末代取返しの成らん事になりて、世界は石屋《いしや》（※42）の自由自在にして仕舞はれるぞよ。

今からでも日本の人民に気がついて、守護神と一所《しょ》に世界の大元、地の高天原《たかあまはら》へ参りて、イロハ言霊の勉強を致したならば、末代に一度の神界の結構な御用に使ふてやるから、国と一軒の家とには代えられんから、祖先の墳墓を悪神に荒されともないと、心の底から思ふ誠の人民でありたら出て御座《ござ》れ、世の元からの生神《いきがみ》が神力《しんりき》を渡して、世界の良き鏡に致してやるぞよ。

外国の悪神の企《たく》みは、神界にては三千年余り前から仕組を悪神が致して居りたなり、外国の人民の肉体を使ふて、斯世《このよ》を乱して拘《かか》りてからでも二千年になる永い経綸《しぐみ》であるから、世界隅々までも山の谷々までも、水も漏さぬ経綸をいたして居るぞよ。日本の人民は神の国、神の裔《こ》であると云ふ事を忘れて、外国から来た個人主義《われよし》の行《や》り方を結構がりて、今にエライ目に遇《あ》はされる事に気の注《つ》かん人民斗《ばか》りであるから、何《ど》うぞして日本の人民から改心さし度《た》いと思ふて、変性男子と女子とに苦労を命《さ》して、日夜に声を嗄《か》らし、筆を兀《ちび》らして知らしたので在りたぞよ。今度の国際聯盟は何も知らずに皆の人民が結構がりて居れども、斯《こ》の為に国魂《くにたま》を混合して了ふから、世は段々と迫る斗《ばかり》で、モ一ツ金《きん》の力が覇張《はば》る様になるから、世界中の困難が一層激しく成るぞよ。自由とか平等とか申す事は、一寸《ちよつと》聞けば誠に結構な行《や》り方の様であるが、日本の神国の御先祖様の道を外れて、外《ほか》には自由も平和も来るものでないぞよ。

日本には天照大神《あまてらすおほかみ》様の万古不易の動《うごか》ぬ神教《みおしへ》があるから、此の教を忘《わすれ》て、向ふの国の悪神の行《や》り方を致したら、到底世界は安神《あんしん》して暮す事は出来ぬから、日本神国の人民は、一人《にん》も残らず天照大神様の御血筋を立て、麻柱《あなゝひ》の誠を貫いて行かねば成らぬ、大《おほき》い天からの責任があるので在るから、国の権力や神の稜威《みいづ》を無視するやうな、悪神の計略にかゝらぬ様に致して下されよ。

艮の金神が守護神人民に永らく気を附《つけ》て置いた事の実地が迫りて来て、日本の人民迄が外国の教を結構なやうに思ふて了ふて居るから、堂しても改心が出来ぬなら、神が表に現はれて、目に物見せて行らねば、モウ改心のさせ様が無いから、世界に何事が出て参りても、神を恨めて下さるなよと申して念に念を押して、幾度となく知らして在るから、神と出口にはモウ不足は申されまいぞよ。

悪神の先祖の企みで薩張《さっぱ》り世の持方を誤らされて了ふて、上下《うへした》運否運《うんぷ》の激しき世に成りて、上下《うへした》の守護神人民が内輪喧嘩《うちわけんか》斗りで日を暮し、ストライキなぞを起さな成らん様に、国と人民の心とを乱れて居りて、チットも気の注《つか》ぬ厄介な人民斗りで在るから、神も大変骨が折れるなれど、是でも神界にては三千年の間の苦労の固まりの花の咲く経綸が致してあるから、天下泰平に世を治めて、弥勒の神代《かみよ》に捻《ね》じ直して、天の大神様へ御眼に掛るぞよ。一日も早く神国の天職を自覚《さとり》て、天下修斎《しうさい》の天地の神の御用に尽して下されよ。

神は霊であるから、人間界の仕事は、人間に憑《かゝ》りて致さねば成らぬなり、現今《いま》の人民は余《あ》まり身魂が曇り切りて居るから、神が憑《うつ》る事が出来ぬから、一日も早く改心致して、水晶の身魂に研ひて下されよ。

天下の危急存亡の秋《とき》で在るから、互に小さい感情の衝突は避けて、モチト大きい精神《こゝろ》を以《もち》て下さらぬと。ビックリ箱の蓋《ふた》が開《あ》いたら、各自に耻《はづ》かしく成りて、大きな息も出来ぬやうに成るから、今の内に小我を捨てゝ、神我《しんが》に立直して御用を聞いて下され。

神は人民に就いて、互に統一心の無いのを大変に迷惑いたして居るぞよ。今度変性女子を瑞《ずゐ》竜閣《りようかく》（※43）へ連れ参りたのも、神界の深き経綸のある事ぞよ。人民では判らぬ御用であるぞよ。未《ま》だ〳〵是から女子の身魂を仕組の場所へ連れ参るから、皆の御方心配を致さずに、神から命令の下《さが》った御用を一生懸命に尽して居りて下されよ。後になりて機織《はた》が織上《をりあが》りたら、皆が結構な御用でありたと申して、歓こぶ仕組であるから、女子が何処《どこ》へ参りて何《なに》事を致しても、皆神の命令であるから、取越苦労は致して下さるなよ。神が前つ〳〵に気を附けおくぞよ。

（「神霊界」大正八年十一月一日号）

大正八年八月十二日

瑞《みづ》の御魂《みたま》の宿りて居る天照彦命《あまてるひこのみこと》の生宮《いきみや》を鎌倉へ引寄したのは、三千年の昔より深遠なる神《しん》誓神約《せいしんやく》のある事であるから、人間界では到底見当の取れん事であるから、分けて言はれず、誠を申せば体主霊従《あくまくま》の未《ま》だ去らぬ人民が誤解《とりちが》ひをいたすなり、神界も現界も最早焦頭爛額《もはやせうとうらんがく》の急に迫りて来て居るなり、天照彦命の御用が遅くなりて、瑞祥姫《ずゐしようひめ》の肝心の御用も出来ず、世界は一時も一分間も猶予して居れぬ場合に立至つて居るなり、誠に神も出口も心を困《くる》しめ、夜は瑞祥園《ずゐしようえん》の○○○○○○と天照彦命との中に立ち、言ふに言はれぬ心の苦労を致して居るぞよ。○○○が参りて見えたら、十分に相談いたして下され、判りたら神は鎮まるぞよ。

○

支那の帝政を覆《か》えし露国《ろこく》の君主制を亡ぼし、次《つい》で独逸《どいつ》其他の君主国を破壊したガヾアルの悪神の御魂《みたま》は、米国に渡りて、ウヰルソンの肉体を機関と致して世界を乱らし、九分九厘で世界の王も一人《にん》も無いやうに致して、我が世界に唯一の王の王に成ろうとの企みの裏をかいて、艮《うしとらの》金神《こんじん》が手の掌《ひら》を反《かへ》して、ウヰルの肉体を出直しに致しても、悪神の方にはまた〳〵沢山の扣《ひか》え柱《ばしら》があるから、油断は一寸《ちよつと》も出来ぬ、手を代え品を変えて日本の神国を奪《と》る陰謀《たくみ》を、大仕掛けに致して居るから、日本国に此の神の経綸《しぐみ》が致して無かりたら、日本は申すに及ばず、世界中が悪神の自由に成りて了《しもふ》て、一日も安神《あんしん》に大地の上に居れぬやうな事になるから、種々《いろ〳〵》と神が変性男子《へんぜうなんし》と女子《によし》の御魂を御苦労になりて居るぞよ。鎌倉に参りた因縁も分けて見せるぞよ。

○

大本の〇〇は余り正直で、心が固いから、千変万化の弥勒の活動が判らぬから、表面斗りを見て、神界の実地が判らぬので、弥勒の神の有難迷惑、小さき理窟に捕はれて審神者《さには》を誤まり、神界に対して贔負《ひいき》の曳き倒しを致す事が沢山にありて、神界の御用が後《をく》れて間に逢はぬから、焦頭爛額《せうとうらんがく》の危急の場合を考へて、小さい片意地を止《や》めて、瑞《みづ》の御霊《みたま》の致す事を見習ふて下さらぬと、今日の場合はモウ、一分間も考へたり、研究いたしたり、そんな悠長な場合でないぞよ。弥勒の神の脇立《わきたち》に梅と松の身魂《みたま》を立てねば成らぬから、今度は神が出口を連れ出して、御用いたして居るなれど、傍《そば》に侍《は》べる役員は皆人心《じんしん》であるから、何も真《しん》の経綸《こと》が判らぬ故、誠の事を言ふて聞かせば未だ肉体が八分であるから、怪しく感《と》るなり、神と人民とは何事も反対の事実《こと》が多いから、経綸《こと》が後《をく》れるので在るぞよ。

○

変性男子《へんぜうなんし》の御魂若姫君命《みたまわかひめぎみのみこと》は天に昇りて、天から地の世界を守護遊ばすなり、国常立尊《くにとこたちのみこと》は地に留《とゞま》りて、二度目の天之岩戸開きを致さねば成らぬに就ては、出口直霊主命《でぐちなをひぬしのみこと》の肉体を使《つ》かふ事が出来ぬから、弥勒の御用を命じて在る瑞《みづ》の御魂の肉体を、世が治まる迄は国常立尊の生宮《いきみや》と致して、御用を命《さ》せねば成らぬ時節が参りたから、瑞《みづ》の御魂を是から神界の経綸の場所へ連れ参るぞよ。

明治二十五年から、出口直霊主命の手を借り口を籍《か》りて、ほの〴〵と出て行けば心淋しく思ふなよ。力に成る人用意が致してあるぞよ。

我行く先きは結構な所斗り、神が憑《かゝ》りて連れ参るぞよと申して知らした事の、実地が出て参《まいり》たのであるから、今迄の変性男子の御役《おやく》は次に譲《ゆづり》て、瑞の身魂に変性男子の御魂を入れ替て、伊都能売《いづのめ》の身魂と致して、真実《まこと》の御用を致さす様になりたぞよ。

○

神界にては変性男子《へんぜうなんし》の御魂《みたま》に引添ふて、六合大立命《くにひろたちのみこと》、相生立命《あひおひたちのみこと》、梅の局《つぼね》、又旅政蔵《またゝびまさざう》が御用を聞くなり、現界にては松の局《つぼね》と梅の局が直接の御用を致すなり、神界、現界が揃ふたから、弥勒の活動《はたらき》が追々と激しく成るぞよ。夫《そ》れに就ては〇〇は御苦労なれど、変性女子の御用を引受けて貰はねば成らぬが、何時《いつ》までも、厭《いや》な御用は致させぬから、神の経綸《しぐみ》であるから、暫らくの間御用勤めて下されよ。

何事も神界の経綸《しぐみ》に因縁の御魂《みたま》を使ふのであるから、誰が何《な》んと申しても、相手に成らず素知《そし》らぬ顔で、書物を著《あら》はして貰ふ御用が近よりたから、今の辛《つら》い御用もモウ暫らくであるぞよ。結構な所《とこ》へ神が連れ行きて、真実《まこと》の御用を致さすから、心配は要《い》らぬぞよ。

○○には遠からぬ中遠方《うち》へ一度御苦労に成らねば成らぬから、今の間《うち》に神が経綸を致して居るぞよ。其行先は結構なとこ斗りであるぞよ。

○

世の立替《たてかへ》の真最中に成りたら、瑞《みづ》の御魂《みたま》は四十八の生魂《いくみたま》を以つて、言霊神軍《ことたましんぐん》を組織し、之を引率して驚天動地の大活動を致さねば成らぬぞよ。夫《それ》に就ては神界より秘策を授けて置かねば成らぬ事が、未だ〳〵沢山あるから、何時《いつ》神が何処へ連れ参《ま》ゐるやら知れんぞよ。一人《にん》でも神界の大秘事、神政成就までは知らされん事があるから、肝心の生神《いきがみ》の居る場所へは、御伴《おとも》は一人も許す事は出来ぬから、何時王仁《いつわに》の姿が見えぬ如《よ》うに成りても、心配は致して下さるなよ。何も別条は無いから、前から筆先で知らして在る通り、神が守護いたして居るから、○○殿、チツトモ心配は致して下さるなよ。他の役員にも心配致さぬやうに、会長どのから好《よ》く言ひ聞かして、安心して御用の出来る如《や》うに頼むぞよ。

是れから瑞の御魂の実地の御用の初《はじま》りであるから、未だ〳〵大本の中に依然《じつと》しての御用する所《とこ》へは行かんから、其覚悟で居りて下され。是から先は会長どのは段々と忙《せ》はしくなりて、煙草《たばこ》吸ふ間も無いやうな事が出て来るが、そう成りて来ねば、天地の岩戸が実際に完全に開けんぞよ。

○

いよ〳〵に成りたら、三代（※44）と大二《ひろつぐ》（※45）どのは馬に打乗り、古代の立派な○姿で陣頭に立ち、数万の神軍を指揮いたさせねば成らぬから、今の内に瑞《みづ》の身魂《みたま》が心を配りて、因縁の深い身魂に内々申附けて、御用させて置いて下され。一日も早く致さぬと、肝心のものが間に逢はぬ如《よ》うな、面倒《めんど》い事が出来《しゅったい》いたすぞよ。

我が在るの悪霊がねらひ済して居るから、油断が在ると、其の結構な宝を奪《と》られるやうな事が在つては約《つま》らむから、是も言霊閣《げんれいかく》に次での大事の御用であるぞよ。此の御用いたしたものは結構で在るぞよ。

（「神霊界」大正八年十一月一日号）

裏の神諭

明治三十六年六月一日

○斯世《このよ》の暗黒《やみ》を照さん為に、天津御祖《あまつみをや》の神は、天の八重雲を伊都《いづ》の千別きに揺別けて、厳《いづ》の御《み》魂瑞《たまみづ》の御魂《みたま》を豊葦原《とよあしはら》の瑞穂の中津神国《なかつみくに》に天降し玉へり。

○二つの御魂は天津御空より、黄金の光輝《ひかり》を放ちて肉の宮に鎮《をさ》まり玉ひて奇しき神業《みわざ》を示して、神の国の証明《あかし》を為し、此の曇りたる世を開き給ふ。

○△△御魂を清めて神の御国を知り、初めて誠の神に見《まみ》え、真の神言《たより》を聞けり。

○日頃心中《こゝろ》に推《うづ》高く積れる罪の捨場を覚りたり。六年余りて△△が常に心に懸りつゝ在りし疑問《うたがい》の雲は晴れたり。今迄疑いつゝ在りしは、正しく真正《まこと》の神の御国を開かむ為の、却りて力と成りたりき。今迄悪しからむと思ひ悩める事は、矢張悪しかりき。怪しと思ひ考えたりし事は、悉《ことごと》く怪しかりしを、神助に依りて覚悟《さとる》を得たり。

○瑞の御魂の△△臍下丹田《したついはね》に降り玉ひて、真如《まこと》の月光《ひかり》を放ちたれば、△△が心の鏡は晴れ渡りけり。

○疑ふ事は総《すべ》て神界に対し奉りて畏《おそ》れ多き事なれども、蓋《けだ》し事に由る也。奇怪《あやし》き事柄と思ふ時は、譬《たと》へ神界の御事なりとも、何処《どこ》までも考へざる可らず。只神の言なりとて前后の区別も無く、直ちに信ずる時は迷信に陥り、却つて真正《まこと》の道を毀《そこな》ひ破る可し。

○△△今迄は罪穢の中に彷徨《さまよ》いて、道の行程《ゆくて》に苦しみたりしが、今や天降《あも》り玉ひし瑞の御魂に依りて、正しく安すく平らかなる大道に導かれたり。我れ先づ覚り救はれたり。是より進んで其覚り得たる所を発表《あらは》し示して、以て汚れたる世を救はむと欲す。

○天の原雲路遥かに揺別けて、天降りたる瑞の御魂の伝えに由りて、天の道、地の道も明らけく成れり。天道地道は元より明かし。世人《よひと》の心暗黒なりし故に、今まで斯の明かき道を知らざりしのみ。歩まざりしのみ。

○瑞の御魂今や降りて肉の宮に入り、懇《ねんご》ろに神の国の教を宣り伝ふ。神の子よ、進んで神の教を聞け、神の言は生命の綱にして、栄えの園なり。

○神に正邪の別あり。正神界の神々は其神霊、皆天帝より直接に来たる。邪神界の御魂は体主霊従《あく》より起るものなり。

○神より出でたる至霊の神は宜しく敬すべし。神より出でず、罪より来たりし曲津神は、決して敬すべからず。

○総て神道の教を信ずるもの、最も慎重の態度を持し、沈着にして神教の正邪を弁《わきま》へ知らざる可らず。悪なるものは常に善の仮面を被りて現はれ来たり、心正しきもの、又た行ひ良きものを迷はせ、苦しめんとするものなり。

○天之御中主神《あめのみなかぬしのかみ》の御精霊たる天照皇大神《あまてらすおほかみ》は、至仁至愛《みろく》の大神なり。神は勇智愛親を以て心と為し給へ共、特に仁愛《みろく》を以て主とし玉ふ。

○愛に五つの別あり。其一は親子の間の愛なり。親が其子を愛し、子が其親を敬愛するは、人類固有の天性なり。禽獣と雖《いへど》も子を愛す。中には子も又親を愛するものあり。是れ普通の愛なり、動物自然の愛なり。此の愛無きものは世界に無き筈なり。然れど暗黒なる今の世は、親の方よりして子を愛すれ共、子よりして親を敬ひ愛するもの尠《すく》なし。鳩に三枝の礼あり、烏に反哺《はんぽ》の孝あり。況《いは》んや神の子と生れ出たる人にして、親を敬ふ事を為さず、且つ之を愛し、仕ゆう事を為《せ》ざるものは、禽獣にも劣るものなり。野山の猛き獣さえ子を愛する事は知れり。我子のみを愛し乍《なが》ら我父母を敬愛せざるもの、今の世に最も多し。

○其二は好むの愛なり。牛馬を好むが故に牛馬を愛し、盆栽を好むが故に盆栽を愛し、書画を好むが故に書画を愛し、美人を好むが故に美人を愛す。凡て好むの愛は自己《をのれ》の好みに由りて、自己《をのれ》の心を愛するものなり。牛馬其物の為に愛するものにあらず。盆栽、書画、美人その外《ほか》総て其物の為に愛を加ふるに非るものは、皆好むの愛なり。

○其三は義理の愛なり。斯《こ》の愛は心の底より出たる愛にあらず。継母が先妻の子を愛するは、是れ義理の愛なり。継母なりとて如《かくのごとき》斯もの而已《のみ》にあらず、偶《たま》には真実《まこと》に心美《うる》はしくして、心の底より愛するもの無きに非ず。然れど継母のまゝ子を愛するは、大抵は其夫に対する為に愛し、親族知己に対する為に愛し、亦た世間へ対するの為に愛す。是等の類を凡て義理の愛といふなり。

○其四は偽りの愛なり。口先き而已愛を唱へつゝ、心に真の愛なきもの也。現今の宗教家、道学者などの口にする愛は総て偽善なり。詐りの愛なり。亦た真正の愛なりと信じて、人々を救ひの道に導かむと思ひ煩らひ、真の愛を誤解せる人の愛は、偽りの愛と成る事あり。度量狭く智識浅き神道者、亦は頑迷なる教法家の主唱する愛も多くは偽りの愛と成る事あり。
○其五は神の愛なり。神は至仁至愛《みろく》なり、真の愛なり、正しくは美はしく限り無き愛なり。敵するものも従ふものも、区別を立てざる真愛なり。心魂の汚れ、且つ曲りたるものを清め直し、善に導くは神の愛なり。総ての人を偏《かたよ》り見る事なし。国の内外を問はず、人種の異同を論ぜず、等しく愛するは神の愛なり。神は善人の頭も照らし、悪人の身体も等しく照らし玉ふ如く、如何《いか》なる罪穢深き人なりとも、善人と同じく愛し玉ふ。是至仁至愛《みろく》の神心なり。神は弱きもの、小さきもの、悪しきもの、道を知らざるものに特に神慮《みこゝろ》を煩らはし給ふなり。我身魂の汚れたる事、曇れる事、卑しき事を自ら覚り得たるものは、最早《もはや》神の御国に近付きたる人なり。神徳を得たる人は、何処となく温順なり。善言美詞《みやびことば》は幸ひあり。悪言暴語《のゝしり》は神徳に離るゝもの也。餓えたるものゝ食を尋ね、渇きたるものゝ水を求むる如く、惟神《かんながら》の大道を慕ふものは、神徳を受くるの初めなり。己が天職を知り仁慈の心起りて人々を敬愛するものは、既に神の御恵に会ひたる人なり。
○仁愛にも種々あり。富みたる人の貧しき人を憐み救うも仁愛なり。強き者の弱き人を助け救うも仁愛なり。また強きものを憐れまざるべからざる仁愛あり。蓋し家富たりとて、力強きとて、誠の大道と、誠の光を知らざるものは憐れむ可し。斯る人々を誠の道に導き救うは、至仁至愛の神の御心に叶へる仁愛なり。神の御子たる人々を憐れみ救ひたる人は、また天地の大神より其身を憐れみ救はる可し。

○神と親しみ仕ふる者は、至幸至福の人なり。神に親しみ仕えむと思ふ者は、神に等しき正しき心ならざる可らず。

○神の道に尽せし為に、攻撃《せめ》らるゝを歓こびとせよ。正しき事を為すが為に、悪魔に妨げられ、攻めらるゝを幸ひとせよ。真理を取りて進みし為に、攻めらるゝを歓こびとせよ。是れ神界より偉大なる力と、無限の神徳を与へらるゝ初めなればなり。

○誠の道の為に竭《つく》し、正しき教に従いたるが為に人是を罵り、或は攻め苦しめ、又は強《し》いて悪しき様に言ひ為し、或は新聞雑誌等にて攻むるものあらば、歓こび神明に感謝すべし。神界にては之に反して、必ず良き報いあればなり。

○人爵富貴必ずしも幸ひならず。人は人たるの道を歩みて、真の神に見《まみ》え奉る事を得たるもの程、世に幸なるものは無し。近慾なる者、頑固なる者は、斯の誠の幸いには眼も呉れず、物質的財宝を貯え、以て至幸至福と誤解す。肉眼のみ開けて心の眼暗く、霊魂界の真の幸福を知らず。神より見れば実に憐れむ可きものなり。

○世の中の総ての人を敬愛すべし。人は皆神の分身分霊にして、即ち神の珍《うづ》の御子なれば、人を敬愛するは神を敬愛し奉るに等し。
○神祇を敬祭し、亦た祈願するは、総ての事物に就きて利益あり。信仰は其身の益となり、其国の益となり、世界の益となり、又其家の益となり、其他一切の利益を来たすものなり。
○信仰は現在の身体の壮健を持続し、病苦を免がれ、永遠の真生命の為なり。亦た未来に於ける霊魂の生命《いのち》の為に、最も大なる力となるなり。
○人々の多くは其身に犯せる罪過の為に、自ら神明に遠ざかる。然れど人は初めの赤心《まごころ》に復りて、神を拝し、神を敬まいなば、神は忽ち近付き玉ひて、神人合一の境に入り、偉大なる力と歓こびを授けて、其天職を全からしめ給ふ。
○神を敬愛するの度は、我産みの親に勝るべし。親に勝りて神を敬愛するものは、其親は亦た神より一入《ひとしほ》深く恵み愛くしみ玉ふ。
○悪しき人を見れば直ちに我が身、我心を省みよ。仔細に調べ見る時は、我身心にも其人に勝りて、悪しき事の在るを覚り得べし。
○悪き人、愚昧なる人と雖も、決して侮り見る可らず。宜しく其人を鏡と為し、我心身を省みて、少しにても悪き事あらば改むべし。悪き人、愚なる人を見降す者は、即ち我身を見降す人と成る。
○大本の信者たるものは、其行為を勤むべし。信者にして良き行為《おこない》無き時は、尊とき大神の道の御名までも、汚し破る事在り。一旦神の道に入り乍ら、神の御名を汚したる者は、神を信ぜざる者よりも、其罪却りて大なり。信者と成れば世に勝れて良き行ひと、誠の心を以て、神の御徳を現し奉るべし。

○大本の真の信者たらむとする者は、既成宗教《いまゝで》の布教師中《とりつぎのうち》の、最も清き者よりも勝りて、身魂を研き徳を積まざれば、神の御国に到らむ事難たし。

○然れど大本の道は、既成宗教奉《いまゝでのとりつぎ》信者の夢にだも知らざりし、清き明かき道なれば、斯道の信徒たるものは、各宗教の布教師の中の、最も勝れたるものより優る事万々なり。

○大本の道に在るものは、宜しく三種《みくさ》の神宝《かんだから》と成りて、神の御徳を世に現はすべし。神の光を世に輝したる時は、其者は神界より限り無き力と、栄誉《さかえ》と、光輝を与へ給ふ可し。

○草薙の剣も錆び腐りては何の用をも為さず。人たるものは皇神《すめかみ》の道に依りて、心に帯べる草薙の剣を研き、常に善事の為に抜き持ちて、心に寄せ来る悪魔を滅ぼせ。

○玉も研かざれば光なし。心に懸けたる八坂《やさか》の曲玉《まがたま》を、絶えず皇神の道に依りて磨くべし。光なき玉は既に玉たるの価値を失ひたるものなり。心を用ひて心の玉を汚す事勿れ。

○鏡も曇れば総ての物の姿を写す可らず。人の心に懸けたる八咫鏡《やたのかゞみ》を、皇神の道に依りて磨く可し。

○神の御子たる人々は、神より授け給ひし斯の三種の神宝を、研き清めて、神の国の栄えの為に用ふる事を、一つ心に祈る可し。

○神の子の心の中に納まれる、斯の神宝にして錆び、腐り、折れ、曲り、虫喰い、破ぶれたる時は、是れ其身も、魂も、永遠に死に向つて走れるものぞ。畏れ慎しみて油断ある可らず。

○金あれば譲る子は無し、子が有れば譲る金無き世の中の道。山の井に清き姿を写すとも、夢濁り江に身をな浸しそ。

○舌のみ神の国に到るもの在り、耳のみ高天原へ上るもの在り。人は必ず誠を尽して、全身を神の国へ上らしめて、其身を全くし、其魂を全くすべし。

○全身を神の国へ上げむと思はゞ、其身と心に纏《まと》える、重き罪を祓ひ改め、皇神の稜威に依りて、雪よりも白く、其身魂を清む可し。

○口先ばかり善なるものは妖怪なり。耳のみ聡きものも変怪なり。妖怪変化は神の国に無用なり。

○神の子よ、奇魂に省みて覚れ、神の尊き稜威を。男子を産むと思へども女子生れ、女子を得むと思へども男子生れ来る事あり。美はしき児を得んと欲すれども、醜き児生れ来り、亦た児の欲しき人に児を与えられず、児を欲せざる人に、却つて児多く生れ来る事あり。是即ち皆神の御子にして、人の児にあらざる証拠にあらずや。若し人の産みし児ならば、児を産むものゝ心の儘に成るべき筈なり。

○凡て人の斯世に生れ来るは、美はしき神の御心と、太き御功《みさち》に由る。故に我児雖へども、我子に非ざるを覚るべし。

○我子にして我子にあらず、何れも皆神の真の御子たる事を覚らば、決して我生みし子なればとて、粗略《をろそか》に為す勿れ。真の神に仕ふる心以て其子を養育せざれば、神の大御心に背くものと成るべし。
○髪の毛一筋造り得ざる人の身を以て、子に対し親顔を為す可らず。神の御心と活動《はたらき》に由りて、生れ来たれる子の頭へ、手など上ぐるものは、神の国に歓こばれず、却て罪と成るべし。

○

吾身に敵するものと雖も憎む勿れ、寧《むし》ろ吾より真心を以て親しむ可し。悪き人を憐みて其人の為に神の守を祈る可し。斯くする時は神は其心と行いを見そなはして、一入《ひとしほ》大なる栄誉と、恵を降させ給ふ。

我れを愛するものを愛し、我を敬するものを敬するは凡人の事なり。如何《いか》なる悪人と雖も、人に敬愛せられたる時は、己も又是を敬愛す。
○然れど皇神の大道に敵し、或は妨害するものは、大神に反く悪魔なれば、少しも看過すべからず、道の為神の為に力を尽して撃退し、以て神の御国を守るべし。
○人は凡て神の御子なれば、何事も神に習ふべし。神の仁愛の全きが如く、世界の人々に対しても敬愛を全くすべし。
○人に見られむが為に知られんが為に善を為す勿《なか》れ。人に見えず、知れざる様善を行ふべし。隠れたる処にて善を為す時は、神は之を世に広く現はし、且つ大なる良き報を降し玉ふ。
○何事も皆神に任かせ奉れ。よし無き事に案じ煩らふ勿れ。
○着る物、食ふ物、住む家などは、人々を安くせむ為に、天地の神の授け給ふものなり。故に人にして誠の道に依りて求むるに於ては、神は之に与え給はずと云ふこと無し。鳥獣と雖も我身を養ひ、生命を保ち居るにあらずや。神の仁愛は万物に普《あまね》く渡りて限り無し。
○足利義政の奢侈《しゃし》も太閤秀吉の栄誉《さかえ》も、其盛りは梅花の一輪にだも及ばず、恰《あた》かも桜の花の如く、唯々一時の夢なりき。人は神の御国に宝を積みて、神の国の限り無き栄誉と歓喜を得よ。只一時の桜の花の栄えを捨て、永遠の春を迎え、誠の花の限りなき栄えを望むべし。
○梅の花は年を隔て香ばしく、昔も今も変りなき、神の霊に充ち、露の弾丸、霜の剣、雪の冠りを堪え忍びて、少しも撓《たゆ》まず、妙なる芳しき香を放ち、其の花の盛りも永く、其実は世の利益を為すなり。信仰は凡て梅の花に習ふべし。
○世の大方の人は、泥の梅に漂ひて霊の生命を失はむとす。天津神は之を憐み給ひて、厳の御魂瑞の御魂を下津岩根の肉の宮に降し玉ひて、迷へるもの、愚なるもの、罪あるものに、光りを与へ、智識を与へ、罪を清め、身魂の生命を永遠に継がしめ給ふ。

○至仁至愛神《みろくのかみ》は全智全能に坐しませば、第一に大地を造り、二に太陽を造り、三に太陰を造り、之に霊魂と霊力と霊体とを賦与し給ひ、天照大神をして太陽を守らしめ給ひ、大国常立尊《おほくにとこたちのみこと》をして大地を守らしめ、月の大神をして太陰を守らしめ給ふ。

○至仁至愛天帝《みろくのかみ》は、天津御国に在りては天津八百万《やほよろづ》の神を産み玉ひて、各自《おのおの》守るべき国魂を定め玉ふ。

○宇宙には唯一の天帝より外に、神は無しと唱ふる教えあり。皆神理に暗き臆測にして、偏見の甚だしきものなり。天帝即ちミロクの大神は、全智全能なるが故に、天神神祇、八百万の神を産み玉ひて、到る所の国魂を定め、国々所々を親しく守らせ給ふなり。

○地球を包める雰囲気外に坐《いま》す神々は天津神なり。雰囲気内に坐す神々は国津神なり。

○天震い地揺り動き、海の荒浪猛り狂い、鳴り轟ろき、逆巻来りて、罪人の身魂を浚《さら》はんとするとも、厳の御魂瑞の御魂の在ります限りは、神の稜威に依りて祓ひ退ぞけ鎮《をさ》め給へば、神の道に在る誠のものは恐る可き事なく、滅ぶ事無し。

○この二柱の御魂の御赦しなき時は、何事も成り遂げず、如何《いか》なる猛き夜嵐の力の限り吹き荒ぶ共、二柱の神の御許しなき時は、木の葉の一つだも払ひ落す事能はざるものぞ。

○厳の御魂瑞の御魂の救ひの御声は雷の如く鳴り轟ろき、其御光りは電の如く迅《すみや》かなり。

○至仁至愛天帝《みろくのかみ》は始め無く終り無し。故に限り無き愛と親と勇と智を具へ給へば、天津御空も国土の底も、其の神徳は充ち足らへり。
○又た万物を造り、万神を生み、昼夜の別ち無く守り主どり玉へば、神の子たるものは、神の御稜威《みいづ》の限り無く高く、広く、深きを歓こび仰ぎて、生命の在らむ限りは大神を尊び敬まい、最《い》と忠実《まめやか》に心も清く美はしく、永く仕へ奉るべし。
○天津御祖の神の御心を以て、中津国に天降りたる二つの御魂に反くもの敵するものは必ず滅び行くなり。神の御心より出でし御使神《みつかい》に誰か敵し得ん。この地球《せかい》は豊葦原の瑞穂の国なり、また大倭豊秋津嶋《おほやまととよあきつしま》なり。我日本は豊葦原の中津国なり。又た大倭豊秋津《おほやまととよあきつ》根《ね》別《わけ》の国なり。即ち地球の中心に位し、天孫降臨して地上一切を統治し給ふ神国なり。
○斯る尊き神国に生を享《う》けたる神の子は、殊更《ことさら》に神を敬ひ、国を愛し、身の行状を清くせざる可らず。
○山も海も河も田も畑も、皆神の稜威により、言霊の幸より造られたり。故に人の身も魂も生命も、衣るもの、食ふもの、住む家も、一つとして神の御業に漏るゝ事なし。
○神を篤く敬信し、最《い》と忠実に仕え奉るものは、其身も魂も神と倶《とも》にあり。神人合一にして神は即ち人なり、人は即ち神なり。此の境に信仰進まば、所謂霊主肉従《ひのもと》の神人なり。至仁至愛《みろく》の大神は、最《い》と高き天津御国に在《おは》しませ共、世人の為に天降り玉ひ、身魂の清き人の上に臨みて、其身を神の宮と為し、暗《やみ》の世を光り輝やかせ給ふ。

○真智、真勇、真愛、真親ある人は、其身も魂も共に神に見《まみ》えつゝあり。

○瑞の御魂は最《い》と高き天津御祖の神の、直々《じきぐ》の御子に坐しませ共、世の罪穢を祓ひ清めむ為に、大御神の神勅《みこと》畏こみ、瑞穂国へ降り玉ふ。

○天津御空の神風は、綾の高天原に穏かに吹き起りて、四方《よも》の国青人草を安きに靡《なび》かせ玉はんとす。神の御言は神風なり、草は人なり。

○人は神の分霊分体にして神と等しき身魂なり。神は万物普遍の霊にして、人は即ち神に代りて天地を経綸すべき司宰者なり。然るに暗黒なる今の世の人は、奇魂《くしみたま》曇りて我天職を覚らず、神を知らず、自《おのづ》から悪魔の群に走り行き、遂に根の国底の国に陥り、無限の永苦を嘗むるもの多し。

○斯の如き人々を説き諭し、神の御国に導くは神の子たるものゝ天務にして、神の大御心に叶ひ奉るものなり。教役者は更なり、信者たるものも常にこの心を忘る可らず。人を神の御国に導くの心掛け無き信者は誠の信者にあらず。自己《われ》のみの信仰は世を益し、人を利する事なく、私心私情の為の迷信となる。

○驕《たか》ぶる心を退《しり》ぞけて神に来れ。神に身も魂も捧げ奉りて、罪を悔い行いを改め、厚き深き広き神の御恵を覚れ。

○大本の信者は第一に至仁至愛天帝《みろくのおほかみ》を崇敬し、次に天津神、国津神、八百万神を崇敬すべし。

殊に神の総ての取次ぎなる厳の御魂、瑞の御魂の大神を尊み敬ひ、其御徳を称え奉る可し。
○神々の数は多く坐しまして限り無し。一々御名を称え奉る事難し、故に総ての神々の大御祖に坐します至仁至愛天帝《みろくのおほかみ》を崇敬し、殊更に厳の御魂瑞の御魂の守神を祈り奉るべし。
○第一に礼拝すべき大神は天照大御神《あまてらすおほみかみ》なり、神伊邪那岐神《かむいざなぎのかみ》なり、神伊邪那美《かむいざなみ》の神なり。
○常に祈願すべき大神は大国常立大神《おほくにとこたちのおほかみ》なり、豊国母主大神《とよくもぬのおほかみ》なり、須世理毘売神《すせりびめのかみ》なり、玉依姫《たまよりひめの》神《かみ》なり、木花咲耶姫神《このはなさくやひめのかみ》、彦火々出見神《ひこほゝでみのかみ》また祈る可し。
○祈る可き神は人々の願望を叶えさせ給ふ。また人々の祭るべき神は其御勲功《いさをし》を厚く感謝して、其恩徳に報ゆる為なり。
○然れど祭るべき神々たりとも、公正なる願望は祈る可し。また祈る可き神たりとも、感謝の心より祭らざる可らず。要は只一方に偏せざるにあり。
○真の神の大神業《おほみわざ》は人の浅き智りを以て量り知る事難し。故に只赤子の心に立復りて神の御言に従ひ奉れ。
○神に任せ奉る身は、苦しき事無く危ふき事無し。
○神の御国に到りし人は如何なる事にも恐れ無し、物すさまじき群雲の中にも暗の夜にも、神の恵みは隠れありて、人草の上に雨と成り、雪と成りて降りそゝぎ玉ふ。
○天地を神代の清き昔に復し、万類を安きに救ひ玉ふ厳の御魂の大神は、荒き浪路を打渡り、峻しき深山路《みやまじ》分け入りて、恵みの跡を永遠《とこしへ》に垂れさせ給へり。
○梅の花の厳しき寒さを忍び、霜雪と戦いし勲功は、忽ち初春の魁《さきがけ》として、兄の花として、栄誉の極みとして酬はる也。其香の高く、其色の清き梅の花こそ、もの優《や》さし。万木に勝れたる色と香は、神の御心の清く美はしく香ばしきが如し。
○天津御空の最と高きは、天津御祖の神の稜威を現はせり。其御空の清く明きは、神の神業《みわざ》と広き御心を表はせり。
○口より出る言の葉は、清く正しく美はしくして、神に歓こばれむ事を願ふべし。斯世は言霊の幸ふ国なり、言霊の天照国、言霊の助くる国なればなり。身の行ひも心の思ひも、直く正しく、清く美はしくして、神の御心に叶い奉る事を祈るべし。
○神の御言は黄金よりも玉よりも勝れて最と尊とく、其味は蜜よりも甘し。
○神の戒律《をきて》は天津御祖神より瑞の御魂を通じて、現はされたり。神明《かみ》の戒律は、省《かへりみ》る、耻《はづ》る、悔《くゆ》る、畏《をそ》る、覚《さと》るの五情なり。御祖《みをや》の神は斯の全たき戒律を人々の霊魂中に与へ給ひて、人々の身魂を清めて永遠の生命を賦与し、死せむとする霊魂を活《いか》し給ふ。
○真の神は姿も見えず声も聞えず。然れど智識の目には神の姿も見え、其耳には神の御声も確かに聴き得可し。
○神の恵みは天地四方に輝き渡りて至らぬ隈も無く、其御言は直きが上にも直く、正しきが上にも正しくして清く明らかなり。
○正しき神の大道に歩みて、神の美はしき御名を現はし、神の御心を勇め奉りて、神の深き御恵に報ひ奉れ。
○至仁至愛の神の恵みは、人々の心を尽し身を尽して、何時まで仕え奉るとも、神の深き広き御恵の万分一をも報い得ざるものぞ。唯だ其身と其魂を神に捧げ奉り、一心に仕え奉るに如かず。
○心の憂ひ苦しみを憐み救ひ玉ふ神は誰ぞ、是れ大本大神の明き御教なり。又た深き罪穢を祓ひ清むるものは誰ぞ、瑞の御魂の御名に依る。
○身の汚れ心の罪の重き荷を下ろし、休らふべき所は何処なるぞ、高天原の神の国、瑞の御魂の住処なり。進みて忍べ身に心に負へる最と重き荷を、時に後れず勇み進みて先途に立てよ。
○大本の神の御教を聞く人々は、斯世に於ける幸ひの最と大なるものなり。心一つに神に習ひて大神の霊を得、其身魂限無く清まる迄道を慕ふ可し。

（「神霊界」大正七年一月号）

（年月日不明）

暗夜の中に迷へる罪人を憐み導びきて、明き大道に救ふ大本の御諭しは、高天原《たかあまはら》へ上り行く道分けなり。

○常に苦しみて歓こび勇む事を知らざるものは、既に神の御前に遠ざかりたる者なり。心を竭《つく》し意を竭し、其全身を捧げて大神に来れ。神は勇みて神慮《こゝろの》限り安きに守らせ給ふべし。

○仁愛全き大神の御名を称へ奉りて、片時も其神恩《しんをん》を忘るべからず。万一忘れし時は我身魂の亡びに向ひし時と知れ。

○弥仙《みせん》の山の姿正しく、永遠に動《ゆる》ぎ無き其心を以て、末長く身魂《みたま》の在らむ限り神を敬愛せよ。

○神は天地と共に久遠なり。故に子々孫々に伝へて神の大道を歩むべし。

○動かぬ信仰は松の心なり、日本《やまと》魂《だましい》なり。松の心は神に対して誠に良き供物なり。

○神の御恵は豊にして欠くるなし。誠の道に入りて求めよ、神は何事も与へ給はざる事無し。

○清き心を持ち神の御許に来りて忠実《まめやか》に仕へ奉れ、神より外に安きは無し。苦しき時にも神の御許《みもと》に在らば、憂ひも悲しみも消え失せて、恰《あたか》も春の雪の如くなるべし。

○人の霊魂は天津御祖の神より直日の魂を受けて、之を糧《かて》と為すが故に飢ゆる事無く養ひ育てられて、霊魂の生命を繋ぎ行くものぞ。直日の御霊の糧無き時は、人の霊魂は生くる事能はず。

○人の霊魂は神の恵みに由りて楽しく活き、永遠に栄ゆるものなり。神の恵み無き時は霊魂は亡びて栄えを見る事能はず。

○天津御祖神は総ての人に霊魂を授け玉ひ、其霊魂中に直霊の糧を与へ、永遠に魂の生命を守り給へば、人たるものは第一に直霊を尊重し、狂津日《まがつひ》の神に罪と共に誘惑されざるやう注意せよ。

○人の霊魂中に省ると云ふ役所あり。斯の役所は人々の霊魂の正中に、惟神《かんながら》に建てられたるものにして、直霊の魂の事務所なり。曲津霊神《まがつひのかみ》は常に斯の事務所を浸さんとするを以て、神に依りて防ぐ可し。

○天津御祖神は人々に各自四ツの魂を授け給ふ。即ち荒魂《あらみたま》、和魂《にぎみたま》、幸魂《さちみたま》、奇魂《くしみたま》これなり。

○四魂は人心の基なり。心には五情あり、即ち省る、恥る、悔る、畏る、覚る是なり。

○人の心は新たに生れ代りて、新しき人と成らざれば神の国を知る事能はず。神の御心に叶ひ、新らしき誠の人とならば天震い、地動き、海は鳴り、山は裂け、川溢れ、荒風吹き、火の雨降るとても、神に在る身は毫も恐れを知らず。

○清く正しく穏かなる神の懐《ふところ》は其御諭しも懇《ねんご》ろなり。至仁至愛の神の懐に抱かれて、心も身をも委《ゆだ》ね奉り、神に習ひて世の為に真心を尽せば、其身は則ち神の珍《うづ》の御子なれば、世の中に一つも恐るべきもの無し。

○誠の神の為に良き事を行い、神の経綸を助け奉りて、神の子と生れたる人生の天職を全ふし、死しては幽世の神の列に入りて国家を守る可し。

○天地を造り、日月を生み、万物を生育して、万世不易に守り給ふ、至仁至愛の大神は、青人草の栄えを歓こび待ち給ひ、毫も滅びを喜び玉はず。故に神は世の進歩と隆昌とを以て第一の目的と為し給ふ。

我日の本は世界の中心に位す。故に皇祖《みおや》の神は豊葦原の中津国と称《なづ》け玉へり。亦豊秋津根別とも名づけ玉ふ。言霊の天照る国、言霊の幸ふ国とも云ふ。斯る目出度神国に生出し人々は、殊更に神を敬祭し、其洪恩に報ひ奉るべし。

○日本神国は世界人類の親国也。万世一系の天津日嗣天皇ましますも、世界の親国なれば也。日本国天皇は現人神に坐々て世界の主なり、世界の師也、世界の親也。天津御祖神発祥の霊跡は、我皇国に厳存すと雖も盲目なる日本人は燈台下暗し、未だ之を知らざる也。

○日本国の学者輩は、神聖なる我国体の根本義を知らず。外尊内卑の念強くして、外学の仲買業者のみ也。故に浅薄なる外学に心酔累惑して、祖宗の神聖なる御遺訓を無視し、国体の尊厳を破壊する国賊也。現代社会の堕落と風教の頽廃は、舶来的政治、宗教、教育の産物なり。皇道の大本を失脚せる外頼隻脚的経綸の貢ぎたる弊害なり。政治の無能と教育の無効なる所以も、又た皇道の大本を忘却せる結果也。

（「神霊界」大正七年二月号）

明治三十五年一月三日

○吾神国は天地開闢の太初より言霊の幸ひ助け天照る御国なり。
○言葉は総ての物の始なり。故に人は第一に言語《ことば》に注意すべし。
○口より歓こびと栄えと平和を出し、又た苦しみ衰え争論を出し、其身を亡ぼす事あり。
○言葉ほど恐る可きものは無し。剣も悪魔も滅びも皆口より出づ。故に吾身と吾魂とを根の国、底の国へ導くものは口より出づる言葉なり。
○人を罵《ののし》る口を以て人を祝し、且つ賞揚せよ。人は大神の珍《うづ》の御子なれば、人を罵るは神を罵るに等し。災禍忽ち其身に至る、慎むべし。
○神の御裔なる人たるものは、世界の同胞を憎み、嫉《ねた》み、且つ罵る勿《なか》れ。人を悪しきさまに言ひ成す者は、吾身の暗き劣きを天に向つて自白する也。
○神の道に在る者は公平にして私無く、常に善言美詞を旨とし、総《すべ》ての人に懇《ねんご》ろに交る可し。
○神の道を普《あまね》く世に宣べ伝へんとするものは、正邪理非曲直を省み、以て其の言と行状を慎しむ可し。
○伝導者の言葉と行為は恰《あたか》も原野を焼く火の如し。一点の微なる火片も忽《たちま》ち大都会を焼尽すが如く、伝導者の一言一行は世界を左右する力在れば也。
○世の凡俗と親み交はらんと欲せば、至真至美至正なる大神の聖慮に叶はず、又た大神の聖慮に合《かな》はんとせば凡俗の心に和せず。故に最も荒魂《あらみたま》の勇と和魂《にぎみたま》の親みの必用あるなり。

○口に誠を唱へ心に誠を思ふと雖《いへど》も、之を実行するの勇と断なければ、蓋《そ》は偽の誠なり。偽りの誠は神の御前に穢れと成る可し。

○如何《いか》ほど心に誠を行はむと思ふとも、其時の境遇の為に之を実行し能はざる場合は、神は之を宥《ゆる》して其時の到るを待ち給ふべし。去れど口の上のみにて唱ふる誠は偽なり。偽の誠は大神は束の間も之を赦し給はざる也。

○

名誉の為俸給の為に神に仕ふる神官、神職なるものは、真の敬神者に非ず。又た人爵厚俸以て君に仕ふるものは純忠者にあらず。真の純忠即ち克忠は、名誉も俸給も地位も無く、賞賜も受けず、只々地平線下に隠れて、大君の為御国の為に身を竭《つく》し心力を尽し、以て天津日嗣《あまつひつぎ》の天業を翼賛し奉るもの也。

○敬神尊皇愛国の赤心《まごころ》強く、且つ実行に賢《さと》き者は、大神の大御心に叶ひ奉るを以て、神は其人の肉体に天降り玉ひ、其身を照らし、甚《いみ》じき勲功を立てさせ、万世の亀鑑と定め給ふ也。

○砂の上に建られたる家屋は、出水の度に流失倒潰する畏れあり。信仰浅きものは皆砂上の家屋の如し。其家に身に一朝不幸来る事ある時は、其信仰は忽ち消え失せて夢の如し。斯の如き浅き信仰は虚偽にして、大神の正しき御心に反くもの也。
○大神の御心に反く者は、到底神の御国に到る事を得ず。神の御国の安き楽しきを求めむと欲するものは、第一に大神の御心と親しみ和がざる可らず。
○天地万物一切は大神の領有《うしはき》たまふ所にして、地上一切の物は万世一系の天皇の知食《しろしめ》す所なり。然れば人は何事を為すにも、万世一系の天皇の支配を受けつゝ、大神の御許しを得ざる可らず。大神の幽界よりの御許し無き時は、木の葉の一つさえ自由に為す可らず。何事も一々大神の承認を受く可し。
○大神の御許しありたる時は、何事も成就せずと云ふ事無し。万々一成功せざる事あらば、蓋《そ》は大神の承認無きものと覚悟す可し。
○天津罪、国津罪、許々多久《こゝたく》の罪を祓い退け、除き給ふ大神は素盞嗚《すさのを》の大神なり。故に人々の終世善行を積みても、祓ひ得ざる重き罪穢たり共、この大神の御名に依りて神界に謝し奉る時は、一時に祓い清めらる可し。斯大神を無視して他に罪穢を祓い清められん事を祈る共無効なる可し。

○

始より終まで心を変えず、能く大神に事《つか》へ奉るものは、神より大なる賜あり。蓋《けだ》し神は常に事ふる者と共に坐《ゐま》せば也。

○神と倶《とも》に在りて世を渡る時は、苦みも無く亡びも無し。蓋し神は明くして生通《いきどう》し成れば也。

○大神の御前に誠の誓ひを立て、限り無き神徳を拝して悪魔の世に克ち、神を顕はし道を明にすべし。

○神の道を明に為したる者は、神はまた神界より其人の身と霊とを明かに表はし給ふ可し。

○利己貪慾の妖雲、心の空に起り、心の海に荒浪猛く立騒ぐとも、大神の道に省みなば直ちに暗雲晴れ渡り、荒浪和ぎ静まりて、戒めの天津日忽ち心天に輝き、慎みの月忽ち心海に照り渡り、神の御国も明《あきらか》に覚《さと》り得可し。

○人の身魂は永遠無窮に天地の神の所有なり。故に天地の大神は昼夜の別無く、人の身魂を守らせ給ふ也。

○人は天地の神の守り給へる身魂なる事を悟るに至らば、初めて信仰の門に一歩を蹈《ふみ》入れたる也。

○食事の間も人の身には死の影の襲いつゝ在り。時計の針の進むに連れて、人生は刻々に死に向つて馳せつゝあり。死後の準備は尤《もっと》も肝要なり、寸時も猶予す可らず。信仰無きものは現世幽界倶に安き事無し。

○世界の人類一切は皆天津御祖《あまつみおや》の神の珍《うづ》の御児なり。故に何《いづ》れの人種をも一視同仁に愛護し給ふ。故に弱気人、劣りたる人、又は異邦人を蔑視するものは、大神の神慮《みこゝろ》に背く大罪なり。
○其罪を悪《にく》みて其人を憎まずとは凡俗一般の唱ふ所なり。然れど其罪たり共決して悪む可らず。人は人の罪を見て之を憐む可し。神在《いま》して人々の罪を裁き給へば也。
○人は各々罪と穢に染まざる者無し。故に罪ある人の身を以て、同胞《ひとく》の罪を裁く可き資格なし。互に相慎みて罪を避け、善に進む事を勉むべし。
○悪を転じて善に生かしむるは大神の御心なり。故に一切の世の悪を排除し、善に進むは神の御子たる者の天職なり。
○己が心を清め、行状を修め了えたる後に非れば、人々を善道に導く事最も困難なり。蓋し不正無行の人の誘導する言には信無く義無く権威無し。故に人をして其言に信従せしむる事不能なり。
○亡び朽ち果つるてふ人の肉体は、現世の体慾に離れ。生死無き真の生ける神に依りて、限り無き生命《いのち》と権力《ちから》とを与え給はむ事を祈るべし。
○我身と魂とを永遠に守る神は、天津神より賜ひたる直霊魂《なをひのみたま》なり。我身も魂も共に烈《はげ》しき焔の中に投ずるものは曲霊魂《まがつたま》なり。

（「神霊界」大正七年三月号）

（年月日不明）

○誠の神徳を与へられたる時は、一方に於て最も強大なる敵現はれ来るものなり。

○誠の神徳を得たる人は自己の力量《ちから》を能く人の前に隠し得る者なり。

○神徳なき人は努めて自己の力量《ちから》を人に知らしめんとする者なり。

○神の道にある者は自己の力量《ちから》を誇り、且つ自己の名を売らんと思ひ煩らふこと勿れ。

○自己の名を揚《あげ》んと欲せば先づ神の御名《みな》を挙げ、目上の名を挙ぐる事を努めよ。自己の名は自ら世に現はる可し。

○神の名《みな》よりも、目上の名よりも、自己の名を先に得《えん》とする者は神を慢《かろん》ずる者なり、自滅より外に得る者はなし。

○教の親又は目上の事を兎《と》や角《かく》と批評し、また自己の意《こゝろ》に反する事ありとて、陰に陽に罵詈《ばり》悪口《あっこう》する者は邪神《じゃじん》にして、自ら滅亡《ほろび》の門に飛び入《こ》む愚者《おろかもの》なり。

○誠の信仰は艱難辛苦災害に逢遇する共その志を変ずる事なし。

○慾に迷ひて信仰を為す者は細微《すこし》の神の試検《こゝろみ》に逢ひて直《たゞち》に初心を変ずるなり。

○一寸の間《ま》も光陰を惜みて神典国史を読め。

○最《いと》も恐るべき敵は部内にあり、本教《このみち》を毀損する者は本教《このみち》より出来《いでき》る可し。

○我は神に熱心なり信仰強烈なりと自慢する人にして、自己の目的貪慾《ひんよく》身慾《みよく》に熱心の者あり、注意せざる可らず。

○誠の神徳を受くる者は其志《こゝろざし》に依るなり、決して年月の長短に依る者に非《あ》らず。

○皇道《このみち》の為に艱苦を為す者は幸なり。欣喜《よろこび》の種を蒔《ま》く者なり。

○神心《かみごゝろ》とは忍耐勉強の心なり、亦た智愛勇親の全き心なり。

○つくす可きの手段を竭《つく》さず、唯々神のみに祈りて利益《りやく》を得んとする者は、却て災害《わざわい》の種を蒔く者なり。

○神は忍耐と勉強と信仰に強き者の上に利益を与へ玉ふ。

○苦労せし事なき者及び富める者は誠の神の霊徳を知らず、根の国底の国に陥りつゝあるをも自省せず。

○言葉を巧《たくみ》にして信徒に媚《こび》へつらふ者は慢神の罪悪なり。此《かく》の如き教師《とりつぎ》は神明《かみ》に奉仕するに非ずして我慾と謂へる悪魔に仕ふる者なり。

○病み疲れ衰《や》せ衰《おと》ろへ頼み少なき人を見て、我慾を充《みた》さんが為に飾りたる言葉を用ゆる者は邪神悪魔なり。人の面を被りたる悪魔反《かへ》つて教《おしへ》の道の中に潜み居る者なり。

○善に賢《さと》かれ、悪に愚かなれ。

（「神霊界」大正七年四月十五日号）

(年月日不明)

○真正《まこと》の教旨《おしへ》は凡俗の眼には悪しき様に映ずる事あり。滅亡《ほろび》の偽教《おしへ》は却て善良なるが如く映ずる者なり。

○人の前に弱き者は神の前に出て最《いと》も強く、人の前に強き者は神の前に出て最も弱し。

○神の辞《ことば》を世に述伝《のべつた》へんとする時に当り、如何《いか》なる強き悪魔の敵現はるゝ事あり共恐るゝ勿れ、汝が天つ神より承継《うけつぎ》し荒魂《あらみたま》の剣もて切靡《きりなび》け、幸魂《さちみたま》の筒先揃へて逐《をひ》散らせ。神は汝と倶《とも》に在り。

○神の道に尽すが為めに、仮令《たとへ》汝等を殺さんとする者出来る共少しも恐るゝ事なく、和魂《にぎみたま》によりて防ぐべし。

○仮令《たとへ》其肉体は殺し得る共、其魂《みたま》までも殺し能《あた》はざれば決して怖るべき者に非《あらざ》るなり。

○吾身吾魂《みたま》も共に殺すべき悪魔は、おのが犯せる罪穢《つみけが》れなり。

○世の中に怖るべきものは己が犯せる罪より外《ほか》になし。

○道の為めに真理の為めに仆《たを》れたるならば、そは神の御心に出《いづ》るものと知るべし。神は一層美《ひとしほうる》はしき世に長き命と、栄えとを与へ給はんが為なり。

○教役者《けうやくしや》は更なり、本教《ほんけう》の信者とならば、世の為に光りとなりて現はれ、暗きを照すべし。

○青海原の塩となりて其清き色と美《うる》はしき味はひとを備へ、又空気となり、光りとなり、温《ぬくみ》となり、水となり、金《かね》となり、土となりて、世のために尽すべし。

○此《かく》の如くして世の為め道の為めに尽す者は、全智全能の神の御旨《みむね》に適《かな》ひ奉《まつ》りて、栄えの種子《たね》を蒔《ま》くものなり。
○家内打揃へて信仰を励むべし。若《も》し汝等の親又は兄弟姉妹《けいてい》にして本教を奉ぜざる者あらば、暫時《しばし》打遣置《うちやりおき》て時を待《まつ》べし。親よりも兄弟姉妹《けいてい》よりも神は重く道は大なれば也。
○吾心を清くして足をまめやかにして、神の光りを顕はすべし。去《さら》ば爾等《なんじら》の親兄弟姉妹《けいてい》如何《いか》に頑強なり共、遂に其行ひと心に感じて自づから神の道を奉ぜん。
○親兄弟姉妹《けいてい》の苦き言葉に牽《ひ》かれて神の道を捨《すつ》る者は、真の神の御心に背く者なり。
○神は親に背けよとは教へ給はず、真の神の教へを守りて、其親又は兄弟姉妹《けいてい》の罪を救ふ為めに、其頑強なる親に暫時《しばし》離《はなれ》て神に随《したが》へと教《をしへ》給ふなり。
○信仰と行ひとを全くして世の光温となり、其親の心を悔改ためしめて、神の道に導く者は真の至孝なり。盲目滅法に何事にも善悪を弁《わきま》へずして親の言葉に従ふ者は、誠の親に孝なるものと言ふべからず。
○人の万物に霊長たる所以《ゆゑん》は、諫争《かんそう》の心あるが故なり。是非の心あるが故なり。測隠《そくわん》の心辞譲《じじやう》の心恥悪《しうを》の心あるが故なり。

（「神霊界」大正七年五月一日号）

大本神歌

大正六年十月十七日

掛巻も綾に畏《かしこ》き久方の、高天原《たかあまはら》を知食《しろしめ》す、天津《あまつ》御祖《みをや》の大神《おほかみ》は、豊葦原《とよあしはら》の中津国《なかつくに》、雲路遥に見霽かし、罪に汚れし国原を、祓ひ清めて人草の、身魂《みたま》を直し守らむと、神代の始め隠れたる、国の御祖の大御神、国常立《くにとこたち》の大神に、総てを任けて幽世《かくりよ》も、現《うつ》つの世をも立直し、神世の心其儘の、世を知らさむと照妙の、綾部《あやべ》の里の本の宮、坪の内なる霊《たま》の地を、水火の国の大本と、神定めまし天の下、四方《よも》の国々平けく、治めむ為に皇神《すめかみ》の、道の出口の直子刀自《とじ》、世を艮《うしとら》の大神の、宇豆の宮居と選り給ひ、明治の廿五年より、国の鎮めの御教を、或は口に或は手に、伝へて千代《ちよ》に万代《よろづよ》に、栄えを松の大本と、下津岩根《したついはね》に天降り坐し、常夜《とこよ》の暗《やみ》を隈も無く照らさせ給ふぞ尊とけれ。

（「神霊界」大正六年十一月号）

大正六年十月十日

大八洲神社　上棟式　祝歌

千早振《ちはやふる》神代の昔巡り来て、秋の木草も錦織る、綾部《あやべ》の里の本の宮、金竜界の嶋々の、中にも別きて大八洲《おほやしま》、国の鎮めの礎《いしづえ》を、空津磐根に搗固《つきかた》め、底津岩根に搗凝らし、高天原《たかあまはら》に千木《ちぎ》高く、仕え奉れる新宮に、常磐堅磐《ときはかきは》に平けく、鎮り坐さむ久方の、天津御祖《あまつみおや》の大稜威、国津御祖の御光りは、常夜の暗を隈も無く、伊照り徹らひ天の下、四方の国々知食《しろしめ》す、皇大神の宮の棟、十《と》曜《よう》の紋のキラ〳〵と、輝き渡る日の出国、年も吉田の竜の宮、其勲功は天地の、神の御柱世の本と、今日の生日を祝《ほ》ぎ奉れ。

（「神霊界」大正六年十一月号）

大正六年十月十八日

教統梅田信之主に与ふる歌

掛巻《かけまく》も綾に尊き皇神《すめかみ》の、神勅《みこと》畏み大本の、教を四方《よも》に敷嶋の、日本心の梅の花、梅田の大人《うし》は始より、我大神に撓《たわ》み無く、仕え奉りて遠近の、世の人草の身魂をば、洗い清めて惟神《かむながら》、神の大道に救はむと、朝な夕なに村肝の心の丈を筑紫潟、四方の国々隈も無く、神の稜威も信之の、浦安国の浦安く、押し開きたる勲功は、天の岩戸を開かれし、児屋根命太玉の、神にも増して手力男《たぢからを》、其神業の弥高く、天津日嗣の恐こくも、澄み明らけく治まれる、聖の御代の四十余り、二つの年に参上り、四方の山辺も美《うる》はしく、秋の木草も錦織り、眺め尽きせぬ照妙の綾部の里の本の宮、下津岩根に宮柱、布刀知り建て神国の、百々の人草助けむと、日々の生活《くらし》も節約《つまやか》に、行ひまして沢々に、世の大本に貢ぎたる、其赤心《まごゝろ》は著るく、神の御教の漸々《やゝやゝ》に、秋津嶋根に拡ごりて、日々に綾部の本宮を、高天原と慕ひつゝ、参来集ひて皇神の、恵み蒙《かゝ》ふる諸人の、此上《こよ》なき幸もこの大人の、赤き心の賜ものぞ加之《しかのみ》ならず大本の、神の世継きの直日嬢、世を大二《ひろつぐ》の二人まで、教へ導き神国の、礎固く搗《つき》かため、花の都の隈も落ちず、浪花神戸の果て迄も、一度に開く梅の花、世の大本に一輪の、花と薫りし梅田大人、それに就きては安子姫、何れ劣らぬ花の香よ、猶この先も動ぎ無く、皇神の為君の為、力を添へよ益良夫の、固き心は艮《うしとら》の、神の出口の地王子刀自、教御祖と引添ひて、勲功立て坐せ惟神、別けて床しき大本の、道の蘊奥《おくが》は白梅の、開くときはの松の世の、縁も深き金竜の、海のそこひも白浪の、うつゝの世をも幽《かく》り世も、並べて治むる弥勒の世、待焦がれたる神心、写して人の鏡ぞと、教御祖の歓こびは、何に譬《たと》えむ術を無み、神の出口の王仁《ひろちか》が、大人の尽せし赤心の、千重の一重に報ゐむと、心を籠めて命毛の、拙なき筆に言《こと》よせて、千代の証明《あかし》と斯文を、送る魂を諾《うべな》ひて、心平に安らかに、納め給はれ千代八千代、動かぬ御代の礎の岐美《きみ》。

（「神霊界」大正六年十一月号）

（年月日不明）

神島開の歌

小松林命王仁に憑りて詠める

高砂やこの浦風に帆を揚げて、月諸共に出塩の、波の淡路の瀬戸の海、四十余り八嶋の其中に、別けて尊き上の嶋、神代の姿其儘に、往来の船の守神と、世々に隠れて常暗《とこやみ》の、秋津嶋根を動《ゆる》ぎ無く、守り玉ひし大神の、御稜威も深き海原の、思ひは胸に三千歳の、神代の古き昔より、聞えも浪も高砂の、沖に浮べる一つ嶋、朝日の直刺す神の嶋、夕日輝やく珍《うづ》の嶋、千代の栄えの一つ松、松の根本に世の宝、埋《うも》れし神を迎えんと、高天原《たかあまはら》の大本の、教えの司王仁《つかさひろちか》が、大に正す五つの年、厳《いづ》の御魂《みたま》の大神の、御言畏み〱て、頃は五月《さつき》の上の五日、心も清く住吉の、里に住まへる村野大人、其れに次ぎては松の世を、待ちに待ちたる松嶋の、月と住ぬる大和魂、日本山《やまと〱》との谷前の、清き流を汲み取りて、神嶋開きの先導《みちびき》に、瑞《みづ》の御魂《みたま》の言依せし、其神勅を畏みて、仕え奉りし勲功は、此の世の瀬戸の海よりも、勝りて清き金竜の、生く嶋々の神社、中にも別きて大八洲《おほやしま》、天の岩戸の岩の上に、迎へ奉りて斎きしは、斯世の為と道の為、尽《つき》せぬ勲功は万代《よろづよ》の、鏡と成りて輝かむ、常夜《とこよ》往く暗夜乍らも村肝の、心も清き人々の、竭す功も辰の年、菊月上の九日に、苔蒸す巌の其上に、一つの神祠を建初めて、綾の錦の大本の、教御祖の出《いで》ましを、乞祈《こいのみ》まつりし赤心に、厳の御魂は数多き、教子引連れ出て給ひ、手づから神号《みな》を誌し坐《まし》、鎮め玉ひし神業は、神世乍らに巡り来て、御孫《みま》と生《あ》れます一二三嬢尚江嬢との数え年、合せて僅かに八ツの児が、尉《ぜう》と姥《うば》との惟神《かんながら》、瑞の御魂の与えたる、小柴を各自に拾ひ取り、箒《ほうき》と扒《さらえ》に擬《なぞ》らえて、磯辺の塵を清めたる、幼女の行為《わざ》ぞ尊とけれ。天《あめ》に坐《ま》す神地《くに》の神、歓びまして神国の、堅磐常磐《かきはときは》の礎《いしづえ》を、固め給ひし目出度《めでた》さは、又とあはぢの波の上、波も静に風も和《な》ぎ、名も高砂の浦安く、御船豊かに帆を揚げて、御供の人も勇みつゝ、神の稜威も大本の、本宮さして帰りけり。実にも目出度大御代の、千世の礎搗《つ》き固め、玉なす教を敷島の、日本心の薫ばしき、誉れを世々に伝へんと、瑞の御魂に神憑り、斯の概略を詠ませおくか母。

（「神霊界」大正六年十二月号）

大正六年十月十七日

真木神社由来の歌

千四百四十四年の其間、登山禁制冬籠り、稜威隠して弥仙山、一度に咲耶《さくや》この花の、梅の薫りの弥高く、四方に轟《とゞろ》く時じくの、雌嶋雄嶋に鎮まりし、国常立之大神《くにとこたちのおほかみ》の、国来《くにこ》々々と八十綱を、打ち掛け結び世の本の、神の出口の道開き。茲に明治は三十と、四年八月八日の日、常夜往《とこよゆく》黒白《あやめ》も分かぬ天地の、天之岩戸を押し開き、日子火々出見《ひこほほでみ》と明らけき、御代固めむと祈《の》り賜ふ、教御祖の赤心《まごゝろ》は、現はれ出て明らけく、治る御代の四十余り、二つの年の初冬の、寒けき空に綾錦、世の本宮の神殿に、御心平らに安らかに、鎮まり坐せしを皇神の、因縁《えにし》も深き弓削の里、真木の柱の弥太く、直く正しき軍人《いくさびと》、牧の正寛神勅《かんこと》を、畏み尊み其家に、斎き奉りし吉辰は、大に正す三ツの歳、夏の初めのなつかしき、神は本宮出まして、大本教主が奉送し、斯の新殿に平けく、鎮まり坐す尊とさよ。

（「神霊界」大正六年十二月号）

大正六年十月十七日

牧寛仁主に与ふる歌

元名正寛なりしを神勅によりて寛仁と改称（大正六年十月十七日）

武士の幸矢手挟み立向ひ、射る弓削村の町の人、待ちに待ちたる松の世の、神の治む政事、其神業に朝夕に、いそしみ仕へ真心の、寛仁主《ひろちかぬし》の勲功は、下津岩根の大本の、高天原《たかあまはら》の金竜の、東の海や何くれと、皇大神に献り其行状の正しくて、限りも知らぬ天地の、神の歓こび国々の、人家《ひとや》の祖霊《たま》も日に月に、祖霊社《たまのやしろ》へ寄り集ひ、来る小田巻のいと長く、千代に伝へて高き名は、金刀比羅《ことひら》山も数ならず、弥仙の山も猶底し。ア、金竜の海より深き大神の、恵みを四方に布き教え、身も棚知らに弥遠うに、仕え奉れよ真木柱、立てし誓ひの動ぎ無く、堅磐常磐《かきはときは》に弥広に、松の緑の色も香も、花も実もある益良雄《ますらお》の、引きて返らぬ桑の弓、貫き徹うせ千曳岩、日本嶋《やまと》根の礎と、固く守らえ牧の大人《うし》。

（「神霊界」大正六年十二月号）

大正六年十月十七日

牧八幡神社神職の喜寿を祝ひて

千早振神代ぞ巡り北桑田、真弓を削る弓削の里、弓矢の神に幾年か、仕へ奉れる牧の大人、神の職司《つかさ》のいと永く腰は梓の弓張の、月日を送る岐美こそは、明けて目出度喜の祝ひ、猶ほ百年も八百年も、安く越えませ老の坂、栄江久しき松の世の、神代乍らの人と成、御国の為に世の為に、堅磐常磐に仕えませ岐美。

（「神霊界」大正六年十二月号）

大正六年十月十八日

大本教監湯浅仁斎主に与ふる歌

久方の天津御祖の守りてし、国の光りも照妙の、綾部の里の本の宮、下津岩根の動ぎ無き、世の大本の御勲功は高天原と鳴り響く、神の誉れも音高く、宇津の津々見も粟生谷の、弓矢の神の氏の子に、水より清く柔かき、湯浅の仁斎小久姫、夫婦揃ひて皇神に、心も身をも宝をも、捧げ奉りし赤心《まごゝろ》の、花は紅《くれない》楓葉の、深山の奥に照るとても、教ふる人と道なくば、只小男塵の独笑み、神の御旨にあらし山、散りて果敢なき現し世の、世人の為と故郷を、立ちて綾部に参上り、身も棚知らに遠近の、草群分けて大本の、誠を開く岐美こそは、神の力の取次ぎと、下津岩根の本宮に、神の出口の王仁が、岐美が尽せし勲功の、千重の一重に報ひんと、真心籠めし斯文は、千代万代の真寸鏡、世々に伝へて其家の、宝と残こせ益良夫の岐美。

（「神霊界」大正六年十二月号）

大正六年十月二十八日

梅田八洲子に与ふる歌

千早振神代の昔隠れたる、国の御祖の大御神、国常立の大神は、豊葦原の神国の、国の真秀《まほ》良場畳《らばたゞな》並べし、青垣山を廻らせる、下津岩根に現《あ》れまして、厳の御魂の宿ります、出口の守に神憑り、知らせ玉へる神諭は、世界の宝松の世の、堅磐常磐の礎を、朝ナ夕ナに搗固め、勤《いそ》しみ給ふ皇神の、畏こき教に二十年、いと忠誠《まめやか》に信服《まつろ》いて心の丈けを遺《を》ちも無く、竭し仕えし赤心は、真の道に近松の、操正《みさほ》しき八洲子刀自、世の大本に一輪の、花と薫りし兄《せ》の君の、蔭に日向《ひなた》に附添ひて、神の大道に導きし、其勲功の顕はれて、花は兄の花人は武士、武士に劣らぬ女丈夫の、堅き心は岩の神、巌に松の生うる万伝、動かぬ岐美が赤心は、乱れたる世を直澄《なをすみ》の、澄渡りたる大空の、広き心は大二《ひろちか》や、清き心の常三郎、神の出口の三柱を、心を竭し身を尽し、養ひ育て撓《たわ》み無く、つくす心は月夜見《つくよみ》の、速須佐之男《はやすさのを》の神社《かみやしろ》、氏子の中に只一人、我大神の御《み》神慮《こゝろ》に、仕え奉りし信之主の、妻と仕えし八洲子刀自、其正行《をこない》を万代の、鏡と為して伝へんと、高天原の大本の、神の出口の王仁《ひろちか》が、兀《ちび》れし筆にうつし世の、暗みを照さむ心より、心に徹うす墨の跡、染てぞ岐美に贈り参らす。

（「神霊界」大正六年十二月号）

大正六年十二月一日

一

東雲《しのゝめ》の空に輝く天津日の、豊栄昇《とよさか》る神の国、四方《よも》に周《めぐ》らす和田の原、外国軍《とつくにいくさ》の攻難《せめかた》き、神の造りし細矛《くわしほこ》、千足《ちたる》の国と称《たゞ》えしは、昔の夢と成りにけり。今の世界の国々は、御国《みくに》に勝りて軍器《つはもの》を、海の底にも大空も、地上地中の撰《ゑら》み無く、備え足らはし間配《まくば》りつ、やがては降らす雨《あめ》利加《りか》の、数より多き迦具槌《かぐづち》に、打たれ砕かれ血の川の、憂瀬《うきせ》を渡る国民《くにたみ》の、行く末深く憐みて、明治の廿五年より、露の玉散る刃《やいば》にも、向ひて勝ちを取らせつゝ、猶外国《とつくに》の襲来を、戒しめ諭《さと》し様々と、神の出口《いつき》の口開き、詔《の》らせ給へど常暗《とこやみ》の、心の空の仇曇り、磯吹く風と聞流し、今の今まで馬の耳、風吹く如き人心、ア、如何《いか》にせん戊《つちのゑ》の、午《うま》の春夏秋に懸け、心落ち居ぬ荒浪の、中に漂ふ苦《くるし》みは、神ならぬ身の知る由も、なく泣く縋《すが》る神の前、水底《みなそこ》潜る仇艦《あだぶね》と、御空に轟《とゞ》ろく鳥船《とりふね》の、醜《しこ》の荒《すさ》びに悩まされ、皆散り〴〵に散り惑ふ、木の葉の末ぞ哀れなり。

二

聯合《れんごう》の国の味方と今迄は、成《なり》て竭《つく》せしカラ国の、悪魔邪神《まがつのかみ》が九分九厘、モウ一厘の瀬戸際に、旗を反《かへ》すと白露《しらつゆ》の、其振舞いの非義非道は、凡《すべ》ての計画《しぐみ》を狂はせて、勝つ可《べ》き戦争《いくさ》の負け始め、永びき渡る西の空、黒雲晴るゝ暇も無く、独り気儘の仕放題、印度の海も掠《かす》め取り、茲《こゝ》にも深き経綸《しぐみ》為し。次《つ》いで浦塩《うらしほ》日本海、我物顔に跳梁し、トン〳〵拍子に乗り出して、神の御国を脅迫《をびやか》し、モウ一《ひ》ト息と鳴戸灘、渦巻き猛る荒浪に、大艦《おほふね》小船《をふね》残り無く、底の藻屑《もくず》と亡ぶるも、綾の高天《たかま》に最《い》と高く、空に聳《そび》えし言霊閣《ことたまや》、天火水地《てんかすいち》と結びたる、五重《いづゑ》の殿《との》に駆け登り、力の限り声限り、鳴る言霊の勲功《いさほし》に、醜《しこ》の鳥船軍艦《とりふねいくさぶね》、水底潜《みなそこくゞ》る仇艇《あだふね》も、皆夫《そ》れ〴〵に亡び失せ、影をも止めぬ惨状《みじめさ》に、曲津軍《まがついくさ》も慄《をの》のきて、従ひ仕え来る世を、松と梅との大本に、世界を救ふ艮《うしとら》の、神の稜威《みいづ》ぞ尊とけれ。

三

綾の高天《たかま》に顕はれし、国常立《くにとこたち》の大神《おほかみ》の、神諭畏《みことかし》こみ謹《つゝし》みて、厳《いづ》の御魂《みたま》と現はれし、教え御親《みおや》の神勅《かみこと》に、日清間の戦ひは、演劇《しばい》に譬《たと》えて一番叟、日露戦争が二番叟、三番叟は此度《このたび》の、五年に渡りし世界戦、竜虎相打つ戊《つちのゑ》の、午《うま》の年より本舞台、いよ〳〵初段と相成れば、西伯利亜《しべりや》線を花道と、定めて攻め来る曲津神《まがつかみ》。力の限り手を尽し、工夫を凝らし神国《かみぐに》を、併呑《ひとのみ》せんと寄せ来り、天《あま》の鳥船天《とりふねそら》を蔽《おほ》ひ、東《あづま》の空に舞ひ狂ひ、茲《こゝ》に二段目幕が開《あ》く。三段いよ〳〵開く時、三千余年の昔より、国の御祖《みおや》の選《ゑら》まれし、身魂集る大本の、神に仕えし神人《かみびと》が、御祖《みおや》の神の給ひたる、日本心《やまとごゝろ》を振り起し、厳《いづ》の雄猛《おたけ》び踏み猛び、厳の身魂を元帥に、瑞《みづ》の身魂を指揮官に、直日《なほひ》の御魂を楯と為し、何の猶予も荒魂《あらみたま》、爆裂弾の勇《いさ》ぎ能《よ》く、神の軍《いくさ》の奇魂《くしみたま》、奇しき勲功《いさほ》は言霊の、天照る国の幸魂《さちみたま》、言平和《ことむけやは》す和魂《にぎみたま》、魂《たま》の助けの著《いちじ》るく、轟《とゞろ》く御代を松の代の、四十《よそ》有八《まりやつ》の生御魂《いくみたま》、言霊閣《ことたまのや》に鎮まりて、四方《よも》の国々天《あめ》の下、治めて茲《こゝ》に千早振《ちはやふる》、神代乍《なが》らの祭政《まつりごと》一致、開き治めて日の本の、現津御神《あきつみかみ》に奉《たてまつ》る、常磐《ときは》の御代ぞ楽しけれ。

四

カラ国の天《あめ》に漲《みなぎ》る叢雲《むらくも》も、砲烟弾雨《せうえんだんう》も晴渡り、日の出の守護《しゆごう》と成るなれば、斯上無《こよな》き御国の幸《さち》なれど、十重《とえ》に二十重《はたえ》に累《かさ》なりし、糸のもつれの弥繁《いやしげ》く、解《とく》る由なき小田巻《をだまき》の、繰り返しつゝ行く程に、東《あづま》の空にもつれ来て、退《ひ》くに退《ひか》れぬ破目と成り、弥《い》よ〳〵出師《いくさ》と成る時は、五十余億の軍資をば、一年経《ひとゝしたゝ》ぬ東の間に、烟散霧消《えんさんむせう》の大惨事巨万の生霊《せいれい》土と化《な》し、農工商の国本《こくほん》も、次第〳〵に衰ろへて、青菜に塩の其如く、彼方此方《あなたこなた》に溜息を、吐《つ》く〴〵思案に暮の鐘、進退爰《こゝ》に谷《きわ》まりて、天《あめ》を拝し地《つち》に伏し、狼狽《うろたえ》さわぐ弱虫の、カラの身魂は自《をのづ》から、現はれ狂ふ憐れさよ。然《さ》れど日本は千早振《ちはやふる》、神の守りし常磐国《ときはぐに》、国の真秀国珍《まほくにうづ》の国、神が表面《おもて》に現《あ》れまして、御国を守り給ひつゝ、世界を救ひ玉へども、未《ま》だ〳〵心許されぬ、一つの国の御空より、降る雨里迦《あめりか》の一時雨《ひとしぐれ》、木枯《こがらし》さえも加はりて、山の尾の上の紅葉《もみぢは》も、果敢《はか》なく散りて小男鹿《さをしか》の、泣く声四方《よも》に竜田山《たつたやま》、神のまに〳〵四ツの尾の、山の麓《ふもと》の竜館《たつやかた》、集《あつま》り居ます神々の、厚き恵みに照り返す、紅《からくれない》の楓葉《もみぢは》の、元の姿ぞ目出度《めでた》けれ。

（「神霊界」大正七年二月号）

（年月日不明）

一

皇祖皇宗《あまつみかみ》の御遺訓《みさとし》は、月日の如く明らけく、古事記《ふることふみ》に顕はれて、天武聖帝の神勅《かんごと》に、邦家《ほうか》之経緯《けいゐ》と詔《の》り給ひ、王化《をうか》之鴻基《こうき》と示されて、我《あが》国体の淵源と、我日《あがひ》の本《もと》の天職《かんわざ》を、宇麻良《うまら》に詳細《つばら》に説《と》かせらる。然《さ》れど御国の内情《ありさま》は、カラの教《をしへ》の浸入《いりきた》り、大河の溢るゝ勢いに、恨《うらみ》を呑て大和路の、樽井の里に雲隠れ、神政成就の暁《あかつき》を、待たせ給ひし畏《かし》こさよ。止《や》む無く和光同塵《わこうどうじん》の、神策採らせ給ひつゝ、茲《こゝ》に殆《ほとん》ど二千年、摂取蘊蓄《をんちく》せる中《うち》に、儒仏の害毒凄《すさ》まじく、我神国《あがかみぐに》は日に月に、爛熟腐敗の極点に、達し政治《せぢ》に教育に、物質本位の学術に、国の精華を揚ぐる可《べ》き、知覚全く失ひぬ。ア、此の危急存亡を、救済せむと皇神《すめがみ》は、綾の高天《たかま》に現《あ》らはれて、伊都《いづ》の御《み》魂《たま》に神懸《かみかゝ》り、教え覚させ千早振《ちはやふる》、神代《かみよ》の昔の神政《みまつり》に、復《かへ》す世界の経綸《けいりん》を、行ひ給ふぞ畏こけれ。

二

皇大神《すめおほかみ》の神勅《みおしへ》を、発揮《あらは》し奉《まつ》りて万国に、無比なる御国体《みくに》の精華をば、顕はし奉り政教の、根本革正に上下《かみしも》が、揃ひて仕え奉りなば、御国に不安の雲も無く、国常立《くにとこたち》の松の代と、開けて茲《こゝ》に惟神《かむながら》、神代乍《なが》らの日本魂《やまとだま》、忠勇孝慈奉公の、至誠を発揮し国民《くにたみ》は、忠誠義烈身を献げ、天《あま》津日継《つひつぎ》の皇運《こううん》を、扶翼《ふよく》し奉り祖々《おやく》の、遺風を顕揚す可き也。大《ひろ》く正しき大御代の、機運を知らず何時《いつ》迄も、外国魂《とつくにだま》の教えたる、陳腐姑息の政策を、続行するは水源《みなもと》を、濁して清流求むるの、愚劣無効の至り也。一時も早く覚醒し、神の御国《みくに》の天職《かむわざ》に、仕え奉りて万世《よろづよ》に、動かぬ御代《みよ》を守れかし。

大《ひろ》く正しき七《なゝ》の年、一月三日の夕陽《せきよう》を、跡に残して大本の、出口《いつき》の王仁《わに》は国徳《くにのり》を、従がへ京都《みやこ》に上り行く、心も清く降る雪を、犯して山家和知《やまがわち》の駅、六百フイトの胡麻《ごま》の郷《ごう》、殿田園部《とのだそのべ》や八木の町、万代《よろづよ》祝ふ新年《にいどし》の、名さえ目出度亀岡《めでたきかめおか》や、保津《ほづ》の渓間《たにあい》潜り抜け、嵯峨《さが》の嵐の六《むつ》の花、積る花園妙心寺、道も二条の停車場《すていしよん》、数多《あまた》の人に迎えられ、京都《みやこ》本部に着《つき》にけり。

新年会の余興とし、例年福引催《もよう》さる。王仁《わに》の曳き得し福引は、懐暖《ほところぬく》き懐炉灰《かいろばい》、是大本の内容の、充実すべき瑞兆《ずいてう》を、示し給ひし神意なり。去年引き得し福引は、只一輪の梅花《ばいくわ》なり。一昨年の福引は、天下統一の瑞相《ずいさう》を、寿《ことほ》ぎ奉りし⦿《ス》の御魂《みたま》、三年《みとせ》前より神界の、経綸《しぐみ》の全く整える、我大本の発光と、祝ひ納むる午《うま》の春。

　翌《あく》れば四日午後一時、大本王仁《わに》を始《はじめ》とし、森氏牧氏に星田氏《ほしだうじ》、谷高随行諸共《たにだかずいこうもろとも》に、赤き心の嵯《さ》峨《が》につき、日本心《やまとごゝろ》の小笠原、義之大人《よしゆきうし》の旧邸に、人車《くるま》を連ね走り行き、新年祝辞も簡単に、一《ひと》先《ま》づ息を休めける。

　迦具槌《かぐつち》の神を祭りし愛宕山《あたごやま》、一の鳥居も跡に見て、最《い》とも峻《けは》しき坂道の、岩の根木の根踏みさくみ、上りつ下りつ雪の道、五《い》つの身魂《みたま》も清滝の、宝を開く鍵庄《かぎせう》の、眺望妙《ながめたえ》なる川の上、離れ座敷に入《いり》にけり。山野河海《やまぬかはうみ》の美《うる》はしき、其饗応《もてなし》に心満ち、清滝川《きよたきがは》に横たはる、猿橋渡りて奥深く、右へ右へと辿《たど》りつゝ、空也《くうや》の麓《ふもと》に月の輪の、保護林にと近付きぬ。

　天津御祖《あまつみおや》の御威徳と、吾《あが》皇室の尊厳を、維持し奉りて国恩の、万分一に報ゐんと、心も赤き益良雄《ますらを》が、搗《つ》き固めたる礎《いしずゑ》の、百《もゝ》と六段《むきだ》の石階《いしばし》の、其頂きに千木《ちぎ》高く、仕え奉《まつ》りし瑞《みづ》の宮、真木《まき》の柱の弥《いや》太く、清々《すがく》しくも神の森、天の御蔭《みかげ》や日の御蔭、隠れ奉りし小笠原、宮の構成《かまへ》も義之の、嘉門の名誉《ほま》れ永遠《とこしゑ》に、月日と共に伝え行く、神の教《おしゑ》の大本の、瑞《みづ》の御魂《みたま》は勇みつゝ、今日の生日《いくひ》の良き時ぞ、誉れを代々《よよ》に酉《とり》の刻、国家興々《ここう》と鎮めたる、出雲八重垣妻ごみに、八重垣つくる八重垣の宮、速須佐之男《はやすさのお》の大神の、憑《かゝ》り玉ひて千早振《ちはやふる》、古き神代を開かれし、国常《くにとこ》立大御神《たちのおほみかみ》、天照坐大御神《あまてらしますおほみかみ》、豊国主《とよくにぬし》の大神の、珍《うづ》の御魂《みたま》を祭り初《そ》め、教主の口を借り給ひ、天《あま》津《つ》御祖《みおや》の神々の、中にも別けて清滝の、瑞《みづ》の御魂《みたま》ぞ鎮まると、太祝詞言《ふとのりとこと》称《たゞ》えまし、猶も重ねて久方《ひさかた》の、天の御柱搗固《つきかた》め、国の御柱永遠《みはしらとこしへ》に、千代も八千代も万世《よろづよ》も、動《ゆる》がざらまし神の国、此神言《かみこと》を詔《の》り了《を》えて、心穏《おだ》ひに鎮みまし、猶琴玉《ことたま》の清滝と、名付けて上り坐《まし》にけり。

○

落ち込む水も清滝の、夕陽に映《はゆ》る水煙り、三十有三尺《みそまりみさし》の水勢《すいせい》は、四方《よも》に響きて音高く、天津乙女の舞降りて、琴を調ぶる思ひあり。断崖絶壁よぢ登り、千曳《ちびき》の岩屋に入り見れば、醜《しこ》の行者の六年《むとせ》振り、住み荒したる形跡は、今歴々《ありく》と松が枝に、懸けし白衣の汚れたる、菱田行者の遺留品、心行《ゆか》ざる思ひにて、元来《もとき》し道を岩伝い、覚束《おぼつか》なくも滝の根に、下れば一行待受けて、滝の景色を賞《め》で称《たゞ》ふ、琴玉滝の名も清く、流れに添ひて小笠原、義之主《ぬし》の住宅《すみのや》に、一先《ひとま》づ足を洗ひけり。

（「神霊界」大正七年二月号）

大正七年五月十日

言霊《ことたま》の天照《あまて》る国の尊とさは　神の御声を居ながらに聞く
言霊の幸ふ国に生れ来て　神の御声を聞かぬ愚かさ
千早振《ちはやふる》神そあらはれきたのそら　綾の高天《たかま》に教《おしへ》伝ふる
烏羽玉《うばたま》の世を救《すくは》んとあらがねの　地《つち》の御祖《みおや》は現れにけり
世を救ふ真実《まこと》の神は和衣《にぎたえ》の　綾部《あやべ》の里に天降《あまくだ》りけり
世の人を普《あま》ねく神国《みくに》に助けむと　国常立《くにとこたち》の神は出でけり
許々多久《こゝたく》の罪も穢《けがれ》も引受けて　世人《よひと》を救ふ二柱神
如何《いか》ならん事に逢ふとも真心を　国に尽せよ神は守らむ
世を救ふ思ひは胸に三千年《みちとせ》の　年月待ちて望み遂げたる
千早振《ちはやふる》古き神代の初めより　世の為人の為に竭《つ》くせし
空蝉《うつせみ》の世人助くる神こゝろ　今や積《つも》りて世に出《いで》にけり
現《うつ》し世の総《すべ》ての人に幽世《かくりよ》の　様教えんと出でし斯神《このかみ》
幽世の事は猶更《なほさら》現し世の　事さえ知らぬ神の子なれば
如何にして知らさむ由《よし》も無《ない》じやくり　鳴郭公《なくほとゝぎす》神の心根《こゝろね》
天地《あめつち》の誠の親を知らぬ子に　説き諭《さと》せども聞く者もなし

父母の外《ほか》には親はなきものと　思へる人に知らす親神
天地《あめつち》の親の御船に身を任《ま》かせ　高天原《たかあまはら》へつれて行かなん
神の子の罪引受けて苦しむも　神は世界の親なればなり
元の神人の初まりつばらかに　知りたる者は神の外《ほか》無し
海月《くらげ》如《な》す漂よふ国を修理《つくり》固成《な》し　神と人とを産みし常立《とこたち》
海陸《うみくが》の在らむ限りは　艮《うしとら》の　神の治むる世と成《なり》にけり
千早振神世も聞かぬ神言《かみこと》を　詳細《つばら》に諭す常立の神
帰《かむがゝり》　神雲井の上に鳴り渡る　音《ね》も美《うる》はしき天《あま》の石笛《いわぶえ》
千早振神代《かみよ》ながらの神業《かむわざ》を　学ぶ神の子神になれ〳〵
神憑《かみかゝり》　教え許すも空蝉の　人の心を照さむがため
鎮《たましづめ》　魂教えさとすも世の人の　心清むる神の心ぞ
常磐木《ときわぎ》のいや栄え行く足御代《たるみよ》を　神の心は松ばかりなり
神人《かみひと》の夢にも知らぬ立替《たてかへ》は　生ける昔の神の勲功《いさおし》
この度の世の立替は万世《よろづよ》に　只一度の経綸《しぐみ》なりけり
八百万神《やほよろづかみ》は在《あれ》ども世を照らす　神は月日が艮《とゞ》め刺すなり
隠身而形《すみきりて》も見えず声もなき　真の神は御中主《みなかぬし》なり

独神成而隠身居《すになりてすみきり》たる月日神《いきがみ》は　国常立と豊雲野神《とよくもぬのかみ》
千万《ちよろづ》の神の功績《いさを》は人草を　神の形に造りたるなり
月も日も早迫り来て一時も　貫《ぬ》き刺し成《なら》ぬ事となりぬる
夜昼の別ちも知らず神代より　助けの道にこゝろ砕きつ
海川も山野草木《やまぬくさき》も人民《ひとたみ》も　国常立神の身魂《みたま》ぞ
世の中の総ての物は我子なり　生い立ち行くを祈斗《いのる》りぞ
今日迄は一日二日《ひとひふたひ》と日を延ばし　モウ日延《ひのべ》さえ成《なら》ぬ処迄《とこまで》
早今日は横眼振る間もあらざれば　何事在共《ありとも》神を恨めな
立替が初り来れば眼も鼻も　口さへ開かぬ事があるなり
天地《あめつち》の神の怒りは一時に　すべての曲《まが》は亡び失《う》すなり
この事を早世人《はやくよひと》に知らさむと　あせれど更《さらに》聞く者は無し
いつまでも筆と口とで知《しら》せども　人は残らず盲目聾者
国魂《くにたま》や産土神《うぶすなかみ》は眠れるか　まだ一神《ひとかた》の御出坐《おいでまし》もなし
艮《うしとら》の神の言葉は疑ふな　神の経綸《しぐみ》に仇花は無し
九重《こゝのえ》の花が十葉《とよう》に咲くならば　万世《よろづよ》までも散る事は無し
天《あま》ツ御祖《みおや》神の怒りの強ければ　モウ此上は力およばず

天地《あめつち》に神の有無《あるなし》明らかに　現はれ出づる時は来にけり
時は今天地《あめつち》ひらく神代《かみよ》かな　神の稜威《みいづ》の鳴り渡る時
カイゼルの力何程強くとも　神の小指の力だに無し
今迄の智慧や学びに他寄《たよ》らずに　神に来《きた》れよ亡ぶ事無し
世の中の人は忽《たちま》ち驚かむ　限り知《しら》れぬ神の力に
世の元の神の稜威の現はれて　人の驚く時は来にけり
三千年《みちとせ》の永き経綸の現はれて　悶え苦しむ曲津《まがつ》神等《かみたち》
三柱《みはしら》の神天降り働けば　如何《いか》なるものも対敵者《かなうもの》なし
天地《あめつち》の国の真秀良場《まほらば》畳並《たゝなべ》る　綾部の里に経綸あるなり
この度の神の経綸の深ければ　たゞ一柱知る神もなし
この経綸遂げ終《おう》せたる　暁《あかつき》は　神の歓喜《よろこび》人の楽《たのし》み
疑いの雲晴れ行きて世の人の　心の空に月日照るなり
世の本の真実《まこと》の神があらはれて　世人の知《しら》ぬ事を教えむ
道程《みちのり》も最早《もはや》少く成りければ　永き経綸を現はして見む
七《なゝ》王《を》八《や》王《を》世界に王《きみ》は多けれど　真《まこと》の王《きみ》は日本《ひのもと》の王《きみ》
天津日も只一つなり地の上も　一《ひとつ》の王《きみ》で治《おさま》りて行く

千早振神が表に出る上は　一つの王《きみ》を立て治むる
言霊の助け天照る日の本は　総ての国を知らす神国《かみぐに》
霊幸《たまちは》ふ神の教《をしへ》は深ければ　浅き心のものに解《わか》らず
立替の大峠までに神の子は　心入れかえ最早暇なき
今迄の世の持方は終りなり　神世となれば神の行《や》り方
神の世は隅々までも澄《すみ》わたる　曲津《まがつ》の潜む隈《くま》も無きまで
時来れば外国《とつくに》までも連行《つれゆ》かむ　万代《よろづよ》朽ちぬ名を挙《あ》くる為
種まきて苗立ち初《そ》めば出行《いでゆ》かむ　苅込《かりこみ》の時また帰り来む
天《あめ》の下八《や》十《そ》綱《つな》かけて引寄せむ　備前備中大和国々
高山は今に渓間《たにま》と落ち行きて　渓波《たには》は国の高山となる
高山の嵐は如何《いか》に強くとも　渓間の木草静《しずか》なりけり
人草の腹の底まで洗ひきる　瑞《みづ》の御魂《みたま》の教ゆ神術《かみわざ》
澄切りし人の身魂に天地《あめつち》の　誠の日月《かみ》は宿を借るなり
曇りなき心の空に天津《あまつ》日《ひ》の　輝き渡る人ぞ恋しき
天《あま》の原《はら》振りさけ見れば天津日の　光り限なき美《うま》し神国《かみくに》
黄昏《たそがれ》て西に落ちたる日も月も　やがて東《あづま》の空に輝く

霊幸《たまちは》ふ神の守りの強ければ　病《やま》ず死なずの身魂とぞなる
久方《ひさかた》の天《あま》の橋立《はしだて》踏しめて　綾の高天《たかま》へ昇れ神子等《みこたち》
畳並《たゝなは》る青垣山に囲まれし　綾部の里は神の本宮《もとみや》
天《あめ》の下《した》国とふ国は多けれど　我日の本は国の祖国《おやくに》
天地《あめつち》の御祖《みおや》の神の生《あ》れますも　国の祖国《をやくに》なればなりけり
照妙《てるたえ》の綾部の里は畏《かし》こくも　神の本宮国の本国《もとぐに》
開け行く日本《やまと》の国は千早振ふるき　神代の神の功勲《いさほし》
葦原《あしはら》の瑞穂《みづほ》の国は地球《つちだま》ぞ　中津御国《なかつみくに》は日の本の国
天地《あめつち》の神に代りて世を開く　人は誠の神にぞ在りける
天津御祖神の御言《みこと》をかしこみて　下津岩根《したついはね》に道を開きし
使ふべき人や遺《をつ》ると谷具久《たにぐく》の　狭渡《さわた》る極み尋ね暮しつ
限りなき神の恵《めぐみ》の尊とさを　知る人も無きあし原の国
我身のみ心の儘に世の人を　ふみつけ通るあし原の国
葦原の八十《やそ》の曲津身《まがつみ》払はむと　中津御国に経綸《しぐみ》なしつゝ
君の為御国の為とゝなへつゝ　表面《うはべ》をかざる曲津神ども
今の世の人の心の大方は　口と行ひ大違いなり

斯神世待兼山《まちかねやま》のほとゝぎす　姿かくして啼《な》き暮しつゝ
天地《あめつち》の初発之時《なりいでし》の祖々《おやく》の　御魂の因縁《ゆかり》現はせる御世《みよ》
村肝の心を千々《ちゞ》に砕くかな　世を救はむと思ふ斗りに
急《せ》き込める親神の心《むね》知らずして　月雪花《つきゆきはな》に狂ふ御子等《みこたち》
国民《くにたみ》の心の空の晴れぬれば　日本《やまと》も唐《から》も一《ひ》とつとぞなる
神心つくしの果も東路《あづまじ》も西洋《からくに》迄も　拡めてぞ行く
体主霊従国《からくに》の醜《しこ》の荒《すさ》びの強《つよく》して　世の大本に襲ひ来る也
天《あめ》の下四方《したよも》の民草慈《いつ》くしむ　親に刃向ふ曲津御子たち
厳《いづ》の御魂瑞《みたまみづ》の御魂《みたま》の誓約《うけひ》より　人の肉体《からたまな》生り出《いで》にけり
天照皇大神《あまてらすゝめおほかみ》は厳《いづ》の御魂　瑞《みづ》の御魂は素盞嗚《すさのを》の神

立替をしたつ岩根に現はれて　国常立に治め守らむ
神代より深き因縁《ゆかり》の在土地《あるくに》に　世の立替の経綸《しぐみ》せしかな
国魂《くにたま》の神を調査《あらため》国々の　身魂の審判《さには》初めかけたる
大空の曇りも深き今の世は　下津岩根の神も解《わか》らず
埴安《はにやす》の神が岩根に現はれて　雲井の空も清め澄まさむ
渓間《たにま》より真の光現はれて　雲井の空を光《てら》し返さむ

高山に月は隠れて渓底《たにそこ》は　あやめも判《わ》かぬ暗《やみ》となりぬる
暗《やみ》の世に月日を慕ふ人こゝろ　早く日の出を松斗りなり
渓間より光り輝く本宮《もとみや》は　世の大本の初めなりけり
高山の雲吹き払ふ科戸辺《しなどべ》の　神はたにはに時を待ちつゝ
谷底の木を分けて見よ九重《こゝのえ》の　花の有所《ありか》を国の鎮めを
高山に生いたる木々は曲り居て　柱に成《なら》ぬ物斗りなり
谷底に育ちし木々は直《す》ぐなれば　国の柱は何程もあり
山の上に水は無けれど渓底《たにそこ》は　清き泉の絶ゆる事無し
大方の人の夢にも知らぬ間に　説き諭《さと》すなり先の世の事
先の世と聞《きい》て心を緩すなよ　明日の日柄も先の世なれ婆《ば》
久方の雲井の空も地の上も　神の稜威《みいづ》に治まりて行く
天地《あめつち》の神の稜威の現はれて　上下睦《かみしもむつ》む神代とぞなる
世の中の鬼や大蛇《おろち》を言向平《ことむけ》て　世を治め行く神の御心
蟹が行く横さの道に蹈《ふみ》迷ふ　世人《よひと》の為に身を砕くなり
世の人の渡る危ふき丸木橋　今取り替し神の掛橋
神の橋渡れば安く往くものを　迷ふて落つる曲《まが》の八ツ橋

大本の大橋渡り未ださきえ　行詰りては後戻りする

霊幸《たまちは》ふ神の心を高山の　雲霧分けて照らせたきもの

天地《あめつち》の神の怒りも最《い》と深し　堪《こら》え忍びの袋破れて

邪津神《まがつかみ》人の衣をまとひつゝ　清き神世《このよ》を汚し極《きる》なり

表面《うはべ》には人と見ゆれど霊魂《たましい》は　畜生《けもの》と成りし者斗りなる

この畜生言向和平《けものことむけやは》し天地《あめつち》の　誠の神子《みこ》と生かせ度《たき》もの

大本を乱す邪神《まがみ》は大本の　内部《なか》に潜める偽信者《まよいびと》なり

外よりは手も附《つけ》られぬ大本を　内より破る布教師《とりつぎ》もあり

長谷《ながたに》の流れも末は濁り江に　星も移らぬまでになりぬる

邪《まが》つ神　人の宝をホシがりて　巧《たくみ》ばかりにハセ廻るなり

大本の神の教を破らむと　曲津神《まがつかみ》どもハセ廻りつゝ

この計略《たくみ》遂げなオカンと尻押《しりおし》て　ハセ廻りつゝ空の星搗《ほしかつ》

難波津《なにわづ》のよしもあしきも白浪の　中に漂ふ人の多かり

神の世の審判《さばき》に今やあふ坂の　人は知《しら》ずに日を送りつゝ

九重の古き都に一枝《ひとえだ》の　神の経綸《しぐみ》の梅開くなり

松の世も早近づきて浦安の　国の誉れは四方《よも》に輝く

松の世を来さむ為に永遠《とこしへ》に　神力《ちから》かくして経綸せしかな
攻め来る外国神《からくにかみ》を一呼吸《ひといき》に　言向和平《ことむけやは》す神国《かみくに》の道
海陸《うみくが》の軍《いくさ》の師《つかさ》も寄りて来よ　神は力を添えて守らむ
大本へ刃向ひ来る醜神《しこがみ》は　鎧《よろい》の袖にとまる蛆虫《うじむし》
難かしき道と思ふな大本は　凡ての人の通る大道
醜魂《しこたま》を洗ひ澄まして神国の　日本御魂《やまとみたま》を研く大本
村肝のこゝろの塵を払はんと　神の気吹《いぶ》きの現れにける
この戦争《いくさ》神が表で守るなら　末は御国の勝《かち》となるなり
日の本の御国の空を掠《かす》め来る　天《あま》の鳥船《とりぶね》あはれなりけり
日の本の海原の底潜《くゞ》り来る　仇船《あだぶね》こそは底の国行き
海陸《うみくが》の軍を揃え攻め来たり　我言霊《ことたま》に滅ぶ憐れさ
昼夜に　神は心を砕けども　世の立替を余所《よそ》に見る哉《かな》
神界《かみのよ》は　御国と外邦《から》の戦いが　初まり居れど人は覚らず
戊《つちのえ》の午《うま》の春から神界《かみのよ》は　大戦争《おゝたゝかい》の開かれにけり
神界のたゝかい済めば現世《うつしよ》に　続いて戦争《いくさ》初まると知れ
一度《ひとたび》は外神国《から》の旗色良かりしも　散失《ちりうせ》にけり伊勢の神風

世の柱　立《たて》たき斗り山深み　柴の戸閉《とざ》しも尋ね見しはや
柱木にせむと思へど高山は　風にもまれて下木《しもき》斗りぞ
丹波路《たにはじ》の奥に一本真木柱《ひともとまきばしら》　ありと聞こして求《ま》ぎ用《つか》ひける
空蝉《うつせみ》の世を立直す柱木は　変性男子《あまのみはしら》　変性女子《くにのみはしら》
二柱　漸《やう》やく立ちて千万《ちよろづ》の　その副柱《そえばしら》今も尋ねつ
千代八千代朽ちず揺《ゆる》がぬ御柱は　神の選《えり》たる真木柱なり
立替は　はしら斗りかケタも要《い》る　板も瓦も土も何彼《なにか》も
神は世に出る道つけて出たるなり　誰も斯道安く歩めよ
立替の経綸の奥は沢《さわ》あれど　人に言はれぬ事も多かり
聞きたくば尋ね来れよ説明《ときあか》す　人の心の信念力《ちから》あるだけ
如何《いか》ならむ災あるも驚くな　神が附そひ守る身なれば
大本の神が表にあらはれて　世界の曲《まが》と大角力《おほすまふ》取る
神国《しんこく》の規律《おきて》も茲《こゝ》に定まりて　伊勢の神風平穏《をだやか》にふく
神国《かみくに》の道開く人多けれど　誠を開く人は稀《まれ》なり
表面《うはつら》はいと厳《いか》めしく見ゆれ共　曲《まが》を包みし神の布教者《とりつぎ》
大本へ集《よ》り来る人の数々を　教え諭して御《み》ハシラとせむ

霊主体従《ひのもと》と体主霊従《から》とを分《わけ》て　人皆を神の教に　改《あらため》て見む
世の本の神は心も急ぐなり　モウ立替が迫り来たれば
近よりし世の立替に先だちて　身魂を洗へ四方《よも》の神子等《みこたち》
国所家々のみか人草の　心の内も立替るなり
押並へて世を救はんと皇神《すめかみ》の　神言《みこと》畏こみ我は出《いで》けり
立替の天《あま》の御《み》ハシラたてよこの　日月《かみ》は朝夕心砕きつ
この度の深き経綸《しぐみ》は惟　神《かむながら》　只一息も人心なし
筆先に書出したる教言《のりこと》は　皆天地《あめつち》の鏡なりけり
詐《いつは》りの無き世なりせば　是ほどに神は心を砕かざらまし
嘘ばかりつき通したる世の中は　今に大きい穴が現はる
今までは世人《よひと》の為に日を延し　モウ見赦しのならぬ所《とこ》まで
地は震ひ　雷《いかづち》猛り火の雨の　ふる事記《ことぶみ》を能《よ》くも調べよ
いと高き大内山の一つ松に　鶴巣籠りて日出《ひので》待ちつゝ
古《いにし》への神代に復《かへ》る暁は　鶴の一声世に響くなり
天地《あめつち》の洗い替《かへ》より真先《まつさき》に　人の心の洗ひ替せむ
村肝の神の心の晴渡る　時は来にけり晴渡る時

天地《あめつち》の雲霧四方《よも》に吹き払ふ　科戸《しなど》の風の神の功勲《いさほし》
日の光り昔も今も変はらねど　大内山にかゝる黒雲
青山に月日かくれて烏羽玉《うばたま》の　暗《やみ》となりたる今の世の中
艮《うしとら》の神と現はれ天《あめ》の下　国常立と守る神の世
天の下に国常立と現はれて　ミロクの神の松の世とせむ
二十《はたち》余り七年《なゝとせ》今に説き諭す　神の言葉も聞く人ぞ稀《まれ》
三十年《みそとせ》の世の立替も迫りけり　後の三年《みとせ》に心ゆるすな
霊幸《たまちは》ふ神の出口の道開き　直霊《なほひ》の魂《たま》の光り現はす
本宮《もとみや》の竜宮館《たつのやかた》に神集《かむつど》ひ　三十一《みそひと》文字に教へおくなり

以上　弐百首

大正七年五月十日（旧四月一日）の夜　教主に神憑ありて詠ませ給へるを　傍に侍りて速記し奉りたるものは　大本教監の職を仕え奉る

豊本の景介
森の良仁

（「神霊界」大正七年六月一日号）

大正七年五月廿日

鳥けもの草の片葉《かきは》に至るまで　神の御魂《みたま》の籠《こも》らぬは無し

天地《あめつち》の恵覚りて住む人は　心のまゝに世に出るなり

千早振《ちはやふる》古き神代の昔より　世人《よひと》の為に心配りつ

まのあたり世の立直しする迄に　改《かえ》て置きたし人の心を

今までは人の心の儘にせし　斯世《このよ》の事は神の儘《よ》にせむ

高山の嵐は如何《いか》に強くとも　渓間《たにま》の木草倒されもせず

まだ少し時ぞ早しと何事も　山の小言と聞流しつゝ

時は今科戸《しなど》の風の渓間《たにま》より　吹き上ぐる時吹荒《ふきすさ》ぶ時

天地《あめつち》の神の怒りの強くして　たやすく解《とけ》ぬ時となりぬる

この怒り　とく神々は世の中に　たゞ二柱ある斗りなり

何事がありとも世人心せよ　罪ある限り祓い清むる

五十路《いそじ》をば越《こえ》し男子《をのこ》が現れて　この世の限り光り輝《てら》さむ

世の人に普《あまね》く好《すか》れ世の人に　またそねまれむ神の宮居《みやゐ》は

世を救ふ神は渓間に現はれて　深き心の経綸《しぐみ》遂げつゝ

いすくはしノアの方舟《はこぶね》覆《くつが》えり　新たに出《い》でしナオの方舟

恥かしく無きまで心洗えかし　身魂の審判《さばき》初めかくれば
西東南も北も天地《あめつち》も　荷なうて立てる神の御柱
この柱今は隠れて見えざれば　世の大方は知《しる》ものも無し
火と水の二つの柱世に出《いで》て　これが誠の火水与《かみよ》とぞなる
火は水を動かすなれど水に火は　助けられてぞ光り輝く
立替の神が表へ出るならば　高峰《たかね》の雲は四方《よも》に散り行く
皇神の依《よ》さし賜ひし布教者《みはしら》と　世人欺く曲津神《まがつかみ》ども
この度の神の気吹《いぶ》きの無《なか》りせば　四方の雲霧誰が払はむ
常夜《とこよ》往く天の岩戸を開かんと　思ひは胸に三千歳《みちとせ》の今日
待兼《まちかね》て斯世《このよ》へいづの大神は　瑞《みづ》の御魂ぞ力なりけり
日の本もカラも天竺《あまぎ》も押並べて　国常立の神世とぞなる
道程《みちのり》は余程遠《と》ふきに似《にた》れども　神から見ればカラも一所《ひとゝこ》
天地《あめつち》の神の造りし人の身は　髪一筋も儘になるまい
髪の毛をおろそかにすな一筋も　天《あめ》と地《つち》との魂《たま》の懸橋
天地《あめつち》の神の橋なる髪の毛を　断《き》りて歓こぶカミ無しの国
不幸者狐や犬の真似をして　コン〳〵ワン〳〵親に噛附《かみつく》

ケン〱と人に剣突《けんつく》喰はす奴　蛇喰ふ雉《きぢ》のやうな面附《つらつき》
九重の花の都を跡にして　十重に結びし神垣の内
常夜《とこよ》往く天の岩戸《ゆわと》も開きけり　天《あめ》の宇受売《うずめ》の霊《たま》の光に
十年《とうとせ》の後の神代に住むものは　身魂の清き人斗りなり
戦争《たゝかい》の雲霧晴れて外国《とつくに》は　まだ日の本を包まんとぞする
日の光四方に輝く常磐木《ときはぎ》の　松の神代は静《しづか》なりけり
日の本の国に幸ふ言霊の　稜威《みいづ》に亡ぶ百々《もゝ》の曲神《まがゝみ》
大本の神は表に現はれて　百々の国々神代とぞせむ
神々の神言《みこと》畏こみ言霊の　その活用《はたらき》の歌となりけり
天保《あめたも》つ七年《なゝとせ》師走《しはす》後の夜の　月に産声いづの変性男子《みはしら》
一の宮神の氏子と生《あ》れまし　教《おしへ》御祖《みおや》は国の御田柄《みたから》
明《あきら》けく治《おさ》まる御代《みよ》の四ツの年　文月《ふつき》に生《あ》れし瑞《みづ》の御柱《みはしら》
本宮《もとみや》の神の経綸を助けむと　生れ出にけり宮垣内《みやがきうち》より
音無瀬《おとなせ》の川の上《ほとり》に御禊《みそぎ》して　世を清めむと厳《いづ》の大柱《みはしら》
天《あめ》の下舛掛《ますかけ》引いて治るも　八十余《やそま》り八ツの御年なりけり
五十余《いつそま》り三つの身魂の年来れば　四方《よも》の国々安く治まる

神の国大《ひろ》く正しき十年余《とゝせま》り　二つの年の春ぞ待たるゝ
畝火山《うねびやま》耳成山《みゝなすやま》のあさぼらけ　霧たち登る天《あま》の香具山《かくやま》
伊吹山　本宮山《もとみやゝま》と大和なる　三山《みつやま》こそは口と耳鼻
日の神は左の眼なり右の眼は　月の御神の御光としれ
世に厳《いづ》の神の稜威《みいづ》は天《あめ》の下　瑞穂《みづほ》の国も光り輝やく
たちはなの小戸《おど》のアオウエイの声は　天の御柱国の御柱
四方の海波静なる足御世《たるみよ》は　国常立の神の勲功《いさほし》
八洲国戦争《やしまくにいくさ》の雲も晴渡る　我日の本の神の気吹《いぶき》に
千万《ちよろづ》の神の経綸《しぐみ》も乱れたる　世を救はむと思ふ斗りぞ
苅薦《かりこも》の乱れ果てたる世の中に　誠立貫《たてぬ》く人は神なる
生御魂《いくみたま》四十余《よそまり》八ツを揃えんと　神の急込《せきこ》み知る者は無し
今世のみ助くる神と思ふなよ　万世守る永遠《とこしえ》の神
身になやみ起りし時ぞ省みよ　神の心の奥の在処《ありか》を
掛巻《かけまく》も綾に畏《かし》こき本宮《もとみや》に　神の出口の道を造りぬ
美《うる》はしく楽しき御代に逢い乍《なが》ら　其楽《たのし》みを知らず歎《かこ》ちつ
村肝の心一つのあつかいに　善くも悪《あし》くも見ゆる世の中

天津日の高く輝き照る時も　戸閉《とざ》せし家は真暗がりなる

村肝の心の岩戸開きなば　身魂かゝやく天津日の如《ごと》

身を思ふ人は誠の天津神　国つ御神の規則《のり》に従がえ

釈迦孔子《さかくじ》や耶蘇《やそ》の教も消え失せむ　天照坐《あまてらしま》す神の光りに

身魂さえ清く正しく澄む時は　医師薬品《くすしくすり》も要《い》らぬ神国《かみくに》

天地《あめつち》の諸《もゝ》の災い頻《しき》りなり　神の怒りの解けぬ間は

天地の恵の露のなかりせば　青人草の如何に栄えむ

東雲《しのゝめ》の空麗《うら》らかに見《みゆ》るかな　日の出の前のあさの景色は

あらがねの土を貫き伸上り　露の玉照るあさのたけの子

皇神《すめかみ》の教の道に背かずば　高峰の花も何時《いつ》か手折《たを》らゆ

呉々《くれぐ》も教え諭せし神言《かみこと》を　守る神子《みこ》たち力添えなむ

三千年《みちとせ》の胸の曇を吹晴らす　時は来にけり時は来にけり

葦原《あしはら》に生《お》い繁りたる仇草を　薙払《なぎはら》ふべき時は来にけり

心無き高山颪《をろ》し荒《すさ》ぶとも　下津岩根に潜む神風

昔より力隠《か》くせし神風の　吹き返すべき時は来にけり

吹上ぐる斯の神風は高山の　雑木《うづき》の枝葉取払ふなり

渓間《たにま》より神の光の蔭見えて　驚き惑ふ高山の曲《まが》
足曳《あしびき》の山の尾の上の紅葉《もみぢは》も　散りて跡なき渓《たに》の神風
富士の峰《ね》の其頂上《いたゞき》は晴《はれ》ぬれど　雲霧深し山の中程
天の下に誉れをスルが富士の山　醜《しこ》の仇船木の花と散る
難波津《なにはづ》のよしもあしきも押並て　神の気吹《いぶき》を恐《おそれ》ぬは無し
八重垣の神の社《やしろ》に豊雲野《とよくもぬ》　神素盞嗚《かむすさのう》と永遠《とは》に鎮まる
皇神の恵み冠《かゝ》ふる小笠原　気もよしゆきの神の司《つかさ》は
天地《あめつち》に鳴り渡りたる言霊の　滝の流れに世を清めなむ
霊主体従《ひのもと》の教《をしへ》を四方《よも》に播磨潟《はりまがた》　磯吹く風に世を清めなむ
上嶋《かみじま》の神も表に現はれて　高天原《たかあまはら》に世を救ふなり
落居たる神嶋山《かみじまやま》を跡にして　下津岩根に還る嬉しさ
落ち居りし男島女島《おしまめしま》も飽き果《はて》て　元の高天《たかま》へ還る嬉しさ
生神《いきかみ》の出口の身魂無かりせば　神は表に出でざらましを
清らけく瑞《みづ》の身魂の無《なか》りせば　如何《いか》で現《あ》れなむ上嶋の神
あさがすみ竜神《たつかみ》ばかり集まりぬ　稜威《みいづ》も高き中谷の山
中谷の山を開きし益良夫《ますらを》は　瑞の御魂の宮居なりけり

高砂の沖に浮べる神嶋に　佐和田の神は隠れ坐《ま》しける
空蝉《うつせみ》の人の心は嵯峨の奥　洗い清めよ琴玉の滝
いつ迄も比沼《ひぬ》の真奈井《まなゐ》の岩清水　汲取人《くみとるひと》の無世《なきよ》なりけり
上下《かみしも》を揃えて斎《いつ》け中郡《なかごうり》　世も久次《ひさつぎ》の豊受大神《とようけおほかみ》
百《もゝ》の神瑞《みづ》の身魂に神憑《かみがゝ》り　読ませ置くなり百首《もゝいろ》の歌

大正七年五月廿日（旧四月十二日）　教主帰神作

（「神霊界」大正七年六月十五日号）

いろは神歌

大正六年十一月三日

○何鹿の郡綾部《あやべ》の本宮《ほんぐう》の、拾里四方《よほう》は宮の内、下津岩根《したついはね》の珍《うづ》の国、高天原《たかあまはら》と称《たゞ》えつゝ、天《あめ》に坐《ま》す神八百万《やほよろづ》、地《つち》に坐す神八百万、集りまして幽世《かくりよ》と、現《うつ》つの世をば知ろしめす、其神業《かんわざ》を神議《かむはか》り、議《はか》り玉ひて常夜往《とこよゆく》、烏羽玉《うばだま》の世を照さむと、伊都《いつ》の御魂《みたま》と現《あ》れまして、天津日嗣《あまつひつぎ》の動《ゆる》ぎなく、目出度御代《めでたきみよ》を松の世の、常磐堅磐《ときはかきは》の 礎《いしずえ》を、搗固《つきかた》めます霊《たま》の地を、知らずに暮す世の人の、心の空の仇曇り、晴るゝ由なき憐れさよ。

○ろんどんのカラの都に預けたる、金山姫《かなやまひめ》の御宝《みたから》は、何時《いつ》還り坐《ま》す術《すべ》を無み、御姿さえも瑞穂《みづほ》国《くに》、豊葦原《とよあしはら》の中国《なかくに》の、力を削る曲津霊《まがつひ》は、英米西大国《ゑべすだいこく》西の海、底の藻屑《もくず》と鳴る神に、臍《ほぞ》を奪《と》られし姿なり。

○はに安の彦の神言《みこと》の現はれて、雲井に懸《かゝ》る群雲《むらくも》を、伊吹《いぶ》き放ちて春日なる、天津日蔭の隈も無く、輝き渡る日の本の、国の稜威《みいづ》は弥高く、鳴戸の海の弥深き、神の恵の鳴り々《なり》て、鳴りも合はざる仇波《あだなみ》を、大海原に加々呑《かゝのみ》て、世の大本の一筋の、誠の神の統《す》べ玉ふ、国常立《くにとこたち》の神の代を、来《きた》さん為に三千歳《みちとせ》の、道有る御代を松の大本神の出口の畏《かし》こけれ。

○にし東南《ひがしみなみ》と北《きた》の荒海に、艦《ふね》充ち続け寄せ来る、醜《しこ》の荒《すさ》びの猛く共、御空《みそら》に震う鳥船《とりふね》の、羽音は如何《いか》に高くとも、空より降らす迦具槌《かぐづち》の、三ツの都を夜芸速男《やきはやお》、如何《いか》なる神の猛びにも、少しも怖《を》ぢぬ日の本の、国に幸ふ言霊《ことたま》の、ウとアの水火《いき》にカラ鳥の、肝を抜かれて落ち此方《こち》に、神の稜威《みいづ》の著《いち》じるく、頭《かしら》を地《つち》に逆様《さかしま》に、神の御国に何時《いつ》までも、仇波立たぬ松の代と、駿河《するが》の国の不二《ふじ》の山、気高き姿の其儘に、世界の上に聳《そび》ゆなり。

○保日《ほひ》の命《みこと》の現はれて、海の内外《うちど》の嫌いなく、降らす血雨の河と成り、屍《かばね》は積みて山を為す、カラクレナイの敷島の、赤き心は日本魂《やまとだま》、火にさえ焼けぬ国魂《くにたま》の、光り輝く時となり、体主霊従《から》の身魂を焼き尽し、水火《みづほ》の国の中津国、下津岩根《したついはね》に現はれし、厳《いづ》の御魂《みたま》の勲功《いさをし》の、天照る御代《みよ》の楽もしさ。

○へだて無き、神の恵みは弥高き、高天原に現《あ》れまして、乱れ界《は》てたる現《うつ》し世乃《よ》、諸々《もも》の人草救はむと、誠の道をたてよこの、二柱神《ふたつのかみ》の勲功《いさほし》は、天之岩戸を開くなる、奇磐間戸《くしいはまど》の手力男《たぢからお》、日本《やまと》の人も外国人《からびと》も、神の教えに手撫槌《てなづち》や、足撫《あしな》の道に迷ひたる、身魂《みたま》を善きに導びきて、ミロクの神の守ります、常磐の松の神の世に、覆《かへ》して統《す》ぶる世の本の、国常立《くにとこたち》の神ぞ尊とき。

○とつ国の醜《しこ》の仇浪いや猛く、秋津島根に打寄せて、国の中分《なかば》を洗ひ去り、浪花《なには》の土を汚《けが》しつゝ、五十鈴川《いそすゞかは》に襲い来て、清き宮川泥と為し、御国の魂《たま》を盗まむと、深き奸計《たくみ》は三重県《みえあがた》、尾張半田に押寄せて、手配り為せる其刹那《ひま》に、伊勢の神風吹起り、怒れる浪の物凄く、心の黒き黒船の、浮瀬に沈む神罰《いましめ》の、忽《たちま》ち来ると白人《しらひと》の、国の末こそ憐れなりけり。

○千早振《ちはやふる》神代ながらの神国《かみくに》の、千代も八千代も動《ゆる》ぎなき、天津日嗣《あまつひつぎ》の大君《おほきみ》は、豊葦原《とよあしはら》の中津国、瑞穂の国の主師親《おほもと》と、現はれまして天《あめ》の下、四方《よも》の国々隈《くま》もなく、言向平《ことむけやは》し御恵の、露の御玉に潤《うるほ》ひし、日本御国《やまと》の民草《たみくさ》は、我大君《あがおほかみ》の知食《しろしめ》す、大御神業《おゝみみわざ》にあななひて、内外《うちど》の国を助く可《べ》き、神の依《よさ》しの天職《かんわざ》を、身も棚知らに弥広《いやひろ》に、尽せ日本《やまと》の神の子等《ら》。

○りう球につゞく台湾ボウコ島、御国に遠きこの嶋に、心を配れ日本人《やまとびと》、外国魂《とつくにたま》のこゝかしこ、国売る曲《まが》の多くして、主人《あるじ》の留守の間鍋たき、柱を崩すカミ斗《ばか》り、ヤンキーモンキー騒ぐとも、降る雨リカを防ぐ由なし。

○ぬさ採りて和知《わち》の川辺に祈りつゝ、この世の泥を滌《すゝ》がむと、明治の廿五年より、直《すく》なる針に餌《え》も附けず、川王《かわおう》の鯉のツレ無くも、鮒《ふな》や諸魚《もろな》の屑のみぞ、神の恵の糸長く、釣下ろしたる一筋の、誠の瑞《みづ》の魂《たましい》が、かゝり玉ひし益良夫《ますらを》の、釣り合ふ御魂男子女子《みたまなんしにょし》、太公望の大望《たいもう》も、西伯文王《せいはくぶんのう》に見出され、国を治めし古事《ふること》の、今目の前《あた》り北の空、光り輝き渡るなる、神の大橋いや太く、掛けし祈りの尊とけれ。

○るい卵《だん》の危ふき国と成り成りて、成り合はざりし異国《ことくに》の、国王《こきし》は位《くら》を降《をろ》されて、夏なほ寒き西伯利亜《しべりあ》の、荒野《あれの》の果に退《や》らはれし、スラブ王家の憐れさは、聞くも涙の種なれど、我神国《かみくに》に刃向ひし、支那もスラブも天命の免《のが》れぬ道と覚悟せよ。続いて三つ四つカラの国、神の御国に仇を為す、報いは今に火の車、乗りて奈落へ落《をち》ぶれの、悪魔の頭《かみ》ぞ憐れなり。

○をに大蛇《をろち》狼よりも恐ろしき、異国魂《ことくにたま》の奸計《まがわざ》は、口に蜜をば含み宛《つゝ》、尻に剣持つ蜂の如《ごと》、大砲《おほつゝ》小銃《こづゝ》の兵器《つはもの》を、残らず反古《ほご》の紙と為し、尻の穴まで見済《みすま》して、時待つ時の火車を、御国の空に轟《とゞろ》かし、掠《かす》め取らんと曲津神《まがつかみ》、企《たく》みは実《げ》にも良けれども、日本《やまと》の国は昔より、神の御幸《みさ》ちの強き国、人は三分に減《な》るとても、神の身魂は永遠《とこしえ》に続く常磐《ときは》の神国ぞ、異国魂《ことくにだま》の世の末と、成り定まりし幽世《かくりよ》の、神の経綸《しぐみ》も白人《しらひと》の、世の終りこそ憐れなりけり。

○わた津見の神の宮居に鎮まりし、玉依姫《たまよりひめ》の現はれて、綾の高天《たかま》に上《のぼ》り坐《ま》し、御供《みとも》の神も数多く、集《つど》い来まして斯度《このたび》の、神世《かみよ》の経綸《しぐみ》助けむと、金竜界《きんりうかい》の嶋々に、今は潜みて時津風、松の神代と成る迄は、水分《みくまり》の神志那津彦《かみしなづひこ》巌《いはほ》の神や地震《ないふる》の、荒々しくも荒れの神、一度に開く竜神《たつかみ》の、伊都《いづ》の雄猛《おたけ》び弥猛く、天地四方《あめつちよも》の国々も、海山河野《うみやまかはぬ》の生物《いきもの》も、震《ふる》い慄《をの》のき地《つち》に附きて、眼《まなこ》も鼻も耳口も、何と詮方泣声《せんかたなくこえ》も、轟き渡る皇神《すめかみ》の、言葉の霊《たま》の限り無く、鳴り渡る時選まれし、日本心《やまとこゝろ》の身魂のみ、次の神代の御柱と、栄誉《ほまれ》と共に残るなり。

○かくり世も現《うつ》ツの世をも押並べて、天津御祖《あまつみをや》の大神の、依《よ》さし玉ひし其儘の、清き神代の御政《みまつり》に、曳き還さむと梓弓《あづさゆみ》、巌《いわほ》も徹《と》うす敏心《とごゝろ》の、日本心《やまとごゝろ》の弥固《いやかた》き、矢竹心《やたけこゝろ》の畏《かしこ》くも、世をうしとらの皇神《すめかみ》が、下津岩根《したついはね》に現はれて乱れたる世を正さむと、月日さまねく一筋に、誠の道を証《あか》しつゝ、勤《いそ》しみ玉ふ惟神《かむながら》、神の出口の勇ましき。

○よに出でし守護神等《まもりかみら》の鼻高く、雲井の空に蔓《はび》こりて、天津日蔭の御《み》光りを、包みかくして葦原の、中津御国を曇らせつ、下国民《しもくにたみ》の苦しみを、余所《よそ》に眺めて吾《わ》れの身の、しがく斗《ばか》りに日も足らず、月日を送る曲津日《まがつひ》は、落ちて散り行く秋の野の、木の葉の果ぞ憐れにも、踏み付けおきし民草の、足に踏れて泥まぶれ、泥海の世を固めたる、国の御祖《みおや》の大神の、御袖に縋《すが》り歎《なげ》くとも、神の審判《さばき》の明《あきら》けく、罪の隠るゝスキも泣き、人の果こそ憐れなり。

○たよりなき、世の人々に便るより、神の御教《みのり》にたよりなば、斯世《このよ》の中に恐るべき、物は一つも荒魂《あらみたま》、神の力に勇ましく、楽しく渡る和田の原、隔《へだ》て遠き外国《とつくに》の、果しも知らに行くとても、天津日蔭の照る限り、安く守らせ玉ひつゝ、恩頼《みたまのふゆ》の幸《さちは》ひて、国の誉れと諸共に、遺《のこ》る勲功《いさほし》千代八千代、万代《よろづよ》迄も日本《ひのもと》の、御魂《みたま》を照らせ日本益良雄《やまとますらを》。

○れん合の国の軍《いくさ》は強くとも、心は割れて四ツ五ツ、いつか勝負の果も無く、力は既にイングリス、艮《とゞめ》に以太利《いたり》て雨《あめ》りかの、フランス跡に地固めの、望みもつきてカイゼルの、甲斐なき終り世の終り、金も兵糧も尽き果てゝ、互《かたみ》に臍《ほぞ》を噛みながら、猶ホ凝《こ》りつまに向きを替へ、良き支那物《しなもの》を奪はんと、命限りに寄せ来る、其時こそは面白き、茲《こゝ》に仁義の神の国、豊葦原の足に掛け、蹴《く》え放《は》らかし息の根を、絶ちて悪魔を絶滅《うちたや》し、世界一つに統《す》べ守り、祭政一致《かみよながら》の神政《みまつり》を、天地と共に楽《たのし》まむ。

○そしもりの山に天降《あも》りし素盞嗚男《すさのお》の、神の命《みこと》は恐《かし》こくも、綾の高天《たかま》に昇りまし、国に仇為す鬼大蛇《をにおろち》、天津醜女《あまつしこめ》や曲津霊《まがつひ》を、十握《とつか》の剣抜き持ちて、切り立薙《な》ぎ立て遠近《をちこち》の、山の尾毎に斬り靡《なび》け、河の瀬毎に追い払ひ、はらひ清めて四方《よも》の国、草の片葉《かきは》に至る迄、救ひ助けて艮《うしとら》の、皇大神《すめおほかみ》と諸共に、二度目の天の岩戸をば、開《あ》けて目出度《めでたき》午《うま》の春、天《あま》の斑駒逆剥《ふちこまさかは》ぎの、世の醜魂《しこたま》を遺《を》ちも無く、退《やら》いに退《やら》いて草薙《くさなぎ》の、心の剣皇神《すめかみ》に、供え奉りて瑞穂国《みづほくに》、瑞《みづ》の御魂《みたま》の美《うる》はしき、勲功《いさほ》辰巳《たつみ》や午《うま》の年、未申《ひつじさる》なる皇神《すめがみ》の、称《たゞ》えを酉《とり》の秋の空、錦織りなす紅葉《もみぢは》の、赤き心の現はれて、鬼さえ戌《いぬ》の天《あめ》の下、治まる御代は斯神《このかみ》の、亥《い》にしへよりの勲功《いさほ》ぞと、青人草《あをひとくさ》の仰ぐ世を、松と梅との花の大本。

○つきも日も隠れて見えぬ叢雲《むらくも》の、中にも神の恵あり、人を奪《と》り喰ふ鬼大蛇《をろち》、地震雷《かみなり》鳴火の雨も、少しも怖ぢぬ正人《まさぴと》は、男女《おのこをみな》の別ち無く、神の守りし人ぞかし。マサカの時の杖と為り、力と為るは信仰《うべない》の、徳より外《ほか》に何も無し。神の御子《みこ》なる人の身は、神を誠の親と為し、心の限り身の限り、仕え奉りて天地《あめつち》の、諸《もゝ》の猛びも心安《うらやす》く、凌ぎ〳〵て松の代の、人の鏡と鳴神《なるかみ》の、轟《とゞ》ろき渡る高き名を、千代に伝えて神国《かみくに》の、国の真柱《みはしら》搗《つ》き固め、勲功《いさほ》を立よ万代《よろづよ》に。

○ねの国に落行く霊魂《みたま》を救はむと、厳《いづ》の御魂《みたま》の大御神《おほみかみ》、瑞《みづ》の御魂《みたま》と諸共に、綾の高天《たかま》に現はれて、竜宮館の渡し場に、救世《ぐせい》の船を浮べつゝ、待たせ給へど烏羽玉《うばたま》の、暗《やみ》に迷へる人草は、取り付嶋《つくしま》も荒塩の、塩の八百路《やほじ》の八塩路《やしほじ》の、浪に漂よい迷ひつゝ、沖の彼方《あなた》へ走《は》せ行くを、救いの船に棹《さほ》さして、呼べど叫べど不知火《しらぬひ》の、浪のまに〳〵隠れつゝ、海の藻屑《もくず》と鳴戸灘《なるとなだ》、危ふき渦に近寄りて、行衛《ゆくえ》も波の底の国、流れ行くこそ悲しけれ。

○なに波津《はづ》に咲くや兄《こ》の花冬籠り、今を春辺《はるべ》と咲匂ふ、我大神《あがおほかみ》の言霊《ことたま》の、鳴り渡ります竜の春、罪も穢《けが》れも内藤の、家に集《つど》える信者《まさびと》を、大本王仁《わに》が引連れて、御稜威《みいづ》もたかき神の森、大阪本の文雄大人《ふみをうし》、其他あまた伴なひて、大和の国に名も高き、畝火《うねび》の山に参上《まいのぼ》り、四方《よも》の国々見はるかし、蜻蛉《あきつ》の臀咋《となめ》せる国と、詔《の》らせ給ひし神倭《かんやまと》、磐余《いはれ》の君の斎《いつ》きたる、最《いと》も畏《かし》こき橿原《かしはら》の、珍《うづ》の御宮殿《みあらか》伏し拝み、皇御国《すめらみくに》の幸《さちは》いを、赤心《まごゝろ》籠めて祈りけり。

○らうそくの我身焦《こが》して暗《やみ》の夜を、照すは神の御心ぞ。神に仕えしともがらは、世の為人の為ならば、家をも身をも省みず、人の譏《そし》りも斑駒《ふちこま》の、耳に東風《こち》吹く心地して、世人《よひと》の為に尽さむと、朝な夕なに命毛《いのちげ》の、筆採り坐して千早振《ちはやふる》、神の御教《みのり》を説き給ふ、教御祖《をしへみをや》の勲功《いさほし》は、高天原と現はれて、四方《よも》の民草靡けつゝ、神の出口の道開き、広き斯世《このよ》の宝ぞと、天《あめ》に坐す神地《くに》の神、歓こび勇み賞《め》で玉ふ、錦の機《はた》の目出度《たふと》けれ。

○むかしより花に名高き吉野山、八幡《やはた》の山の奥深く、ミロクの世まで隠されし、音姫《をとひめ》どのゝ御宝の、在所《ありか》尋ねて千代八千代、動かぬ御代の大本の、千歳《ちとせ》の松の神の子が、鶴殿君《つるどのぎみ》に従ひて、未《ま》だ散り終えぬ八重桜、日本心《やまとごゝろ》の大丈夫《ますらを》が、高天原を立出て、折も吉野の上市《かはいち》に、一夜を明かし妹背山《いもせやま》、吉野の川に隔つれど、誠心の隔てなき、浅野、豊本、牧、村野、梅田、秋岡、出口王仁《わに》、星田《ほしだ》、多慶子《たけこ》や金谷《かなだに》の、清き身魂は吉野川、流れに添ひて上り行《ゆく》、十里の道も山吹の、一重の花に引かされて、神の教へのかしこくも、早柏原に着《つき》にけり。雲井の空の神人《かみびと》と、ひなに育ちし賤《しづ》の男《を》が、深山《みやま》の奥に手を曳きて、峻《けは》しき山を辿りつゝ、御国の為に赤心《まごゝろ》を、尽すも神の引き合せ、黄金《こがね》の山の奥深き、神の経綸《しぐみ》は白雲の、花の吉野の水清く、治まる御代の礎を、踏み固めたる千代の鶴、八千代の亀の末長く、開け行く世を楽しみに、松まの長き真鶴《まなづる》の首。
○うしとらの神の御言《みこと》を畏《かし》こみて、下津岩根《したついはね》の本宮《もとみや》の、神に仕ふる教子《をしへご》が、教御祖《をしへみおや》に従ひて、巳年五月《みさつき》の八ツの日に、息長姫《をきながひめ》の祭りたる、木村の里の庵我《あが》の宮、車軸を流す雨空を、厭ひ給はず出坐《いでま》しの、御供《みとも》の人は四百人《しひやくにん》風も福知の町過ぎて、車の音も静々と、神の御前《みまへ》に着き給ひ、唱ふる祝詞《のりと》の声清く、御国《みくに》の為に皇神《すめかみ》の、東《あづま》の国へ神幸《いでまし》を、祈り給ひし赤心《まごゝろ》を、神も諾《うべな》ひ玉ひけむ、三日を経たる夕空に、神の証しは丹頂《たんてう》の、鶴飛び来り高杉の、上に宿りて只三声《みこえ》、鳴き渡りつゝ産土《うぶすな》の、一宮神社《きうやしろ》の神の森、さして飛び行く吉瑞《みあかし》は、千代の栄えの松の代を、祝《ほ》ぎ給ひたる惟神《かむながら》、神の稜威《みいづ》のいや高き、事の証明《あかし》を水茎の、文字に写して皇神《すめかみ》に、日々に仕ふる神職《かんつかさ》、田中の大人《うし》の送られし、御文《みふみ》は神の御宝《みたから》と、世の大本に留めけり。
○ゐすくわし神の光に照されて、曇り果たる村肝《むらきも》の、心の空も晴れ渡り、月日輝き幽世《かくりよ》も、現《うつ》つの世をも明らけく、覚り開きし神心、瑞《みづ》の御魂《みたま》と現はれて、御国を守る神と成り、斯世《このよ》の母と成々て、恵《めぐみ》を四方《よも》にたらちねの心も熱田《あつた》の神の宮、つるぎの稜威《みいづ》いやちこに、日本建《やまとたけ》ると生《あ》れましぬ、是須佐之男《すさのお》の身魂《みたま》なり。
○のあの言霊《ことたま》あ〔なの誤〕と反《かへ》り、なおの言霊のと反《かへ》る、のあとなおとの方舟《はこぶね》の、真中《まなか》に住みきるすの御霊《みたま》、すめら御国のすがた也。のの言霊を調ぶれば、地《つち》に泥水充ち溢れ、渦巻廻る御霊なり。あの言霊を調ぶれば、天津御空《あまつみそら》に昇り行き、成り合まさぬ御霊なり。のあの御霊は泥水の、世界を浸し山を越え、賤《いや》しき身魂の雲の辺に、上りて天《あめ》を汚《けが》すなり。さは去り乍《なが》ら世の人よ、昔の事と思ふなよ、のあの御霊の災は、今眼《ま》の当り現《あ》れにけり。なの言霊を調ぶれば、

のと　アイウエオ
あの　カキクケコ
とは　サシスセソ
なこ　タチツテト
お舟　ナニヌネノ

火水《かみ》の結びの御魂《みたま》にて、天津御空《あまつみそら》に二柱、鎮まり坐《います》姿也。おの言霊を調ぶれば、汚れし地《つち》を清めつゝ、六合《くに》を治むる御霊なり。地《つち》より生《あ》れし埴安《はにやす》の、神の御霊もお声なり。五大州《いつゝのくに》の中心《まんなか》に、皇《すめ》ら御国の天皇《すめらぎ》の、四方《よも》の国々統《す》べ給ふ。此の言霊を省みて、皇《すめ》ら御国の天職《かんわざ》を、覚りてなおの方舟《はこぶね》の、さとしの舟に乗り移り、瑞《みづ》の御魂に神習《かむなら》ひ、泥に漂ふ世の人を、なお霊《ひ》に見なおし詔《の》りなおす神の大道《おほぢ》に導きて、世人《よひと》救ひてヒマラヤの、山より高く名を上げて、二度目の神代《みよ》の種と成り、万代《よろづよ》までも世の人の、救ひの神と鳴り渡る、言霊の道尊とけれ。

○おちこちの寺の金仏《かなぶつ》、金道具、釣鐘までも鋳潰《いつぶ》して、御国《みくに》を守る海陸《うみくが》の、軍《いくさ》の備えに充《あ》つる世は、今眼《ま》のあたり迫り来て、多具理《たぐり》に成ります金山《かなやま》の、彦の命《みこと》の御代《みよ》と化《な》り、下国民《しもくにたみ》の持物も、金気《かなけ》の物は金火鉢、西洋釘の折れまでも、御国を守る物の具と、造り代えても足らぬまで、迫り来るこそ歎《うた》てけれ。

○くに挙《こぞ》り上は五十路《いそじ》の老人《をひと》より、下は三五の若者が、男《おのこ》、女《をみな》の別ち無く、坊主も耶蘇《やそ》も囚人《めしうど》も、戦争《いくさ》の庭に立つ時の、巡りくるまの遠からず、遠津御神《とほつみかみ》の造らしゝ、御国を守る兵《つはもの》も

のと、日本心《やまとこゝろ》を振起し、伊都《いづ》の雄猛《をたけ》び踏み健《たけ》び、厳《いづ》のころびを起しつゝ、海往《ゆ》かば水潜《みづく》しかばね山往かば、草生《む》す屍《かばね》大君の、御為《みため》に死なむ徒《いたづ》らに、閑《のど》には死なじ一足も、顧《かへり》みせじと弥進《いやすゝ》み、いや迫りつゝ山の尾に、追伏せ散らし川の瀬に、追払ひつゝ仇軍《あだいくさ》、服従《まつろ》え和《やは》して浦安の、御国を守れ秋津人《あきつびと》、現津御神《あきつみかみ》と大八洲《おほやしま》、国知食《しろしめ》す天皇《すめろぎ》の、高き恵みに酬《むく》えかし、日本《やまと》島根の神の御子《みこ》。

○やすみしし吾《あが》大君の高光る、天津日嗣《あまつひつぎ》の日の御子の、聖《ひじり》の御代《みよ》の明《あき》らけく、大《ひろ》く正しき大《おほ》御代《みよ》は、都もひなも押並《をしな》べて、恵みの露の隈も無く、草の片葉《かきは》に至るまで、高き稜威《みいづ》を仰ぐ世の、六年《むとせ》の秋の末つ頃、四尾《よつを》の山の佐保姫《さほひめ》も、錦の機《はた》を織りなして、四方《よも》の景色の麗《うらゝ》かに、牡鹿《おしか》妻呼ぶ時もあれ、御国の光り照妙《てるたえ》の、綾の錦の山里に、御国の母とあを雲の、雲路遥かに掻別けて、民の蚕飼《こかい》の事業《なりはい》を、嘉《よみ》し給ひて天降《あも》り坐《ま》す、大御恵《おほみめぐみ》を嬉しみて、遠き国より近きより、老《をい》も若きも押並べて、御影《みかげ》を拝む国民《くにたみ》の、道も狭《せ》きまで群集《うごなは》り、伊迎《いむか》い奉《まつ》る真心は、嬉し涙に紅《くれない》の、赤きもみぢの柏手《かしはで》の、高き稜威《みいづ》を仰ぐなり。千早振神代《ちはやふるかみよ》も聞かず丹波路《たにはぢ》に、斯《かゝ》るためしもあら尊《たう》と、君の恵のあなかしこ、賢こき御代《みよ》に生《を》ひ出《いで》し、此上《こよ》なき幸《さち》に大本の、神に仕ふる王仁《ひろちか》が、御空を仰ぎ地《つち》に伏し、身の賤《しづ》けきも打忘れ、心の限り身の限り、今日の行啓《みゆき》を祝《ほ》ぎ奉る。

○まが津霊《つひ》の猛き荒《すさ》びに奥山の、紅葉《もみぢ》の色も光り浅《あ》せ、鳴く鹿の声悲しくて、錦織り成す佐保《さほ》姫《ひめ》の、頭《かみ》も真白《ましろ》に成相《なりあい》の、山に連なる大江山、鬼の鼻より吹降ろす、冷たき風に遠近《をちこち》の、木々の梢《こずゑ》も皆散りて、行衛《ゆくゑ》も知らず真木《まき》の葉の、東の空に舞ひ狂ひ、狂ひ還りて四ツ尾の、山に黒雲天《そら》を蔽《お》ひ、世の大本を見下せど、古き神代《かみよ》の昔より、隠れ坐《ま》したる艮《うしとら》の、神の稜威《みいづ》に退《やら》はれて、あと白雲となりにけり。

○けがれたる斯世《このよ》の中を如何《いか》にせむ、誠の神の御教えを、家をも身をも打忘れ、朝な夕なに一筋に、心を尽し身を尽し、筑紫の果も東路《あづまぢ》も、至らぬ隈も無き迄に、教え諭せど食う物と、衣《き》るより外《ほか》に心無き、心卑しきけだもの丶、角《つの》振り立て反対《さかしま》に、力限りに攻め来り、救ひの綱も切れ〳〵に、何と詮方《せんかた》なく斗りなり。

○ふる里に老ひたる母を振り残し、御国に尽す益良夫《ますらを》の、心の空は五月暗《さつきやみ》、暗き斯世《このよ》を照さむと、千々《ちゞ》に思ひを砕きつゝ、二十年《はたとせ》余りて惟神《かんながら》、神の御教《みのり》を伝へつゝ、治まる御代《みよ》を待乳山《まつちやま》、山《やま》郭公《ほとゝぎす》血も涸《か》れて、呼ぶ声さえも暗《やみ》の夜の、人の心の鞍馬山、深山《みやま》に猛き狼の、古巣を潜り蛇《へみ》むかで蜂の室屋《むろや》に幾度《いくたび》か、投げ入れられて猶も又、針の蓆《むしろ》に居《すは》りつゝ、袖は涙の三瀬川《みつせがは》、渡りあぐみし丸木橋、生命《いのち》を掛けて渡会《わたらえ》の、宮に坐《まし》ます皇神《すめがみ》の、稜威《いづ》に開けし大本は、斯世《このよ》の中の大橋と、遠き近きの別ち無く、問ひ来る迄に進みしは、清き和泉《いづみ》の住の江の、神に仕えし生神《いきがみ》の、小松林《こまつばやし》の勲功《いさを》なり。

（「神霊界」大正六年十二月号）

大正六年十一月三日

○こきうすき色は変れど紅葉《もみじは》の、聞えも高き高尾山《さま》、峰の木《こ》の間《ま》に照妙《てるたへ》の、綾と錦を織り成して、世人《よひと》の為に歌はれし、其装《よそ》ひも夢の間に、寒き木枯し吹き荒《すさ》び、元の姿もあらし山、嵐の跡の淋しさは、この世の遷《うつ》り変り行く、神の誠の黙示《しらせ》なり。省《かへり》み覚れ浮世人、世の行末も眼《ま》のあたり、花咲く春の来《きた》る迄、神の恵みに冬小森《ふゆこもり》、心を尽し身を尽し、常磐《ときは》の春の長閑《のどか》なる、御代松こゝろ持てよ世の人。

○えらまれし人のみ住める神の世は、戦ひも無く暗《や》みも無く、苦しみ迷ふ人も無く、饑《う》え凍えたる人も無き、天明《あめあき》けく地豊《つちゆた》に、見る人毎に神心、曲津《まがつ》の潜む蔭も無し。齢《よはひ》も長く病無く、眼《まなこ》涼しく顔清く、現世幽界《うつしよかくりよ》隔て無く、澄み渡りたる世の中に、残る身魂《みたま》の楽しけれ。

○てる妙の綾部の里の鬼村《おにむら》は、人が倒《こ》けよが斃《たを》れうが、我れさへ良けりや宵の口、酒呑童子《してんどうじ》のさかさまに、神の教《をしへ》も聞かばこそ、弱いと見れば人呑みに、因縁付けて酒買はし、貧しき家をば呑み潰す、鬼と大蛇の極悪の、本宮村《ほんぐうむら》ぞ憐れなり。

○あらたうと神の御教《みのり》の深くして、斗《はか》り知られぬ味《あじは》ひは、この世開けし初めより、今に至りて変り無く、千々に心を砕きつゝ、青人草《あをひとぐさ》を愛《いつ》くしみ、陰《かげ》に陽《おもて》に守らいて、罪に穢《けが》れし空蝉《うつせみ》の、からの身魂を救ひ上げ、神代乍《かみよなが》らの霊主肉従《ひのもと》の、神の御国を立よこの、二柱神《ふたもとかみ》が現はれて、二度目の天の岩戸をば、開く日本の梅の花、四方《よも》に薫りて鶯《うぐひす》の、谷の戸開《あ》けて初春の、鳴く音《ね》に優るあはれさを、只白雪の世の人の、解けぬ霊魂《みたま》を目《ま》のあたり眺めて忍び玉の井の、底ひも知らぬ皇神《すめがみ》の、深き御心汲み取りて、清まり澄むを松の代の、楽しき時ぞ待ち玉ふ、いづの御《み》魂《たま》の畏《かし》こけれ。

○さか孔子《くじ》も悟り得ざりし真理《まこと》を、覚す高天《たかま》の大本に、参来集《まいきつど》ひて類《たぐい》無き、神の御教《みのり》を聞人《きくひと》の、心の身の幸こそは芽出度《めでた》けれ。曲津《まがつ》の猛き世の中に、心平らに安らかに、勇みて暮す信徒《まさびと》の、心の奥は真寸鏡《ますかゞみ》、光り輝き天地《あめつち》に、貫き徹す赤心《まごゝろ》の、莟《つぼみ》の花の開く世は、千年《ちとせ》の松の末長く、朽ぬ宝は万代《よろづよ》に、生き死生《しにうま》れ死に生《うま》れ、限り無き身も魂線《たましひ》も、栄え〳〵て皇神《すめがみ》の、恩頼《みたまのふゆ》を蒙《かゝぶ》りて、誠の栄えと歓《よろこび》は、月日と共に続くなり。

○きみの為御国の為に身を忘れ、家をも捨て尽す身は、俸給《てあて》も位階《くら》も何も無く、世人《よひと》の足に踏れつゝ、臣《をみ》たる道に勤《いそし》みて、心の限り身の限り、筑紫の端《はて》も東路《あづまじ》も、南も北も厭ひ無く、神の教《おしへ》を敷島《しきしま》の、底津岩根《そこついはね》に搗固《つきかた》め、上津岩根《うはついはね》に突凝《つきこら》し、千代万世《ちよよろづよ》の礎《いしずえ》を、科戸《しなど》の風の福知《ふくち》山《やま》、一宮神社《かずみややしろ》の氏の子の、桐村氏の珍《うづ》の娘と、生れ給ひし我開祖《みおや》、綾部神宮《しんぐう》の坪の内、神の出口の家に嫁《い》り、世の艮《うしとら》に隠身《すみきり》し、国常立《くにとこたち》の大神に、久しき間撓《たゆ》み無く、仕え給ひし勲功《いさほし》の、花咲き実る御代《みよ》と成り、世人《よひと》の為に竭《つく》さるゝ、教御祖《おしへみをや》ぞ畏《かし》こけれ。

○ゆみ張《はり》の月の光はやましろの、鞍馬の山に輝やけど、教御祖《おしへみおや》の御心は、乱れたる世を治めんと、千々《ちゞ》の思《おもひ》に村肝の、心の空も懸曇《かけくも》り、木《こ》の間《ま》の星の遠近《をちこち》と、深山《みやま》の奥に杖を曳き、岩窟《いはや》の中に差籠《さしこも》り、斯世《このよ》を乱す鼻高《たかがみ》を、言向和《ことむけやは》し治めんと、柴の褥《しとね》に雲の笠、石の枕も厭ひ無く、四人《よたり》の伴を引連て、善言美詞《みやびことば》の神嘉言《かむよごと》、心を籠《こめ》て宣《のり》給ふ、其勳功《いさほし》に八街《やちまた》の、醜《しこ》の曲霊《まがひ》も服従《まつろ》いて、十五の月の有明に、鞍馬の山を立出て、綾の高天《たかま》へ復命《かへりごと》、申し奉りし大僧正《たかつかみ》、数多《あまた》の下神《しもかみ》引き連《つれ》て、本宮山《ほんぐうやま》に鎮りつ、神の御国に尽さむと、誓いを立《たて》し高神《たかゞみ》の、言葉を栞《しほ》に帰り坐《ま》し、百《もゝ》と十日の其間《そのあいだ》、一間《ひとま》を閉ぢて入り給ひ、世の神々に神言《かんごと》を、宣《の》らせ給ひし畏《かし》こさよ。

○めしま男嶋《おしま》の荒海原を、神の御言《みこと》を畏《かし》こみて、明治は三十三年の、六月八日《むつきやうか》の未明《あさまだき》、上田《うへだ》海潮出口寿美《かいてうでぐちすみ》、四方平蔵木下《しかたへいぞうきのした》の、慶太郎四人《よたり》を引連て、雨風強く浪猛き、底さえ知れぬ海原を、小さき舟に身を任せ、勇み進んで出給ふ、教御祖《をしへみおや》の雄々しさに、波路半《なか》ばを渡る頃、海《わた》の御神《みかみ》も驚きて、御空《みそら》を晴し風を和《な》ぎ、波を静めて心安《うらやす》く、送り給ひし尊とさよ。神代の遠き昔より、竜宮嶋と聞えたる、大海原の無人嶋《ひとつじま》、波打寄《なみうちよす》る磯の辺に、小舟を繋ぎ静々《しづく》と、上り給へば百鳥《もゝとり》の、声を限りに鳴叫び、迎え奉りし時も在れ、若狭の海の波の上に、漂ひ上《のぼ》る天津日の、御蔭《みかげ》も最《い》と麗《うらゝ》かに、日の出の神の御姿《みすがた》を、天地四方《あめつちよも》に光《てら》しつゝ、神の出口の出修《いでまし》を、諾《うべな》ひ給ふ心地して、神の御告《みつげ》の業《わざ》も了《を》え、翌《あく》る十日の夕暮に、月を頭《かしら》に星を踏み、世継王《よつおう》の山の麓なる、大本指して帰り坐す、出口御祖《みおや》の勇ましさ。

○みづ清き金竜海《きんりうかい》の島々は、日出る国の雛形と、祝ひ定めて築きたり。日出る国の日の本は、全く世界の雛形ぞ。神倭磐余《かむやまといはれ》の君が大和なる、火々真《ほゝま》の岡に登り坐《まし》、蜻蛉《あきつ》の臀呫《となめ》せる国と、詔《のら》せ給ふも理《ことはり》や。我九州は亜弗利加《あふりか》に、北海道は北米に。台湾嶋は南米に四国の嶋は濠州に、我本州は広くして、欧亜大陸其儘の、地形を止むるも千早振《ちはやふる》、神代の古き昔より、深き神誓《ちかい》の在《いま》すなり。豊葦原《とよあしはら》の中津国《なかつくに》、秋津根別《あきつねわけ》の神国《かみくに》は、世界を統《す》ぶる天職《かむわざ》を、神代乍《なが》らに具《そな》えたる、珍《うづ》の御国《みくに》ぞ美《うま》し国、国の真秀良場畳並《まほらばたゞなは》る、青垣山《あほがきやま》に囲まれし、綾の錦の本宮《もとみや》に、斯世《このよ》を統《す》ぶる皇神《すめがみ》の、御稜威《みいづ》も高く四方《よも》の国、輝き渡る兄《こ》の花の、咲耶《さくや》この時言霊の、照るや斯時《このとき》畏こくも、皇大神《すめおほかみ》の御教《みおしへ》を、顕はし奉れ大本の、下津岩根《したついはね》に集まれる、心優しき神の御子。

○しき嶋の大和嶋根の礎《いしずえ》と、神の撰《えら》みし益良夫《ますらお》の、清き身魂と駿河《するが》なる、不二《ふじ》の御山《みやま》に宮《みや》柱《はしら》、太知立《ふとしりたて》て鎮りし木花咲哉姫神《このはなさくやひめがみ》の、御言の随《まゝ》に丹波路《たにはじ》に、天駆《あまかけ》り来《こ》し芙蓉坊《ふようぼう》、瑞《みづ》の御魂《みたま》の神代《かみしろ》を、明治は三十一年の、雪まだ残る如月《きさらぎ》の、十日の夜半《よは》に奥深き、高熊山に連れ行て、神の御詔《みのり》を宣べ伝へ、神の柱と経緯《たてよこ》の、錦の機《はた》を織らさむと、心づくしの兄《こ》の神の、教の甲斐や有明の、月を合図に穴太《あなう》なる、宮の傍《かたへ》の宮垣内《みやかいち》、賤《しづ》が伏屋《ふせや》に帰り行く、神の経綸《しぐみ》の奇《くし》びなれ。

○ゐらまれし神の柱の甲斐も無し、早二十年《はたとせ》を過ぬれど、神の依《よき》しの神業《かんわざ》の、万《よろづ》の中の一つさえ、為し遂げ得ざる苦しさに、千々《ちゞ》に砕くる村肝《むらきも》の、心の空は五月暗《さつきやみ》、袖に涙の晴間なく、御国に尽す赤心《まごゝろ》を、雲井に告《つげ》よ時鳥《ほとゝぎす》。玉の御声を待乳山《まつちやま》、姿隠して泣き渡るなり。

○ひさ方の天津御空に照る月は、昔も今も変らねど、変り果たる現世《うつしよ》の、人の心を悲しみて、夜は寝もやらず只一人、加茂の川辺に彷徨《さまよい》つ、月に誓ひを掛巻《かけまく》も、恐《かしこ》き神の御国をば、元の神《かみ》代《よ》に還さんと、乙女心の一筋に、思ひ浮べて行水《ゆくみづ》の、流れに沈む月影は、波に砕けて果敢《はか》なくも、年も十五の朝野子《あさのこ》が、御国を思ふ赤心《まごゝろ》の、行《や》る瀬《せ》無きこそ憐れなり。

○もとゝ末内外《すえうちど》の法《のり》を過《あやま》たず、御国の為に身を忘れ、家を忘れて惟神《かむながら》、神の大道《おほぢ》を辿りつゝ、審神者《さにには》の道に勤《いそ》しみて、諸々《もも》の霊魂《みたま》を夫れ〴〵に、立別《たてわ》け調べ神国《かみくに》の、柱を造る益良雄《ますらを》の、未《ま》だ日も浅野王仁《わに》の大人《うし》、相並ばして葦原の、醜《しこ》の仇草薙祓《なぎはら》ひ、祓ひ清めて国造り、吾《あが》大君に奉《たてまつ》る、厳《いづ》の御魂《みたま》の神勅《かみごと》を、謹《つゝし》み恐《かしこ》み弥遠《いやとほ》に、弥広らかに伝え行く、心は清き和知川《わちがは》の、瑞《みづ》の御魂《みたま》と現はれて、世人《よひと》を救ふ神柱《みはしら》の、誉れは世々に流る也。

○せまり来る国の乱れを治めむと、御国《みくに》を思ふ大丈夫《ますらを》が、活動《はたら》く時機《とき》を松の世の、東《あづま》の国に冬《ふゆ》小森《こもり》、国の鎮めと木花《このはな》の、咲耶《さくや》の姫の弥固《いやかた》き、千代《ちよ》の常磐《ときは》の岩下に、深き経綸《しぐみ》を駿河湾、富士より高き久方の、天津御祖《あまつみをや》の日の御子の、御稜威《みいづ》を四方《よも》に輝かし、神の御徳《みとく》を苅碁母《かりごも》の、乱れ果たる武蔵野に、布《しき》て迷へる百姓《みたから》を、彼方《あなた》の岸に渡さむと、一つ心に太元《おほもと》の、教《おしへ》に尽す赤心《まごゝろ》は、天《あめ》の児屋根《こやね》や太玉《ふとたま》の、神の御魂《みたま》の御幸《みさち》なり。田畑に植えし種物《たなもの》は、大宣津姫《おほげつひめ》の御幸はひ、世人《よひと》の生命弥長《いのちいやなが》に、守らせ給ふ豊受《とようけ》の、深き恵《めぐみ》は伊勢の海、山田の宮の奥深き、神の経綸の一柱、五伴緒《いつとものを》の厳御魂《いつみたま》、水野御魂《みづのみたま》の直《なほ》くして、雲井に上る十四夜《いざよい》の、月も隈無く照り渡り、曙《あけ》の烏《からす》の勇ましく、天津御空に日の神の、輝き渡り日の御子の、鎮り坐《いま》す高御座《たかみくら》、千代《ちよ》に八千代《やちよ》に限り無く、射照徹《ゐてりとほ》らす天《あめ》の下、四方《よも》の国々平らけく、治《をさま》る御代《みよ》の豊本《とよもと》の、瑞穂《みづほ》の国ぞ尊とけれ。

○すみきりし国常立《くにとこたち》の大神の、神勅《みこと》畏こみ謹しみて、明治の廿五年より、一つ心に仕えたる、教《おしえ》御祖《みおや》と諸共に、神の御教《みのり》を王仁《ひろちか》が、幽《かげ》より顕《おも》に懸巻《かけまく》も、恐《かし》こき神の造らしゝ、御国の汚《けがれ》清めんと、二十年《はたとせ》余りて言霊の、学びに心砕きつゝ、息《い》艮《ろ》放《は》両《に》火《ほ》脹《へ》与《と》血《ち》濁《り》緯《ぬ》濁《る》縦《を》、輪《わ》搦《か》与《よ》玉《た》濁水《れ》火《そ》続《つ》根凝《ね》濁《な》水《ら》渦巻《む》、浮《う》水《ゐ》火《の》清水《お》起降《く》文《や》向《ま》差別《け》吹《ふ》凝《こ》胞衣《え》発《て》、空《あ》水《さ》割《き》別和《ゆ》回《め》月《み》始《し》搦《ゑ》回日《ひ》諸《も》瀬《せ》洲《す》、京の都の九重《こゝのゑ》の、花咲く春を松の代に、四十余八文字《よそまりやもじ》の生御魂《いくみたま》、揃えて四方《よも》の国々を、ミロクの御代《みよ》に進めむと、尽す日本《やまと》の雄心《おごゝろ》は、一つに成て金竜の、生嶋々《いくしまぐ》の神社《かむやしろ》、中にも別《わ》けて大八《おほや》洲《しま》、天の岩戸の頂きに、真木の柱の弥高く、梅田の薫り芳ばしく、小松林の弥繁く、秋の紅葉の錦織り、澄渡りたる十四夜《いざよい》の、月に心を照しつゝ、神霊鎮座《みたましづめ》の大祭典《まつりごと》、時も吉田に稔りたる、千五百《ちいほ》の秋の八束穂《やつかほ》や、山海河野《やまうみかはぬ》種々《くさぐ》の、御饌《みけ》献《たてまつ》り一向《ひたすら》に、今日の生日《いくひ》を祝ひつゝ、八雲の琴の音《ね》も清く、天《あめ》に座《ます》神国つ神、千五百万《ちいほよろづ》の神等《かみたち》も、集り坐《ま》して賑敷《にぎはしく》、御祭《みまつ》り終えし勲功《いさほし》は、世の大本に信従《まつろい》し、清き身魂《みたま》の撓《たゆ》み無く、道に尽せし報ひぞと、代々《よゝ》に伝へて芳ばしく、咲哉《さくや》木《こ》の花直日《はななほひ》嬢《じやう》、御代の一《はじめ》の大二《ひろつぐ》に、誉《ほまれ》も竜《たつ》の宮の棟《むね》、十曜《とよう》の星のキラ〳〵と、月日に照りて照妙《てるたえ》の、綾部に錦飾る世を、松間の長き鶴の首、亀の齢《よはい》の万世《よろづよ》の、固めの基と素盞鳴《すさのを》の須賀の新宮《にいみや》八雲立《やくもたつ》、出雲八重垣妻ごみに、八重垣造る其八重野垣、瑞穂の国の中国の、天皇《すめらみこと》の大《おほ》稜威《みいづ》、四方《よも》に轟《とゞろ》く八雲琴《やくもごと》、其音《ね》も清く澄渡り、天地《あめつち》四方《よも》に響きけり。

○京《きやう》浪花《なには》東京駿河大和路に、神の柱を配置《まくばり》て、二度目の天の岩屋戸を、開く常磐《ときは》の松の代の、国常立《くにとこたち》之《の》皇神《すめがみ》は、古き神代の初発《はじめ》より、隠身坐《すみきりま》して幽世《かくりよ》と、現《うつ》つの国の身魂《みたま》をば、最《い》と詳細《つばらか》に取調べ、天津御祖の大神に、奏《まを》し給ひて畏こくも、ミロクの神代《みよ》に造らむと、思《おもひ》は胸に三千歳《みちとせ》の、溢れて茲《こゝ》に神柱《かみはしら》、出口開祖《みおや》の身体《からたま》に、鎮《しづめ》り坐て万世《よろづよ》の、国の固めの神勅《かみこと》を、或は口に或は手は、写して世人《よひと》導きつ、曲《まが》の集《つど》える大江山《おほえやま》、鬼も大蛇《おろち》も言向《ことむ》けて、三段《みきだ》に分り、霊魂《みたま》をば、目鼻を附けて安らけき、常磐の御代を待乳山《まつちやま》、鳴く郭公《ほとゝぎす》血も涸《かれ》て、叫び給ふぞ尊とけれ。

(「神霊界」大正七年一月号)

いろは歌

明治三十六年九月十日

小松林命作

いまは斷世の、落ぶれものよ。人に笑はれ、罵しられて、誠の道を辿りつゝ。末にや夜光の、玉を得《と》る。

○ろこく斗りか亜米利加《あめりか》迄が、末に日本を奪《と》る企画《たくみ》。金と便利に任しつゝ。

○はやく勝負を極めん事にや、枕を高く休めない。神政成就遂ぐるまで。

○にしに亜米利加、北には露西亜《ろしあ》、前と後に敵ひかえ、四方海なる日本国。

○ほくそ笑ひを、為しつゝ聞きし、神の教えの現はれて、今じや頭が上らない。

○べん〳〵だらりと、談判延ばし、深い巧みをする夷国、太平洋のまん中に。

○とくを貰うも又た落すのも、心次第の大本ぞ。天の岩戸の御戸開らき。

○ちしん雷鳴。火の雨降らし、人の心を戒しめる、天地の神の御経綸《おんしぐみ》。

○りくつ斗りを、ヱラソウに言ふて、腹に誠の無いものは、今の世界の流行物。

○ぬくいふところ八髭生《は》やし、神も仏も要るものか、金が神じやと鮹鯰、一寸先《さ》きは泥の暗み。

○るすじや留守じやと、何時来て見ても、奥に主人は居る癖《くせ》に、不思議と門に立留り、能く〳〵思案をして見れば、何時も嘘つくこの家に、神が御不在《おるす》といふ事か。

○をにも十八番茶も出花、時が過ぎたら間に合はぬ。世界の立替あるまでに、身魂研いて置くが良い、後の改心間に合はぬ。
○わしは備前の岡山育ち、米の生《な》る木は未だ知らぬ。綾部《あやべ》に生れた人でさえ、世の大本を未だ知らぬ。灯台下は真の暗。
○かえせ戻せと扇を揚げて、招くは熊谷須磨の浦、モ一度斯世を持たんとて、呼べど招けど白波の、おきの毒でも、此度の二度目の世界は、返やしやせぬ。鬼門の金神在る限り、世に出て居れた守護神、早く心を入れ直し変性男子《へんぜうなんし》に従ひて、今度の御役に立つが宜い。
○よ言《げん》どころか確言ばかり、一分一厘違《ち》がやせぬ。誠の心で開くなれば、ヒヤリ〳〵と汗が出る。何程邪見な身魂《みたま》でも、改心せずには居られない。皇大神《すめおほかみ》の御神諭《おんさとし》。
○たすけ玉はれ世界の人に、如何《いか》なる罪の在りとても、暗夜の如き人民の、代りと天地へ御詫して、朝な夕なに変りなく、出口の守の御祈念は、世界の為と国の為。
○れん花経でも南無阿弥陀でも、今度の事には間に合はぬ。木魚をどれだけたゝいても、太鼓をドン〳〵なぐつても、妙見坊主や日蓮の一寸挺《てこ》には合い兼る。二度目の斯世の立替は、勝手気儘の神々や生臭《なまぐさ》坊主の年の明き。
○そんじや徳じやと計算《そろばん》斗り、損の中にも得がある。得と思へば損となる。兎角《とかく》この世は人民の、思案斗りで行きはせぬ。万事万端神界の教を守り行くなれば、見えぬ所から神々が、守護なされて何事も、キチリ〳〵と遂げらるゝ。思案も工夫も要《い》りはせぬ。心研いて御教になびけよ〳〵神の子等。
○つるぎの山に登るとも、千尋《ちひろ》の荒海打ち渡り底の藻屑《もくず》と成とても、ナドヤ厭はん敷嶋の、日本男子を引連れて丹後の国の無人嶋、沓嶋《めしま》冠嶋《おしま》を開かんと、神の御言を畏こみて、勇み進んで出て行く、出口の守の雄々しさよ。明治三十三年の、七月八日の未明《あさまだき》、一つの神祠を建初めて、唱ふる祝詞《のりと》の声清く、沖に聞ゆる浪の音も、神の御声と偲《しの》ばるゝ。東《あづま》の空は茜《あかね》刺す。日の出の景色拝しつゝ、神の教の神務《わざ》終えて、大本さして帰らるゝ、出口の御親の勇ましさ。
○ねらう要所は対島に津軽、馬関海峡其次ぎに、舞鶴軍港岸和田の間だの軍備に眼を付けて、地勢要害取り調べ又も越前敦賀より、尾張の半田に至るまで、国探《いぬ》を放ちて探索し、一挙に御国へ攻め寄せて、総ての活動中断し、日本を占領する企み、夢でも見てるか夷国人、日本神国《やまとみくに》の敷嶋の、神の身魂を知らないか、鰐の如うなる口開《あ》けて、只一呑みと思ふても、日本男子の魂は、胸に約《つま》りて呑めないぞ。行きも戻りも成らないぞ。綾部の錦の大本の、十里四方は宮の内、見事覚えが在るなれば、沓嶋の沖まで来て見よれ、鋼鉄艦も潜艇も、丹後の海の埋め草に、一隻も残さず揺り沈め、日本兵士の忠勇と、出口の守の御威徳で、艮大神現はれて、三千世界を立直す、首途《かどで》の血祭り覚悟せよ。
○なり鳴りて鳴余りたる駿河なる、富士の高峰の神霊が、まさかの時に現はれて、三千世界に鳴り渡り、登る竜巻すさまじく、清水の港に攻め寄せし、外国船《とつくにふね》を残りなく、沈め絶やして葦《あし》原《はら》の、中津御国《なかつみくに》を鎮めます、神は木花咲耶姫《このはなさくやひめ》、神の勲の尊とけれ。
○らん暴極まる畜生《けもの》国慾に眼光《まなこ》を曇らせて、我神国を屠《ほふ》らんと、日頃巧みし軍略は、旅順、大連、韓国に、計画外づれて馬鹿を見む。石炭兵糧軍資まで、用意して置け旅順港に、今に日本が貰てやる。其返礼に日本刀、一度は切味見せてやろ、覚悟召されよスラブども。
○むかしの神の仕組まれし最《いと》も便利な世が参り、蒸気、電気の働きで、三千世界を近よせる、交通機関も完備して、千里万里も夢の間に、是も昔の神代から、神の御裔の奇魂《くしみたま》、奇しき力の賜《たまもの》ぞ。艮金神《うしとらのこんじん》現はれて、世界一つに統《す》べ玉ふ、天の時節の来たものを、訳《わけ》の分らぬ人民が、人智や科学の活《はたら》きと、誤解して居る憐れさよ。
○うそで固めて得心させて、あとでペロリと舌を出す。今の世界の人々は上から下たまで其通り、一分も誠のものは無い、是が畜類《けもの》の世の中ぞ。
○ゐつも鳴いてる烏と思ひ、神の教もウワの空、慾と慢心強くして、心の空もかけくもり、暗夜に烏の飛《た》つ如く、何が何やら白雲の、曙の烏に近よりて、日の出の守護と成るなれば、悪の審判《さばき》は眼のあたり、罪穢《めぐり》の深き人々よ。早く身魂を研き上げ、改心するが日本一。不二の山ほど在る罪も、直霊《なをひ》の御魂《みたま》に清くなる。弥々《いよく》日出と成るなれば、元の生神《いきがみ》あらはれて、激しき守護ある故に、心に曇りあるものは、余り眩《まば》ゆて寄り付けぬ。竜宮館《りうぐうやかた》の庭までも。
○の山の奥も都路も天にも地にも押並べて、神の坐《ゐ》まさぬ所は無い。日輪お照し在る限り、変《へん》性男子《ぜうなんし》が現はれて、常盤《ときは》の松の世となれば、神の守護はあり明の、月の形ちの御簾《みす》の内。

○おもひ違ひの斯世の政治是から凡《すべ》てを立替て、随意競争の弊を去り、天下公共の其為に、世界桝掛引き均《な》らし、神も仏事も人民も、勇みて暮す神代とし、綾部を世界の中心《まんなか》と、定めて国々統べ守る、天津日継《あまつひつぎ》の御威徳と、変性男子の御守護で。

○くにの為とは口先ばかり、今の高座《たかみ》の番頭は我身好《よ》かれのしがくして、下夕の難儀は露《つゆ》知らず、人車《くるま》や馬車に打ち乗りて、手掛足懸色々に、然《しか》も大道の中心《まんなか》を、往来《ゆきゝ》の妨害《さまたげ》気にもせず、鼻高々と澄し込み、口に葉巻を啖《くわ》えつゝ、横柄面する見苦しさ。

○やがて三十七年の明治の春の四月には、斯世の滅亡と基督《キリスト》の、神の信徒がヒマラヤの、高地を尋ねて寄り集《つど》ひ、寺を建たり祈祷して、凡ての事を打棄てゝ、救ひを祈る最中に、神の御国に生れたる、日本の人が知らぬとは、灯台下は真の暗。さは去り乍《なが》ら世の人よ、周章《あわて》てず騒がず一筋に、神の教に従ひて、誠を尽せば此度は、一先《ひとま》づ延ばす神の旨、斯世の滅亡来る事は、何《いづ》れの神も知りつれど、此儘続かす経綸《しぐみ》をば、知らざる故に色々と、騒ぐは無理も無けれ共、世界に鬼は無いとやら、鬼と言はれし艮《うしとら》の、隅に坐《ゐ》ませし生神が、斯世この儘預りて善と悪とを立別けて、世界の洗濯為し玉ひ、清きは赦し玉ふなり。早く改心一等ぞ。心次第で此度は、どんな御徳も授けられ、心の悪《わ》るい人民は、厳《き》つき懲戒《いましめ》ある故に、何んにも知らぬ神の子等、凡てを捨て神界に、心捧げて祈れかし。

○まいにち新聞披《ひら》ゐて見れば、魔法の斯世は目《ま》のあたり、殺人強盗窃盗に詐偽に間男《まおとこ》大喧嘩、一つも碌な記事は無い。熟々《つらく》思案をして見れば、実《げ》にもこの世は暗黒《くらがり》よ。畜生ばかりの住み処。思へよ思へ秋津人。日本は神の住み処、大和御魂の持主ぞ。世界に先立ち善行の、鏡を出して敷島の、水晶玉を輝かし、出口の守に従ひて、二度目の岩戸の大前に、世界の人を助くるは、日本の民の天職ぞ。日本御魂の持まいぞ。

○けん利義務じやと小理窟斗り潜《むぐ》りて飯を食ふものは、我神国の土の上に、いく十万の穀潰《ごくつ》ぶし。法律ばかりを楯と為し、情宜《なさけ》も義理も知らばこそ、鬼の上前へ越す悪魔、日本御国《やまとみくに》に蔓《はび》こりて、今や斯世は真の暗、仁義道徳頽敗し、誠の人《もの》はなき暮し、獣畜《けもの》ばかりの住む世界、清めて元え立て復す、変性男子の斯の教。

○ふじの高峰に村雲懸り清き姿を包めども、雲立ち退《の》けば元の不二《ふじ》、神代ながらの神の山、気高き姿は世界一、日本魂も其通り、心に懸れる村雲を除けば直《す》ぐに光り出す、元は天地の分身《わけみ》魂《たま》、魂を磨けよ人々よ、神の誠の御教を、畏こし謹しみ赤心《まごゝろ》に、誓ひて固く守る可し。

○こん輪奈落の底まで落ちた、腐敗堕落の世の中に、水晶御魂が只一トつ、一つの御魂を種として、日本御魂を培養し、二度目の世界の御柱と、したつ岩根の大本の、神の御役に立てんとて、心を千々に砕きつゝ、血を吐く思ひの辛労を、世人《よひと》の為に舐め玉ふ、変性男子の雄々しさよ。

（「神霊界」大正六年十一月号）

明治三十六年九月八日

○えん慮笑釈も梨地の硯《すずり》、齢《よはい》も長き命毛の、筆を振ひて皇神《すめかみ》は、三千世界の出来事を、示して斯世を救はんと、明治の廿五年より、出口の守は一筋に、知らせ給へど濁る世の、人の心は真の暗、悪魔の住家と成果てゝ、誠の言葉は聞入れず、何時も恐喝《をどす》と思ひつめ、悪胴据えて動かない、訳の分らぬ人草は、地球の上に充満し、益々この世は汚れ行く。

○てんの神勅《みのり》を畏《かし》こみて、泥海世界を清めんと、三千年の其の間、堪《こ》らえ玉ひし御難苦は種々《いろ〱》雑多に身をやつし、神政成就の其為に、守り給ひし霊徳が、天運循環《じせつまいり》て歴然《あり〱》と、花咲き初めぬ煎豆《いりまめ》に。

○あじや、亜弗利加《あふりか》、ヱフロッパ、南北亜米利加、太洋洲、一つに丸めて日本の、天津日嗣の神徳で、万古末代続かせる、神の出口の道開き、竜宮やかたに表現《あらは》れて、三千世界の主と成り、普天卒土を統一し、元の神世と改めて、神も仏も人民も、勇んで暮す松の世の、七福神の楽遊《らくあそ》び。

○さん千世界の梅の花、一度に開く今や時、鬼門の金神現はれて、鬼も大蛇も帰順して、松の神代と成る上は、二度目の世界は天国ぞ。曲《まが》も醜女《しこめ》も消え失せて、上から下たまで神心、勇みて暮む楽しさよ。

○きもんの神は元の神、国常立《くにとこたち》の大神よ、斯世を造り固め成し、世の根の本に隠身《すみきり》て、善悪正邪の審判を最《い》と厳重《をごそか》に立て玉ひ、この世一切守ります、尊とき神にましませり、鬼門の神は男《をとこ》神《がみ》、経《たて》の守護と定まりて、緯《よこ》の守護が裏鬼門、女神《めがみ》に坐《ま》して坤《ひつじさる》、変性女子《へんぜうによし》の神霊ぞ、世界の悪魔や病ひ神、悪しき心の鬼どもを、払ひ清めて経緯《たてよこ》の、夫婦の神は人民《ひとたみ》を、導びき給ふぞ尊とけれ。

○ゆめになり共セメテは一度、綾部高天《たかま》の大本の、竜宮館《りうぐうやかた》へ往て見たい。ト言ふて霊魂は泥まぶれ。何《ど》うしたら垢が落ちるやら。近所《ちかく》に居ながら気が揉《も》める、教祖を一度拝したさ。

○めくら聾よ世界の九分は、昔の神代が巡り来て、変性男子が現はれて、世界の事を知らせども、実地見せても気が附かぬ、一度に驚愕《びつくり》する事が、出来ては成らぬと朝夕に、声を限りに叫べ共、何処《いづこ》を風が吹くらんと、言はぬ斗りに鼻の先、フフンと笑つて空向ひて、自《をの》が乗り行く火の車、実に憐れな人ばかり。

○み仙の神山《みやま》に立籠り、この世の泥を清めんと、三十四年は菊の月、八日に館《やかた》を立出て、神徳《みいづ》も高きこの山に、祈り玉ひし我教主。至誠は天地に通じけん、十五の月の有明に、尊とや神霊現はれて、世の行先きの事どもをいと懇《ねんご》ろに説き給ひ、教《をしへ》御祖《みをや》の御心は、春野の雪と解け初めぬ。され共高き神の山、木立は繁く渓深く、雲霧四方を閉籠めて、月日も為に光り浅《あ》せ、常夜の暗の如くなり。

○しん徳高き神の山、開けて茲に千四百、四十余年と成りぬれど、女人禁制の神の山、今に汚れし事も無く、神祇《かみ》の集《つど》ひの神園《には》として、清き霊地と鳴響く、浪音たかき八塩路の、女嶋男嶋と諸共に、神代の姿変へぬなり。神代の儘の神の国、瑞穂の国を守らんと、冠嶋沓嶋の神々は、弥仙の神山に神集ひ、清けき和知の河水に、世界を清め人々を、安きに救ひ助けんと、天の岩戸を押開らき、村雲四方に掻別けて、教御祖の手を通し、口を通して詳細《こまやか》に、諭させ玉ふぞ尊とけれ。

○ゑい耀栄花に暮して来たが、報ひは忽ち丸裸体《まるはだか》、楽した後の糖苦労、難儀ばかりの珠数つなぎ、誠の為の苦労なら、神の助で何事も、末に萎れぬ花が咲、万古末代名を残し、斯世の神と仰がれん、勤めよつとめ人々よ、誠の道に乗り替て、松の心で励む可し。

○ひろい世界に只一柱、是を誠の神といふ。斯世つくりて万類を、育てむ為に日月を、守りの神と神定め、神の御子なる民草を、養ひ賜ふ有難さ。

○もち万の神々が、鬼門の神に従がひて、三千世界を夫《そ》れ〳〵に、持場々々を守ります、山には山の神坐まし、河には河の神居まし、草木は草木の神居まし、海には海の神います。大地には禁闕金《きんかつかね》の神、二度目の世界の守護神、陸《あげ》と海との竜宮の、乙姫どのはこの砌《みぎ》り、綾の高天に現はれて、日の出の神とひつそうて、斯世の守護と代りたり。天地覆りて上へ下タに、成るとの教は此事ぞ。実に尊き神代かな。

○せまい心で鼻高さんが、高天原《たかあまはら》へ出て参り、出口の守の筆先を、聞いたら嘸《さぞ》や困るべし。心に合ぬ事斗り、三日や十日や百日に、神の経綸は解《わか》りやせぬ。誰しも覚え在る故に、一寸様子《ちよつと》を書くなれば、浅智慧学者の胸の内、一から百まで知れ渡る、変性男子の御身魂、出口の守の書れたる、世界の宝の神教が、心に当りて耳痛く、聞けば聞く程腹が立ち、身体《からだ》がピリ〳〵震い出し、気分悪しくてモヂ〳〵と、終《しまい》にや遁《に》げて去《い》にとなる。眼《まなこ》と口の間に在る、鼻が知らずに高く成り、夫れが邪魔して脚下《あしもと》が、見えない故に弁壺へ、落ちて難渋する迄は、こゝの教は聞かれない。少しの学が邪魔になり、理窟斗りに固まりて、何時も疑念の晴間なく、心に取越苦労而已《のみ》、生れ赤子に成るまでに、高い鼻めが邪魔をして、誠の教の垣をする、なさけないのは人心。

○すでに悪魔に取ひしがれて、危ふい処を差添《さしそへ》の、誠こゝろに染められて、捨た思案の後戻り、洋服脱いで沓《くつ》捨てゝ、皮のカバンも投捨てゝ、昔の神代の人となり、熟々思ひ回らせば、出口の守の御知らせの、通りに汚れた世界じやと、固く心を取り直し、只一筋の神の道、心も勇み気も開き、花咲く春に遇ふ思ひ、斯んな結構が又と世に、三千世界に在らうかと、初めて覚り大本に、大きな尻を末長く、綾の高天で猫と成る、オツトどつこい神様の、激しき威徳に照らされて、心の底の塵芥《ごもくた》を、白状したが情け無い、是が出口の王仁三郎。

○いちぶと九分との戦いで、三千世界を立直す、出口の守の男々しさは、日本の国の礎《いしづえ》ぞ。

○ろんより証拠見て御座れ、今に世界が立直る。出口の守の御威徳で、変性男子が現はれて。

○はやく早くと待つのは神世、悪の斯世を立替て、人々勇み暮す世を、変性男子の御威徳で。

（「神霊界」大正六年十一月号）

註

（※1）艮の金神
金神はもともと陰陽道系の暦神。艮は東北で鬼門の方角。金神は周期的に遊行し、その方向を犯すとはげしい祟りがあると畏怖されていたが、金光教では、金神を天地金乃神とよび、天地の祖神、愛の神であるとした。明治二十五年旧元旦、出口なおに、艮の金神が神憑りしたのが大本立教の初発とされる。大本教義では、天地の祖神国常立尊とされる。

（※2）出口直
大本開祖。天保七年（一八三六）、福知山の大工職桐村家に生まれ、叔母に乞われ綾部本宮村の出口家を相続、綾部の大工職人と結婚し、八人の子を育てる。夫は酒好きで家政を顧みず、生活は困窮。五十一歳で寡婦となるが、明治二十五年旧正月、艮の金神が神憑りし、翌年からお筆先をかきはじめる。

（※3）若姫君の尊
稚姫君命。稚日女尊。大本では出口なおの身魂とされる。三重県一志郡香良洲町の香良洲神社の祭神で、社伝では天照大神の神妹なりと伝える。『日本書紀』神代巻一書では、稚日女尊が斎機殿に坐して神衣を織り給う時、スサノオ尊が荒びて、天斑駒を逆剥ぎにして殿内に放りこんだため、驚いて機から落ち、陰部をついて死んだとする。この説話は、天地経綸の機の仕組みを仕損じたという大本神話の伏線をなす。明治四十五年四月二十四日、出口なお、王仁三郎、澄、直日はじめ役員信者百二十四名は綾部を発ち、二十五日に伊勢内宮・外宮に参拝、翌二十六日に香良洲神社に参拝している。稚日女尊を祭る神社として他に紀州和歌浦の玉津島神社があり、『霊界物語』三十三巻では、国玉別が稚姫君命の御霊を球の玉に取り懸け祭祀したとあり、『三鏡』でも稚姫君は紀州和歌の浦で神去り玉津島明神と祀られたとある。また、兵庫県の生田神社の祭神も稚日女尊である。これは『日本書紀』に、神功皇后が新羅を征し凱旋の時、稚日女尊の神託あり、活田長狭国に祀ったとの伝承に関連する。ちなみに『霊界物語』では、玉能姫によって、稚姫君を祀る「生田の森の神館」が三五教の宣教拠点として設けられる。なお、『丹生大神宮儀軌』等では、丹生津姫神を天照大神の妹神とするところから、稚日女尊＝丹生津姫命とする伝もある。

（※4）**変性男子**
出口なおを指す。霊は男性で肉体が女性となって現われた意。王仁三郎は霊は女性で身体は男性なので変性女子。なお、仏教でいう変成男子は、女性が男性の肉体に変成して成仏をとげることで、意味が違う。

（※5）**二代**
出口澄のこと。

（※6）**澄子**
出口澄（一八八三―一九五二）。出口なおの末子（五女）として生まれ、なおの筆先で早くから世継ぎであると示される。少女期は貧窮のため子守り奉公に出され、辛酸をなめる。明治三十三年、神示により王仁三郎と結婚。大本二代教主。

（※7）**尉と姥**
王仁三郎となおを指す。

（※8）綾部の竜宮館

大本の綾部の神苑を指す。

（※9）日の大神、月の大神

大本教義ではイザナギノミコト、イザナミノミコトを指す。「太陽の霊界は伊邪那岐命これを司りたまひ、その現界は、天照大御神これを主宰したまふのである。次に太陰の霊界は、伊邪那美命これを司りたまひ、その現界は、月夜見之命これを主宰したまふ」（『霊界物語』第一巻）とある。

（※10）王子

明治二十五年、澄は次姉琴の嫁ぎ先、南桑田郡篠村王子（現在の亀岡市篠町）の栗山家に子守奉公にやらされていた。この頃、上田喜三郎（のちの王仁三郎）は曽我部村穴太から京都方面へ薪や菓子の原料になる種粉を荷車に積んで売りに行き、生計を立てていた。その往き帰りに王子村を通り、偶然、幼い澄と出会っていた。詳しくは出口和明『いり豆の花』を参照。

（※11）本田親徳

幕末、明治の神道家。二十一歳のとき京都滞在中に狐憑きの少女を実見して衝撃を受け、霊学研究を志し、古式の鎮魂帰神法を復興する。それを継承した高弟の長沢雄楯は静岡県清水の月見里神社を拠点に稲荷講社を組織、王仁三郎の初期の宗教活動はその允可のもとに展開された。

（※12）暗りの宮

山陰街道に面する王子天満宮社。昔は樹木が生い茂り昼なお鬱蒼としていたのでこうよばれた。出口澄が奉公した栗山家はくらがりの宮の東、田を一枚隔てた一軒おいて隣にあった。

(※13) **久子**

出口なおの三女で八木の人力車夫福島寅之助に嫁した。明治三十一年に京都で開催されていた内国博覧会の見物人をあてこんで八木の虎天堰の街道筋に茶店を出すが、この茶店で王仁三郎ははじめて出口なおの筆先を見せられる。憑霊体質が強く、明治二十三年なおに先だって神懸かりになっている。大正期になると「日の出神諭」を自動書記、やがて王仁三郎と対立し、八木派とよばれる分派を形成する。『霊界物語』の高姫のモデルである。

(※14) **七十五日の床縛り**

王仁三郎は四十八歳の誕生日にあたる大正六年八月十八日から、元教祖室の二間続きの奥の間に床を敷かせ、七十五日間、籠りきりになった。

(※15) **直霊**

出口直日。大本三代教主。出口王仁三郎、すみの長女。

(※16) **土米**

土が米粒ほどの大きさに自然に固まったもので、これを呑めば病気がなおるとされた。

(※17) **肝川**

兵庫県猪名川町肝川(旧川辺郡中谷村字肝川)。明治末年から大正初めの頃、六部あがりの大本布教師小沢惣祐が肝川の入り口にあたる差組の部落を通りかかり、眼前の岩根山に惹かれ幽斎修行を行なうかたわら、病気直しを行ったところ近隣の評判をよび、肝川では有力者の湯之神重三郎、車末吉を中心に支部が設けられ、ほとんど全村が大本信者となる。肝川、差組、赤松の三部落に接する岩根山は、もともと八大龍神の洞と称する割れ岩や小祠が点在する土俗信仰の聖地であったが、大正四年頃から支部長車末吉の妻小房に山の神霊が懸かり、世に出せ、艮の金神の片腕だと告げ、大本神話への編入を要求するに至り、やがて王仁三郎によって玉川竜神、玉姫竜神、滝の上竜神、森ケ谷竜神等の神名が与えられ、肝川は大本教団内で特異な聖地として認知されるに至る。開祖昇天後は、独立性を強め、大本本部との交渉は断絶するが、大本八木派、矢野祐太郎など反主流派およびその周辺の間では隠れた聖地として注目され続け、昭和九年には、矢野の主導する神政龍神会の根本聖地とされるに至る。『霊界物語』の高春山は、肝川の岩根山に比定され、黄金水から出た紫の玉を御神宝とするアルプス教の本拠地とされる。

（※18）**比沼真奈為の宮**
京都府中郡（旧丹波郡）峰山町の比沼真奈為神社の神域。標高四八〇メートルの真奈為竹岳（比治山、比沼山）の麓に鎮座。伊勢外宮の本地とされる古社。王仁三郎は『神霊界』大正十年二月号掲載の「故郷の二十八年」で、比沼真名井神社の所在地は太古は綾部の本宮山であったが、中古に中郡久次村（現・峰山町）の真奈為ゲ岳の麓に移されたとしている。王仁三郎の弟上田幸吉は大正三年から約三十年間、この神社に宮司として奉仕している。『霊界物語』十七巻六章では、比沼の真名井ガ原の霊場で悦子姫に豊国姫神が懸かり、「清濁あわせのむ天地の経綸をつかさどる瑞の霊の神々の集まる源泉」とされる。

（※19）**海潮**
出口王仁三郎のペンネームの一つ。会長をもじったもの。

（※20）沓嶋

沓島は女島、雌島ともいい、近くの冠島（雄島、男島）とともに舞鶴沖約三十七キロ、若狭湾の湾口部に浮かぶ孤島である。艮の金神、竜宮の乙姫が幽閉されていた霊域とされ、開祖出口なおの神示により、明治三十三年七月に冠島、続いて八月に沓島が開かれた。『丹後国風土記残欠』に、かつてこの海域には凡海郷とよばれる大きな島があり、大宝元年に地震で海底に没したが、二つの高山の頂きだけが残り、これをいまに名付けて常世嶋、俗に二つの峯を男嶋、女嶋といい、「嶋ごとに神祠あり、祭る所は天火明神と日子郎女神也」とある。天橋立の古社籠神社の祭神は、この冠島から遷座したとも伝えられる。

（※21）神嶋

高砂沖合の南西にある周囲約四キロほどの無人島。大正五年二月、王仁三郎の霊眼に、坤の方向の海上に浮かぶほうらくを伏せたような島影が見えた。その日から王仁三郎の右目の下が疼きだし、押さえると石のような固まりがあることがわかった。固まりは次第に下降し四十八日目の四月十三日、右の歯茎から舎利が顕れたが、その形は霊眼に見えた島の形そのままだった。

この間、王仁三郎に「高砂沖の一つ島、一つ松、松の根元に三千世界の宝いけおく」「三千年《とせ》の塩浴みながらただ一人世を憂し島にひそみて守りぬ」との神示があり、信者の村野竜州と谷前貞義にこの島を探すようにと命じたところ、六月になって播州沖の上島（その形状からほうらく島、牛島ともいう）がそれであろうと報告してきた。

神示により、この島に鎮まる坤の金神（艮の金神の妻神）の分霊を迎えるため、六月二十五日、一行六十三名が渡島したが、この神事にあたって王仁三郎は坤の金神に扮した。また、六月二十八日に帰綾後、竜門館に神霊を奉迎したのち、王仁三郎は再び女神姿となり、なおと対面したと伝えられる。

続いて、同年九月八日、王仁三郎は幹部五名とともに渡島し、神宝を受け、十月四日（旧九月八日）には八十一歳の開祖なおはじめ一行百数十名が渡島するが、その翌日、開祖なおは、王仁三郎の霊魂がみろくの神の身魂であるという神示を受けて非常に驚くのである。この一連の神島詣でを大本史では「神島開き」という。『霊界物語』第二十二巻第十八章では、言依別命の命を受けた初稚姫と玉能姫が、この島に如意宝珠と紫の珠を埋蔵した由来が記されている。

（※22）嵯峨の奥

大正五年、大阪で実業家としてそれぞれ成功していた森慶三郎、文蔵、義之の兄弟が、とつぜん嵯峨の奥、俗称空也の滝に総工費二万五千円を費やし、祭神未定の八百万神社と称する神社を造営。翌大正六年九月、森慶三郎（後の森良仁）は霊縁に導かれ大本に入信、大正七年一月四日に王仁三郎みずから豊国主神、神素盞嗚神の神霊を鎮め、大本所管の八重垣神社となった。（詳細は出口和明『大地の母』第十二巻「三兄弟」を参照）

（※23）天照皇太神宮殿の御誕生日

毎年十二月十六日に伊勢内宮の月次祭が催される（一般神社と異なり神宮の月次祭は六月と十二月のみ）。

（※24）彦火々出見

火遠理命ともいう。いわゆる山幸彦で、記紀神話では兄の火照命（海幸彦）から借りた釣り針を失い、難題をふっかけられるが、海宮に至り、海神の娘豊玉姫を娶る。「彦火火出見の初まり」とは、外国から無理難題をふっかけられることを意味する。

（※25）目無堅間の神船

記紀神話では、山幸彦が兄の海幸彦からなくした釣り針を返せと問いつめられ困った時、塩土神が現れて、隙間のない目無堅間の船を作って海宮へ行けと教えた。ここでは危急を救う船、つまり大本教団を暗示している。

（※26）水火地の大名
塩土神、塩土老翁として、記紀神代巻の海幸、山幸の段、神武天皇紀東征の段、および神代紀の一書に見え、いずれも「凡て物をよく知れる人」という点で共通する。彦火火出見は塩土神の導きで海宮に至り、海神の娘豊玉姫を娶り、塩満玉、塩干玉を授けられ、兄神を臣従させる。

（※27）天王台
綾部市天王平。出口なおの墓地がある。

（※28）伊都の御魂
出口なお。

（※29）不二の山の芙蓉坊
明治三十一年、王仁三郎を高熊山へと導いた松岡芙蓉仙人。富士浅間大社の祭神木花咲耶姫命の天使とされる。

（※30）男山八幡様の松岡殿
これは小松林命の間違いと思われる。王仁三郎が長沢雄楯を訪ねたときに、長沢の審神で王仁三郎に懸かる神は男山八幡の眷属小松林命とされた。

（※31）十二の鶴石
『神霊界』大正八年一月十五日号の岩田鳴求「金竜殿雑記」によれば、東京の園生家から十二個の鶴石と、一個の隕石が大正七年十二月二十七日に金竜殿に奉納されている。同記事によれば、これは十二個の国魂の霊石で、神界の経綸上、大本に来るべき因縁の石であることが、明治三十一年の高熊山修行の時からすでに判明していたもので、累々その話を聞かされていたが、いつどのような経路で集まるかということは不明であったという。またこれらの石は明治十二年の紀元節の日に一羽の鶴から得られたものだと追記されている。なお、『霊界物語』第二巻三十九章にはこれに関連すると思われる記述がある。

(※32) **妙霊教会**
教祖山内利兵衛が文久三年（一八六一）に開き、丹波篠山地方を中心に広がる。その影響力を警戒する地方官により幕末から明治にかけて圧迫を受ける。明治十年、敬神社として兵庫県から公許、その後、御獄教に所属し神道妙霊教会として活動するが、教勢奮わず衰退した。

(※33) **世継王山**
綾部を囲む山塊の一つで標高二八七メートルの山。峰が四つあるので一般には四尾山と表記されるが、大本文献では世を継ぐべき王の潜む山との意で世継王山と表記される。

(※34) **大門**
福島久を中心とする大本八木派を指す。

(※35) **北山**
八木派の聖地。福島家の裏山にあたり、久の神諭に基づく神殿、祠などが林立する。

（※36）天稚日子命

『霊界物語』では、天稚日子命は稚桜姫の夫神でありながら、唐子姫に心魂を奪われ、稚桜姫は玉照彦に心奪われ、ともに幽界に隠棲を余儀なくされる。

（※37）普賢菩薩の身魂

ますみの鏡七十五声による言霊学、天津金木学を説いた大石凝真素美のことか。

（※38）其流れを汲むもの

水谷清、水野満年、朝倉尚絅など、大石凝の高弟が名古屋にいた。

（※39）法身の弥勒

出口なお。

（※40）応身の弥勒

王仁三郎。

（※41）報身の弥勒

出口直日。

（※42）石屋

フリーメイソンのこと。

（※43）瑞竜閣
大正八年十月二日、王仁三郎は綾部を出発、名古屋を経て、四日に鎌倉御殿とよばれる枝吉熊彦の別邸に入り、翌五日にこれを瑞竜閣、その周辺の庭園を瑞竜園と命名した。なお、このあと王仁三郎は東京に入るが、これを期に東京四谷に宣教拠点として確信会が設けられる。

（※44）三代
大本三代教主出口直日。

（※45）大二
吉田大二。出口直日の許嫁者。大正十二年六月、直日の婿となるが、まもなく入営し、大正十四年に除隊後まもなく結婚は解消された。

解説

出口王仁三郎の代表的な著述としては『霊界物語』があり、また如是我聞として加藤春子編『三鏡』、木庭次守編『新月の光』がある。

いうまでもなく物語は、王仁三郎みずからの「肉身であり、霊魂であり、表現である」（四十巻・緒言）と位置づけられる根本教典であり、『三鏡』は王仁三郎がおりおりに語った教示を加藤春子が書き留めたもので、教団では準教典的な扱いを受けてきた。また、同じく高弟の木庭次守が編纂した『新月の光』は、とくに昭和十七年の保釈出所以降の晩年の王仁三郎の言葉や予言を含む資料として重要である。これらは、いずれも八幡書店から公刊され、個別教団の枠をこえた出版事業として高く評価されてきたが、続いて弊社では、残された王仁三郎の重要著述や大本関連資料の刊行に取り組んでゆく予定である。

本書には、明治から大正十年の第一次事件前に発表された王仁三郎の著述のうち「伊都能売神諭」「裏の神諭」「大本神歌」「いろは神歌」「いろは歌」を収録した。いずれも大正時代の大本機関誌『神霊界』に所収のものを底本としたが、『霊界物語』発表以前の王仁三郎の言説を知る貴重な資料といえる。

■伊都能売神諭

「伊都能売神諭」は、開祖出口なおの昇天からほぼ一年間にわたって大本機関誌『神霊界』に掲載された王仁三郎の神諭である。

大正七年十一月六日の開祖出口なおの昇天が、当時の役員、信者によってどのように受け止められたか、次のようなエピソードがある。開祖昇天の前日、京都へ帰ろうとした幹部の梅田信之は、王仁三郎から開祖の容態が気遣われるので綾部に留まるように言われたが、開祖を生神と信じ、世の立替が終わるまでは万一のことはありえぬと信じる梅田は、その引き留めをふりきって帰ってしまった。梅田は翌日、開祖の昇天を聞かされるが、当初はたちの悪い冗談だと思って笑って信じなかった。このような素朴な生神信仰は当時の役員信者の大多数に見られ、それだけに開祖の昇天は当時の信徒に大きな動揺をもたらした。

こうした背景のもとで、王仁三郎の神諭が大本教祖号（大正七年十二月二十二日発行）に発表され、翌大正八年十一月一日号まで教祖神諭とならんで巻頭に掲載されるのである。

これら一連の神諭は、大正八年七月十二日の神諭に「一の経綸《しぐみ》は天王平《てんのうだひら》の一の瀬の奥津城《おくつき》、変性《へんぜう》男子《なんし》と変性女子《へんぜうによし》の御魂《みたま》とが一つに成りて、弥々《いよ〱》伊都能売魂《いづのめのみたま》の御用に変りて来た」と示されるように、なおの昇天により王仁三郎は厳瑞二霊を統合した伊都能売魂として活動するようになったとされることから、「伊都能売神諭」とよばれる。それは「都合が好ければ一生懸命に勤めもするなれど、少し形勢が悪いと見たら　皆還りて了ふと云ふやうな水臭い役員」（大正八・二・十三）に忠告を繰り返しつつ、みずからの神観、経綸観を力強く語る王仁三郎の足跡を確認する貴重な資料である。

そこではまずなによりも「旧十月の三日、新の十一月六日の五《いつ》つ時、神界の経綸が成就いたして、今度の世界の大戦争《おほたゝかい》を一寸止《ちよつと》めさして置いて、其晩の四つ時（十時三十分）に、天からの御迎《おむかい》で出口直は若姫君尊の御魂《みたま》と引添ふて天へ上りたぞよ。是からは天の様子も明白《ありやか》に判り出すぞよ。一旦出口直は天へ上りたなれど、直《なを》の御魂《みたま》は三代の直霊《なをひ》に憑《うつ》りて地の御用を致《いたさ》すぞよ。直《なを》の御魂《みたま》は天にありては国常立尊と引添ふて、大国常立尊大出口神《おほくにとこたちのみことおほでぐちのかみ》となりて世界の守護を致すなり、地に降《くだ》りては変性女子の身魂に国常立尊が憑《うつ》りて、立直しの御筆先をかゝすなり、出口直の御魂《みたま》は木花咲耶姫殿《このはなさくやひめどの》の宿りた身魂の三代直霊に憑りて、直霊主尊《なをひぬしのみこと》となりて、地の神界の御用を致さす経綸が成就いたしたから、是からの大本の中は是までとは大変りが致すぞよ」（大正七・十二・二）「地の守護斗りで、天地が揃はぬと成就いたさぬから、撞《つき》の大神様ミロク様が、肝心の世を治め遊ばす経綸となりたのを、五六七《みろく》の世と申すのであるぞよ」（大正七・十二・二十三）「変性女子の身魂が五六七《みろく》の御用を致して下さる時節が参りたから、神界の経綸通り、変性男子の身魂は若姫君の命《みこと》と一つになりて天へ上り、天からは若姫君之命、地からは国常立尊、天地の間は大出口国直霊主命《おほでぐちくになをひぬしのみこと》が守護いたして、大国常《おほくにとこ》立命《たちのみこと》と現はれて、世の立替《たてかへ》の大掃除をいたすなり、地には変性女子の身魂が豊雲野命《とよくもぬのみこと》と現はれて、泥に浸《つか》りて、三千世界の世を立直して、天下泰平、末永き松の世ミロクの神世《かみよ》と致して、撞《つき》の大神豊国主之尊と現はれる」（大正七・十二・二十三）と、動揺する信者に対し、開祖昇天の意味を明らかにし、あわせて王仁三郎自身の霊的役割を教示することに主眼が置かれた。

実際、開祖昇天の日が第一次世界大戦の休戦の日と時を同じくしたこともあり、「変性男子の身魂は現世《このよ》で百歳の寿命が与えて在りたなれど、余り仕組が後《をく》れるから、天へ上《あが》りて守護いたす為に早く上天さして御苦労に成りて居るぞよ」（大正八・二・十三）という教示もあり、多くの信者は開祖昇天を経綸の摂理と受け止めるようになり、徐々に王仁三郎の宗教的権威を受け入れるようになったのである。

また文書は、さまざまな視点から研究すべき課題が多く含まれている。教学的には大正八年二月十八日の六六六と五六七に関する神諭が注目され、大正八年三月八日の神諭は、『霊界物語』第三巻第十一篇との関係から興味深い。また、大正七年十二月二十二日の「三年さきになりたら余程気を附けて下さらぬと、ドエライ悪魔が魅を入れるぞよ。辛《かのと》の酉《とり》の年は、変性女子に取りては、後にも前《さき》にも無いやうな変りた事が出来て来るから、前に気を附けて置くぞよ」という一節は、大正十年の第一次大本事件勃発後、その予言として受け止められ、大正八年一月二十七日の「辛の酉の紀元節、四四十六の花の春、世の立替立直し、凡夫の耳も菊の年」という一節も、第一次大本事件、昭和二年の事件解消、太平洋戦争の勃発に関連した予言とされるなど、示唆に富む内容の多い文書といえよう。

■裏の神諭

これは『神霊界』に「裏の神諭」という表題で掲載された王仁三郎の著述で、おおむね大正八年七月に皇道大本叢書の小冊子として同題で刊行されたものと一致する。

大本の神諭は、「表の神諭」「裏の神諭」「伊都能売神諭」の三つに大別される。表の神諭は、なおの筆先を王仁三郎が取捨選択し、漢字を当て、句読点をつけて発表したもので、たんに神諭といえば、「表の神諭」を指す場合が多い。

「裏の神諭」「伊都能売神諭」は王仁三郎の神諭であるが、さきに述べたように、教義的には出口なおの昇天により厳瑞二霊の並立した時代は終わり、王仁三郎が変性男子と女子の働きを兼ね備え、伊都能売の御魂としての経緯の神業を遂行することになったと理解される。従って、出口なおの昇天後に王仁三郎が書いた神諭を「伊都能売神諭」と称し、それ以前のものを「裏の神諭」と区別するのであるが、これを広く解釈して、出口なお昇天以前の王仁三郎の著述をすべて「裏の神諭」と総称する場合もあるので注意を要する。ちなみに、皇道大本叢書の『裏の神諭』の序文にも次のようにある。

皇道大本には二様の神諭がある。教祖出口直子刀自が明治二十五年正月から大正七年十一月その帰幽昇天までに出されたのが一つで、これは主として国祖国常立尊が教祖の肉体に神懸りせられ、其手を器械的に動かし筆録せしめられたものである。他の一つは教主出口王仁三郎先生が明治三十二年旧五月を以て教祖と結合されてから十有余年に亘りて出されたもので、これは主として豊雲野尊及其系統の神々の神懸りの産物である。同時に二様の神諭が出るので、部内では区別の為めに前者を『表之神諭』、後者を『裏之神諭』と称へて居る（中略）本篇は右『裏之神諭』中から、主に教訓的要素に富める部分を抜粋編纂したもので、明治三十四五年の執筆にかゝるものが多い。実は『裏之神諭』は総計五百巻にも上る浩瀚のものであつたので、内容は教訓、予言、教理等各方面に亘り、『表之神諭』に比して直截露骨を極めて居る。今日若し全部保存されたならば、一面に於て絶好の指針であつたと同時に、他面に於ては或は世人の物議の種となつたかも知れぬ。それは兎に角大本役員中に教主反対者が現はれ、其大部分は先年焼き棄てられて了つた。今日現存するものは僅々十幾冊に過ぎぬ……

■大本神歌・いろは神歌・いろは歌

これらは、『神霊界』大正六年十一月号から大正七年六月十五日号にかけて掲載されたもので、このうち「いろは歌」のみは明治三十六年の作で、明治三十六年、三十八年の役員による二度の焚書をかろうじて免れた著述の断片として発表された。「大本神歌」「いろは神歌」は、この昔の「いろは歌」の続編的感覚で詠まれたものと推測される。

「大本神歌」は、『神霊界』大正六年十一月号、同年十二月号、大正七年二月号、同年六月一日号、同年六月十五日号に所収されたもので、とくに大正七年二月号所収の歌は「瑞の神歌」ともよばれ、日中戦争から太平洋戦争に至る過程が預言されたものとして有名である。発表当初から信者には印象深いものであったため、信者の多くはこれを暗誦していたという。

「いろは神歌」は大正六年十二月号、翌七年一月号に発表されたもので、大本神歌と同じく予言的な内容であるが、それよりも「ノアとナオの方舟」と称する言霊解がとくに注目される。出口和明氏によれば、この音図のなかには、王仁三郎とスサノオにまつわるさらなる密意が秘められているという。詳しくは『スサノオと出口王仁三郎』（八幡書店刊）を参照されたい。

八幡書店社主
武田崇元

新装版 伊都能売神諭《いづのめしんゆ》 出口王仁三郎神示集

2022年7月7日 初版第1刷発行

著　　者　出口王仁三郎
解説・註　武田崇元

装　　幀　斎藤みわこ

発 行 者　武田崇元
発 行 所　八幡書店
〒142-0051　東京都品川区平塚2-1-16 KKビル5F
電話番号：03-3785-0881　郵便振替：00180-1-472763

印刷・製本　コーヤマ

最新技術で甦る王仁三郎の大祓詞と天津祝詞！

出口王仁三郎 言霊 大祓 祝詞 CDブック

出口王仁三郎＝祝詞奏上
武田崇元＝監修

定価 2,200 円（本体 2,000 円+税 10%）
A5判 並製＋CD

ノイズリダクション
デジタル・リマスター版

出口王仁三郎が大正11年に吹き込んだ幻のSP。そこには王仁三郎が奏上する天津祝詞、大祓詞、天の数歌の言霊が刻印されている。この画期的な歴史的遺産には、残念ながら当時の技術的限界からノイズ（雑音）が著しいという欠陥があったが、東京芸術大学大学院の長嶌寛幸教授の技術協力のもと、王仁三郎の肉声を可能なかぎり損なわずに大幅にノイズを除去することに成功した。ほとんどノイズのない王仁三郎の大祓詞は感動的である。その言霊波動がよび起こす感動を多くの皆様に伝えるため、弊社ではCDブックとして刊行することとなった。これは王仁三郎が遺した21世紀日本への贈り物である。

王仁三郎出演の謎の映像を公開！

甦る出口王仁三郎

DVD

出口王仁三郎＝主演・監督

定価 4,180 円（本体 3,800 円+税 10%）
モノクロ 40 分　Hi Fi ステレオ

武田崇元＝リメイク監修
出口和明＝ナレーション
音楽＝クリス・ハインツ＋八雲琴

出口王仁三郎が自ら出演した謎の映像は、昭和10年8月に制作されたが、聖師生誕120年の平成3年にようやくビデオ公開された。王仁三郎は、この映像を制作するにあたり「これは大三災を軽減し、小三災を救う大神業である」と語った。半世紀後にこのフィルムが再発見されることを予見し、みずから霊験あらたかな七福神に変化することにより、人々にみずからの無限の霊的パワーを与えることを意図したのである。［原題＝昭和の七福神］

王仁三郎聖師の〔百神相〕と〔神歌〕で甦る
霊験あらたかな万劫末代の霊宝！

出口王仁三郎 瑞能神歌 一人百首かるた 百鏡《〔ももかがみ〕》

定価 10,780 円（本体 9,800 円+税 10%）　箱入
読み札・取り札各 100 枚　裏貼り和紙加工

出口王仁三郎が自ら詠んだ無数の神歌から百首を選び、王仁三郎の写真百葉をあしらったカルタで、百人一首と同様に読み札と取り札があり、読み札には王仁三郎の写真と上の句・下の句が印刷され、取り札には下の句のみが印刷されている。昭和3年頃に王仁三郎のミロク下生宣言を記念して作成されたものを限定復刻。